JN080643

近代日本のジャズセンセーション

青木 学
Aoki Manabu

青弓社

近代日本のジャズセンセーション　目次

装丁――斉藤よしのぶ

凡例

（1）史料の引用にあたり、旧字体の漢字は新字体に改め、仮名遣いは引用元のとおりである。

（2）引用文中に現代では不適切な表現もあるが、歴史史料の特性に鑑み、そのまま記した。また、バンド名・グループ名などは基本的に当時の表記を採用した。

（3）引用の際、原文の中略は（略）としている。また引用中の筆者による注釈は〔○○：引用者注〕として表記している。

（4）引用文は読みやすさを考慮して適宜スペースを加えた箇所もある。

序章　日本人とジャズとの関係

はじめに

〝ジャズ〟ってどんな音楽なの？と聞かれたら、あなたはどのように説明するだろうか。

音楽に詳しい人なら、アドリブ（即興演奏）や四ビートといった音楽理論的な回答ができるし、ルイ・アームストロングやチャーリー・パーカー、マイルス・デイビスといった著名な演奏者、あるいはディキシーランド・ジャズやスイング・ジャズなど演奏スタイルを例に挙げて説明することも可能だろう。

逆にジャズをあまり聴いたことがないし、音楽について詳しくないという人は、バーなどのＢＧＭのようなオシャレな音楽とか、渋い大人（年配？）の音楽などといった内容の答えになるのではないか。

確かに、最近ジャズは、バーだけでなくカフェや飲食店などのＢＧＭとして流れていることもあるし、一九五〇年代・六〇年代のモダンジャズのような音楽はしゃれっ気を演出するにはもってこいの音楽といえる。

一方、毎年各地で開催されるジャズフェスティバルには数多くのビッグバンドが参加し、大学や高校などの学園祭では、ビッグバンドサークルが日頃の練習の成果を披露している。そうした催しで演奏されている楽曲には、もちろん、ジャズファンの心をくすぐる曲を披露している楽団もある。だが、ベニー・グッドマンの「シング・シング・シング」や、デューク・エリントンの「A列車でいこう」などが超定番だ。これらは一九三〇年代から四〇年代にかけて作曲されたから、発表から九十年以上もたてば世界中に広まり大人っぽい高尚なイメージがついてしまうのも仕方がないことかもしれない。

もちろん、ジャズ界も進化していないわけではなく、近年ではロイ・ハーグローブやロバート・グラスパーといったR&Bやヒップホップのリズムを取り入れた先端的なジャズも台頭してきているが、まだまだ一般的とは言いがたい。

筆者もそうだったが、正直なところ、ジャズは耳にふれる機会が少ないこともあってなじみがない、つまりハードルが高い音楽という位置づけのようだ。

そんな大人の音楽ジャズはいまから百年前に日本に入ってきた。当然、そのときは新参の音楽だった。現在のようなイメージもまだない、まっさらな状態といえる。日本で百年前といえば大正時代である。意外に思われるかもしれないが、すでにその時代からジャズは日本人と付き合いがあった。

日本人とジャズの関係でいうと、おそらく戦後をイメージする方も多いだろう。しかしそれは、テレビドラマや映画で、敗戦後の歓楽街のBGMに使われていることや、テレビの音楽番組で主に戦後以降の流行歌を紹介されたことから、あたかも戦後にジャズが日本に紹介されたのではないかという感覚に陥っているだけで、実際は戦前から盛んに演奏されていた。

そもそも、アメリカで初のジャズレコードが発売されたのは、一九一七年（大正六年）で、ザ・オリジナル・ディキシーランド・ジャズ・バンドの演奏だった。この録音は現在ありがたいことにCDなどで音源化もされていて、当時の音が聴ける。日本にジャズが入ってきたのもほぼ同時期であり、その後ジャズは、三〇年代にはモダンな音楽として流行し、流行歌はもちろん社会や文化にも影響を与えていく。

太平洋戦争中には敵性音楽とされ、一時は日本社会から締め出されてしまうが、それでも、戦後に再びジャズは音楽界に一つの「時代」を作って花開いていく。

その一例が、服部良一が作曲を手がけて鈴木勝が作詞し、笠置シヅ子が歌ってヒットした「東京ブギウギ」（コロムビア、一九四七年十二月）といえるだろう。「ブギウギ」というタイトルからも、ジャズがかつて日本のポピュラー・ミュージックに欠かすことができない要素だったことがわかる。それは同時に、現代のイメージからは想像がつかないほどの輝きが過去にはあったということでもある。はたしてどれほどの輝きを放っていたのだろうか。

本書では、現代では忘れ去られてしまったかつての輝きを探るために可能な限り当時の史料を使いながら、現在にはないジャズの姿を検討していく。この論証自体は非常に単純だが、この試みで再現ができるのであれば、各時代の音楽文化の在り方や当時の社会状況を見直すことにつながる。本書を通して、これまでとは異なる戦前と戦後の社会が見えれば幸いである。

また、戦前のジャズの姿を明らかにしていくと、もう一つ大きな問いも浮かび上がってくる。それは、新参の音楽が、なぜそこまで多くの人々を引き付けたのかという点である。はたして、その魅力は一体どこにあったのだろうか。

それらの疑問を解決する場合、やはりジャズが流入してきた当時のまっさらな状態、つまり、戦前から見直す必要がある。答えは、戦前のジャズが戦後にかけて光り輝いていく過程に隠されているにちがいない。もちろん、そこには戦争の暗い影も存在するが、見方を変えれば、あまりに輝きすぎていたからこそ戦時には締め出されたという考え方もできる。それについては本文で言及することにしよう。

戦前と戦後に生まれたいくつもの流行歌の変遷を経て現代の日本のポピュラー・ミュージックの歴史が作られてきた。そのことを考えると、当時の流行歌に必要不可欠の要素であったジャズの魅力を知ることができれば、現在、私たちがなぜポップスを聴くのかという単純なようで奥が深い疑問も解決できるかもしれない。

さて、日本人にとってジャズはどのような音楽だったのだろうか。

1　これまでの日本ジャズ史とその問題点

本題に入る前に、日本ジャズの歴史がこれまでどのように語られてきたか、少し見ておく。

まず、ジャズの本場はアメリカである。当然ながら、アメリカのジャズの関連書籍は国内外問わず多数で、枚挙にいとまがない。[1]それに比べて、日本の、しかも戦前のジャズをクローズアップしたような書籍はそう多くない。[2]そうした理由もあってか日本のジャズの歴史を語るときには、決まって船の楽士についてが端緒になって解説されていく。[3]その理由として、アメリカ航路を往復していた楽士が船上演奏会用に、現地で最新ダンス曲の譜面を購入していたという理由や、そうした楽士のなかに波多野福太郎や井田一郎といった日本のジャズの草分けとされる人物がいた理由を挙げている。こうした事情から、船の楽士が日本にジャズを持ち込んだという話が通説になっている。

一方、一九三〇年前後（大正末から昭和初期）には、ジャズソング（ジャズを用いた日本の流行歌）の大ヒット、また、ジャズがモダンな音楽としても位置づけられるようにもなって、流行歌史や洋楽史などの音楽史だけでなく、[4]戦前期の日本の娯楽文化やモダン文化を扱う書籍でもしばしば取り上げられることもある。[5]

しかし、これらの書籍に共通する点は、演奏者や楽曲、歌い手を中心にした話の展開である。確かに、ジャズは音楽だから、楽曲や発信する側（演奏者や歌手）がなくては成立しない。

その点で、従来の関連書籍は、演奏者や歌手の活躍や作曲家、作詞家などが携わった楽曲の流行を知るうえで非常に大きな功績を残したといえる。ただ、そうした発信者や作品に焦点を当てた状態だけでは、聴いていた人たちの反応は断片的にしか見えてこない。それを考慮すると、やはり受け手側にも焦点を当てなければ、完全な受容史といえないのではないか。

また、従来の書籍では楽曲や発信する側が中心となり話が展開されていくため、当時、実際に楽曲に携わり演奏していた人物の回想に基づいて日本のジャズ史が成り立っていることも注意すべき部分といえる。当時の関係者の回想は確かに貴重ではあるが、現役時代から年数が経過している事情もあり、当事者の記憶に間違いがあったり、個人的な事情などであえて語らずにいるようなこともあるだろうからそのまま受け取れない、つまり、信憑性に欠ける部分がどうしても出てきてしまう。そのまま歴史として扱ってしまっては本当の歴史は見えてこない。

そのような従来の書籍の問題点をふまえ、同様の手法を採用せず、本書では当時発行された新聞や雑誌、書籍などの史・資料をもとに、よりリアルな日本のジャズ史を見いだしていきたい。

2　現在と違う「ジャズ」

まず、これまであまり注目されることがなかったジャズの定義についてもふれておくことにしよう。現代のジャズの定義は、「アメリカのニューオーリンズで生まれた器楽演奏による即興（adlib）を主体とする都市の音楽。アフリカ系アメリカ人文化をもとにヨーロッパ系軍楽隊音楽の形式を取り込み、その演奏スタイルを変化させてきた二十世紀アメリカを代表する音楽」[6]となっていて、即興演奏がその特色と説明される。

しかし、一九二六年に出版された『コンサイス英和辞典』[7]の「JAZZ」の項目では、「弱声部ノ位置ニ強声部アル切分法ニヨレル音楽又之ニツルル舞踊」とあり、ジャズの特徴ともいえる即興演奏についてはふれていない。リズムについてだけ説明されていることがポイントである。つまり、現在イメージするジャズとは異なる「ジャズ」が戦前にはあったという証拠である。

一九二〇年前後（大正時代）、ジャズはまだ産声をあげたばかりの音楽だったから、冒頭に述べたような、地域や年代によってできあがった音楽のスタイルも確立していないし、現在よく知られている演奏者もまだ著名ではなかった。現在のジャズの定義や音楽のイメージは、さまざまな音楽ジャンルの確立や、著名な演奏者の演奏が多様なメディアに取り上げられてきたことで次第に作られていったのだ。また、ジャズの捉え方が異なるのは、現在とは多少なりとも違う聞こえ方がしたのかもしれない。その点も意識しながら、当時の感覚で本書を読み進めてもらえれば幸いである。

本書ではこうした点もふまえ、戦前のジャズの魅力は何かを知るために、現代のジャズの定義ではなく、当時ジャズがどんな受け取め方をされていたかに留意しながら（当時の世相や状況なども絡めて）論を進める。

なお、本来ならば、現在とは違うという意味を込めてかぎかっこ付きの「ジャズ」という記述に統一したほうがいいのだろうが、言葉すべてにかぎかっこを付けると読みにくくなってしまうため、強調する必要がある場合だけかぎかっこ付きの「ジャズ」とすることにしたい。

従来ジャズについて語ろうとすると、ジャズの音楽の性質上、黒人のジャズとか白人のジャズという話や音楽がどこで生まれたかという出自を探るものが多かった。

しかし、本書ではこうした部分にはとらわれず、あくまで、百年ほど前に日本にやってきた、なんだかわからない変わった音楽が「ジャズ」として人々に認識され、それがどう広まり、社会に定着したかという過程を大事にしながら、当時の人々にとってジャズがどれほど魅力的な音楽だったかを見ていくことにする。

3　本書の構成

本書では、検討の対象期間を一九二〇年から敗戦の四五年までと設定し、その時期を流入期（第1章・第2

章・第3章）、定着期（第4章・第5章）、発展期（第6章）、排斥期（第7章）の四つに区分する。

まず一九二〇―二三年を流入期とし、第1章「アメリカからのジャズ流入」では外国人演芸一座の来日公演や音楽会に注目し、第2章「社交ダンスとジャズ」では大正後期に流行した社交ダンスに焦点を当てることで、ジャズがどのように入ってきて紹介されていたかを見ていく。また、第3章「楽器からみるジャズ」では、当時のジャズ楽器という観点からジャズの概念に言及する。

次に一九二三―三一年までを定着期とするが、定着期には二つの段階があると考え、一つを認知段階、もう一つを普及段階とした。認知段階は流入期の動向が人気娯楽（映画、歌劇、新聞、雑誌）の作品内に反映されはじめた二三年から、昭和天皇即位の大礼記念というラジオ番組で時代を象徴する音楽としてジャズが放送された二八年までとし、第4章「一九二〇年代の娯楽文化とジャズ」で扱う。第5章「ジャズの定着――モダンの象徴としてのジャズ」では、認知されたジャズが文章表現の場で利用され（例：建築ジャズ、ジャズ的構図など）、日本初のトーキー映画『マダムと女房』（監督：五所平之助、一九三一年七月封切り）の題材にもジャズが扱われた二八―三一年を普及段階とし、こうした状況を大衆文化としてジャズが日本に定着したと考え、三一年を定着期の区切りにする。

その後、定着から敗戦までの時期を第6章「一九三〇年代の娯楽文化とジャズ」と第7章「戦時下のジャズ――スイングの隆盛」で扱う。第6章では一九三一年から三七年までを発展期として区分し、定着したジャズがますます盛んに用いられていく様子を三〇年代の娯楽文化を通して見ていく。そして、第7章では次第に戦時色が強まり、敵性音楽として社会から締め出される三七―四五年までを抑圧期とした。

全7章で戦前の日本社会にジャズが溶け込んでいく様子を明らかにし、終章「戦後の展開と日本のジャズ受容」では各章で述べた内容を整理しながら戦後の展開にもふれ、冒頭に設定した課題に対する答えを示したい。

4　明治・大正期の音楽史——西洋音楽の受容と流行歌

それでは早速、第1章といきたいところだが、本書をより面白く読んでいただくようにジャズが流入される以前、一八〇〇年代半ばから一九二〇年代（幕末から大正期半ば）までの日本の音楽文化や社会的な状況の概要について少しふれておく。もちろんジャズが入ってくる前にも、クラシック音楽などの西洋の音曲は日本に紹介され知られていた。

その一方で、江戸時代のはやり唄の要素をもつ楽曲や、戦争の際は軍歌も流行し、これらは時代の経過とともに西洋の音や音階を取り入れ、西洋音楽の普及を手伝うこともあった。そのため、ここでは西洋音楽の受容だけでなく当時の流行歌についても軽くふれながら各時期の音楽文化について述べておく。

幕末から大正期までの音楽文化——西洋音楽・流行歌を中心に

日本に西洋の音楽が本格的に入ってくるのは、幕末（一八〇〇年代半ば）からであり、それも軍楽だった。一八五三年（嘉永六年）に浦賀へアメリカから黒船が来航した。艦長のマシュー・ペリー提督は少年鼓笛隊と軍楽隊も率いていたから、来航時の行進の様子や楽器は絵図としても残されていて、黒船の来航は西洋の音の紹介でもあったことがわかる。

日本は開国と同時に軍隊をもつ必要性に迫られ、幕府や官軍は洋式の軍隊調練（歩兵の調練や行進、信号）の一環として鼓笛隊と喇叭（ラッパ）隊の技術をオランダやイギリスから導入する。一八六九年（明治二年）には、薩摩藩がイギリス陸軍の軍楽隊長ジョン・フェントンから軍楽の伝習を受け、日本初の軍楽隊（薩摩バンド）が誕生する。この楽隊は廃藩置県のためわずかな期間で消滅してしまったが、軍楽隊の礎となった。

そして、一八七二年、兵部省が海軍省と陸軍省に分離されるのに伴い、陸海軍の軍楽隊が発足する。軍楽隊は民間への出張演奏、日比谷公園の定期演奏会（一九〇五年から四三年まで東京市主催で開催）などをおこない、平時は西洋音楽の普及や慰安を与え、戦時には演奏で士気を鼓舞する役割を果たした。

教育課程に音楽導入の動きが表れるのも同時期であり、一八七二年の学制公布では、唱歌や奏楽が小・中学校の授業科目として加えられた。しかし、教える内容や指導者も育成されていないなど十分な条件が整備されていなかったから、「当分これを欠く」ということで実施には至っていない。

その一方、明治初期の流行歌は依然江戸末期の小唄や端唄の調子が色濃く残っていて「縁かいな節」「ストトン節」や戊辰戦争の際に官軍の士気を鼓舞するために作曲された「とんやれ節」といった進軍歌が流行している。

音楽教育が本格的に始動するのは一八七七年以降であった。七九年にボストンから帰国した文部官僚・伊沢修二らの提言で、音楽取調掛が設置（一八八七年に東京音楽学校に改称）された。伊沢の留学時代の師であるルーサー・メーソンとともに、音楽家の育成、唱歌教師の養成、教材の作成が始まった。八四年にかけて音楽取調掛編纂の日本初の五線譜による唱歌集『小学唱歌集』（文部省）も刊行され、いよいよ西洋音楽を教育へ取り入れることになる。

一八八一年頃は自由民権運動も盛んになり、民権論者は政府に言論の自由が拘束されていた背景から、政治問題を歌で普及させようと、街頭で歌詞を読み売りする読売壮士が誕生した。民権自由の思想を取り入れて読み売りされた歌は「壮士節」と呼ばれるもので、「ダイナマイト節」などが当時盛んに歌われた。自由民権運動が落ち着くと、読売壮士は演歌師と呼ばれるようになる。

同時期、欧化政策が具現化した鹿鳴館は一八八三年（明治十六年）に東京・日比谷に建てられ、そこでは舞踏や管弦楽などの音楽会がおこなわれた。急進的な西洋化政策は世論の批判の的になったが、新聞の報道で読んで西洋音楽に関心をもつ者が現れたことは想像にかたくない。

一八八九年に大日本帝国憲法が発布され（施行は翌年）、日本は近代国家として歩みはじめる。そうした背景のなかで、九四年に日清戦争が勃発し、戦時には「雪の進軍」や「勇敢なる水兵」などの士気を鼓舞する行進曲のような曲調の軍歌が流行する。

一方、同時期の日本は機械生産による工業化が進みそれに伴い商業も発展していった。商業活動が盛んになるとより多くの購売を求めて、楽器を演奏しながら広告宣伝をおこなう市中音楽隊（軍楽隊退役者で主に編成されていた）も登場する。この音楽隊はジンタとも呼ばれ、軍歌や唱歌、アメリカの行進曲なども演奏して音楽の普及に貢献した。なお、一九〇九年（明治四十二年）には三越少年音楽隊が結成されている。

一九〇四年には日清戦争に続いて日露戦争がおこり、開戦時には、「ロシヤコイ節」が流行し、日清戦争中と同様に「橘中佐」「広瀬中佐」などの軍歌も広く歌われた。

日露戦後は平和を求める風潮と立身出世の気運が高まり、都会には地方から上京する若者が増加し、そのなかには昼間は学校に通い、夜間にバイオリンを伴奏に演歌を歌って街頭でお金を稼ぐ苦学生も多く現れた。バイオリンを持った演歌師は「むらさき節」「残月一声」などのわずかながら洋楽調の旋律で政治的問題から社会に対しての批判や不平を織り込んだ歌詞にして歌を歌い、これまでとは異なる性質の流行歌が生まれた。

オペラが上演可能な国際的な劇場が求められて、一九一一年には帝国劇場が落成し、ロンドンで軽歌劇の舞台監督兼振付師だったジョバンニ・ローシーを招聘して、歌劇部と声楽部が設置された。

帝劇歌劇部の第一回公演は一九一三年（大正二年）で（『魔笛』〔ヴォルフガング・アマデウス・モーツァルト作曲〕）、以降、『天国と地獄』（ジャック・オッフェンバック作曲）、『お蝶夫人』（ジャコモ・プッチーニ作曲）、『ファウスト』（シャルル・グノー作曲）など歌劇のスタンダードな演目を順次公演している。帝劇ではオペラのほかにも歌舞伎や古典演劇、近代演劇、洋楽演奏会なども開催され、日本の演劇文化だけでなく音楽文化の流れにも大きな影響を与えた。帝国劇場開設の翌年には宝塚少女歌劇も誕生し、パラダイス劇場で第一回公演をおこなった（一九一八年には宝塚音楽歌劇学校が設立された）。

このように、大正期の半ばまではオペラやオペレッタ（軽歌劇）の勃興期であり、翻訳劇も盛んに上演された。

また、翻訳劇の劇中歌から流行歌が生まれてくるようになった。

「カチューシャの唄」は、一九一四年に島村抱月と女優松井須磨子の芸術座がレフ・トルストイ原作『復活』を上演したときに劇中でカチューシャに扮した須磨子が歌ったものである。これは、学生層を中心に大流行した劇中歌から流行歌になった代表曲といえるだろう。楽曲は日本の民謡と西洋のメロディーを折衷する条件のもとで作られていて、これが流行したというのは、当時の学生に西洋音階が定着していたことを裏づけている。[8]「カチューシャの唄」は歌本が七万八千部、レコードは二千枚売れたとされ、[9]大ヒットの陰には演劇の公演だけでなく、活動写真や演歌師なども大きく貢献した。[10]なお、芸術座からはほかにも「カチューシャの唄」同様に劇中歌である「ゴンドラの唄」「さすらひの唄」なども流行している（中山晋平作曲）。

そして、一九一七年頃、興行不振による帝劇歌劇部の解散を受けて、浅草の娯楽興行街では東京歌劇座、歌舞劇協会、根岸歌劇団などの歌劇団体が集合しはじめる。いわゆる「浅草オペラ」と呼ばれるムーブメントが起こった。浅草の歌劇からジャズソング「私の青空」を吹き込んだ二村定一や天野喜久代をはじめ、声楽家の藤原義江や喜劇役者の榎本健一、舞踊家である高田雅夫、石井漠など、その後の音楽文化と舞踊文化を牽引していく人物が輩出している。

浅草オペラと呼ばれた歌劇団は、『セヴィラの理髪師』（ジョアキーノ・ロッシーニ作曲）、『天国と地獄』、『カルメン』（ジョルジュ・ビゼー作曲）などのオペラの演目を上演するばかりでなく、オリジナルの喜歌劇作品も披露し、なかでも『カフェーの夜』（佐々紅華作曲）の劇中歌だった洋式小唄「コロッケの唄」や「おてくさん」といった楽曲は世間を風靡した。公演の様子について、内務省のレコード検閲係だった小川近五郎は一九四一年（昭和十六年）に出版した『流行歌と世相』のなかで「舞台なども小さなもので人数も少なく、五、六人か多くて七、八人の男女がカルメン酒場の踊りか何かを、唄ひながら輪になつて、手に〳〵タムバリンをならして踊る様をみて、観客は無性に喜んだ」[11]と述懐している。当時「ペラゴロ」という熱狂的なファンを生み出すほど、浅草オペラは人気を博した。

日露戦争以後、民主主義的な風潮が生まれ大正デモクラシーの潮流に乗って、大衆消費社会が次第に形成され、文化の在り方も変化しはじめようとしていた。その背景に目を向けてみると、日本は第一次世界大戦時に連合国側だったことで、各国への輸出品が増加して工業面が栄え、大戦による好景気は都市部の人々の生活水準を引き上げた。その結果、学校への進学率も伸び、大学や高等学校なども増設されることになる。とりわけ、中等教育の発展は著しく、一八九五年に四万六千人だった中等教育在学者数は、一九一五年には百五万八千人になっている。[12]

浅草オペラの勃興も学校の増加の時期と重なり、同世代が一堂に会す学校施設が増加したことで情報を共有する機会も増えたことが大きな流行現象になった一要因といえるだろう。

セノオ音樂出版社

セノオ樂譜バンドマン號

(31) メリーウィドウ▼ラブ・ユー・ソー
(37) チナ▼船唄
(38) チナ▼バイオリンの歌
(49) ハイジンクス▼しやぼん玉の歌
(50) ハイジンクス▼サンミーのマルセーユ
(51) ハイジンクス▼愛の接吻
(52) 幸福の日▼ボヘミアの歌

図1　広告「セノオ楽譜バンドマン号」「月刊楽譜」1917年7月号、山野楽器店

欧米の大衆音楽の流入——ラグタイムの受容について

幕末から大正期の西洋音楽の受容と日本の流行歌のおおまかな流れを見た。ここで、もう一点ふれておきたいことがある。それは、欧米の大衆音楽の存在である。現状の日本の音楽史では、明治期から大正初期は西洋音楽の普及や帝国劇場が創立される過程でオペラの楽曲についてばかりが語られるが、同時期には欧米の流行歌も日本に流入しているのである。

例えば、一九〇六年（明治三十九年）から定期的にイギリスからバンドマン喜歌劇団が来日しているし、[13]公演では流行歌が披露され、[14]また、楽譜も発売されている[15]（図1）。

その後、ジャズの流行普及にあたり、明治・大正期の欧米の流行歌の流入も少なからず影響していると考えら

れるので、ここで少し考察しておく。

欧米の流行歌といってもさまざまなジャンルが考えられる。ただ、ここで取り上げるのは、ラグタイムについてである。ラグタイムはジャズという音楽がジャンルとして独立するために非常に重要な要素となっていて、前身音楽とされている。(16)

日本では明治期からすでにラグタイムについて紹介されていた。一九一二年（大正元年）の雑誌「音楽界」には海外の音楽状況を伝える「米京楽報 アービング、ベルリン氏」という記事中で次のように報じている。

音楽の組織的教育を受た事のない素人の同氏が去年アレキザンダー、ラグタイム、バンドなる流行歌を作曲して世界第一流の作曲大家の仲間入りをすると同時に爾来益天才を発揮して新作する作曲は悉く大々的成功と云ふ始末で全米国は勿論延いて英国までも同氏の作曲が風靡してしまった。(17)

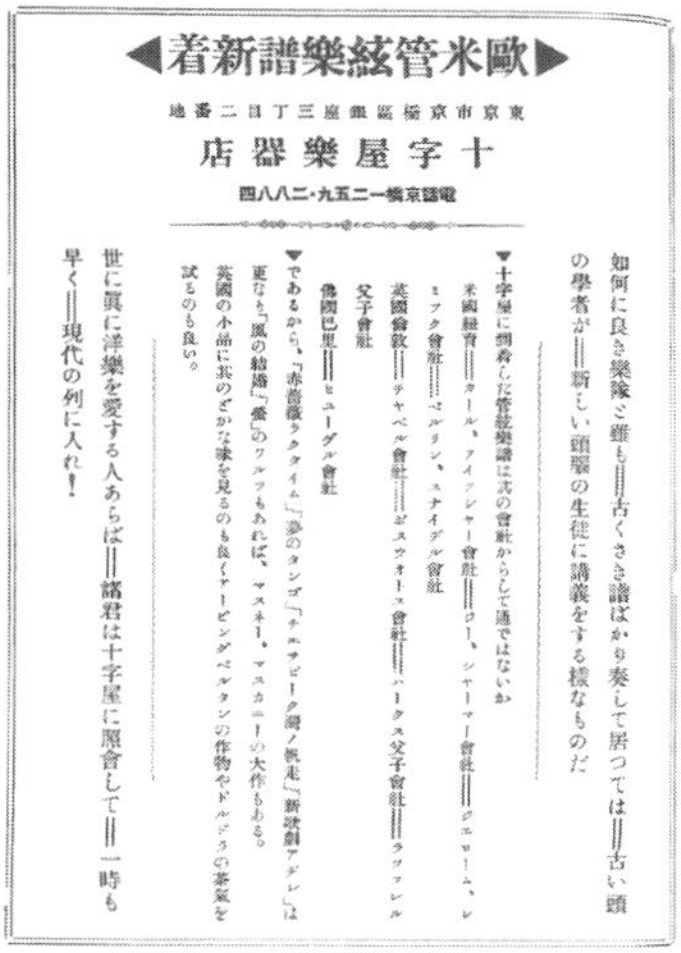
歐米管絃樂譜新着
東京市京橋區銀座三丁目二番地
十字屋樂器店
電話京橋一二五九・二八八四
如何に良き樂隊と雖も‖古くさき譜ばかり奏して居つては‖古い頭の學者が‖新しい頭腦の生徒に講義をする樣なものだ
▼十字屋に到着した管絃樂譜は次の會社からして通ではないか
米國紐育‖カール、フイツシヤー會社‖ウー、シヤーマー會社‖ジエローム、レミツク會社‖ベルリン、スナイダル會社
英國倫敦‖チヤペル會社‖ボスウオース會社‖ハークス父子會社‖ラツフレル父子會社
佛國巴里‖ヒユーグル會社
▼であるから、「赤薔薇ラクタイム」「夢のタンゴ」「チエサピーク灣ノ帆走」「新歌劇アデレ」は更なり「風の結婚」「蛍」のワルツもあれば、マスネー、マスカニーの大作もある。英國の小品に其のどかな味を見るのも良くアービングベルタンの作物やドルデラの素氣を試るのも良い。
世に眞に洋樂を愛する人あらば‖諸君は十字屋に照會して‖一時も早く‖現代の列に入れ！

図2　広告「欧米管弦楽譜新着 十字屋楽器店」「音楽界」1914年11月号、音楽社。ニューヨーク、ロンドン、パリから楽譜が輸入されていることがわかる。中央部分に「赤薔薇ラクタイム」とある

このアービング・ベルリンとは「ホワイトクリスマス」などを作曲したアービング・バーリン(18)のことで、記事はバーリンが作曲した楽曲が欧米で流行しはじめていることを伝える内容である。(19)

ラグタイムは日本でも演奏会の曲目として取り上げられ、一九一三年十二月二十九日におこなわれた陸軍戸山学校軍楽生卒業式での陸軍戸山学校軍楽隊は「最近欧米に流行する通俗的舞踏曲二種の紹介」と題してタンゴとラグタイムを吹奏楽で演奏している。(20)

また、一九一四年に十字屋楽器店が「赤薔薇ラク

タイム㉑」という楽譜も発売した（図2）。同年の「音楽界」でも「絃楽合奏は「ゼレナーデ」「メヌエット」が好楽者間に流行し黒人筋はラグタイムが流行（東京）㉒」と東京の一部でラグタイムが流行しつつある状況を伝えている。

一九一四年は前述の「カチューシャの唄」が大流行している時期だが、同じころにラグタイムも頭角を現していたことがわかる。それを裏づけるように翌年の十一月、築地精養軒での大正天皇の即位を祝う大典奉祝音楽会で、ダンサー高木徳子が「流行ラクタイム唄」を披露した㉓。物好きが聴くような音楽として紹介されたラグタイムだが、一九一九年の「月刊楽譜」に掲載の論考では「昨今（略）須磨子に依て唄はれた、「さすらひの歌」と云ふのが流行りかけて居る。それと同時にセノオ叢書の中のラグタイムものが又一般に唄はれて来たのは注目すべき現象㉔」とされ、この記事からは「さすらひの歌」が流行する一方でラグタイムの普及も進んでいることがわかる（図3）。

また、この論考では「単にメロデイばかりでなく、英語のまゝの歌詞が片言ながらに酒屋の小僧さんや、裏店の娘さんに依て唄はれ出した」点も挙げ、英語の流行歌を口ずさむといった現象まで起こっていることに言及する。

こうした流行歌の所在をさぐると「例の日本館辺の所謂「喜歌劇㉕」」、つまり浅草オペラから発信されていて、そこで披露されていた歌は「中学生なんかに依て広められ（略）蕎麦屋の出前持㉖」にまで広がっていたことがわかる。このように、浅草オペラは若者に欧米の流行歌を普及させたという点でも大きな役割を果たし、それと同時に日本の演芸・演劇史だけではなく大衆音楽史でも重要なムーブメントだったといえる。

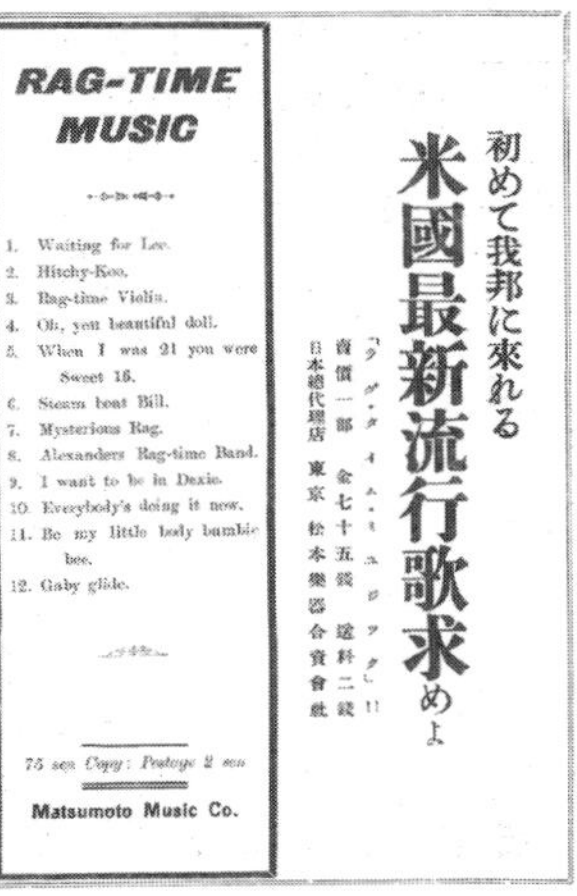

図3　広告「松本楽器合資会社」「月刊楽譜」1914年7月号、松本楽器合資会社。8曲目にはアービング・バーリン作曲の「Alexanders Rag-time Band」も見られる

ここまでが第一次世界大戦頃までの日本の音楽文化だが、大正初期にはすでに欧米の流行歌が登場していた事実もふまえておくと、なぜジャズが普及したのか、より明確にその理由を導き出せるだろう。
さて、第一次世界大戦後、いよいよジャズも流入してくることになるが、もちろん、当時のジャズは定義づけもあいまいであり、ほとんどの人がふれたことがない新しい音楽だった。では、これからジャズはどのように広まり、「ジャズ」からジャズへと変化していくのか、見ていくことにしよう。

注

（1）代表的なものに油井正一『ジャズの歴史物語』（スイング・ジャーナル社、一九七三年）、フランク・ティロー『ジャズの歴史――その誕生からフリー・ジャズまで』（中嶋恒雄訳、音楽之友社、一九九三年）、ジョン・F・スウェッド『ジャズ・ヒストリー』（諸岡敏行訳、青土社、二〇〇四年）などが挙げられる。

（2）主なものに、内田晃一『日本のジャズ史――戦前戦後』（スイング・ジャーナル社、一九七六年）、毎日新聞社『日本のジャズ』（「1億人の昭和史」別冊）、毎日新聞社、一九八二年）、瀬川昌久『ジャズで踊って――舶来音楽芸能史 増補決定版』（清流出版、二〇〇五年）、毛利眞人『ニッポン・スウィングタイム』（講談社、二〇一〇年）、E. Taylor Atkins, *Blue Nippon: Authenticating Jazz in Japan*, Duke University Press, 2001, 相倉久人『至高の日本ジャズ全史』（「集英社新書」、集英社、二〇一二年）、油井正一、行方均編『ジャズ昭和史――時代と音楽の文化史』（DU BOOKS、二〇一三年）などが挙げられる。

（3）例えば、大森盛太郎『日本の洋楽――ペリー来航から130年の歴史ドキュメント』第一巻（新門出版社、一九八六年）、一四八ページでは、「日本でジャズ音楽は、船の演奏家によって花月園で演奏され」とあり、船の楽士は欠かせない存在となっている。注（2）で挙げた著書でも同様である。

（4）ジャズを含めた戦前の日本の洋楽受容史を扱う資料としては、前掲『日本の洋楽』、堀内敬三『音楽五十年史』上・下（「講談社学術文庫」、講談社、一九七七年）、音楽雑誌「ミュージック・マガジン」一九八九年四月号（ミュージック・マガジン）から九四年四月号まで連載された細川周平氏の論文「西洋音楽の日本化・大衆化」が代表的なものとして挙げられる。また、流行歌では菊池清麿『日本流行歌変遷史――歌謡曲の誕生からＪ・ポップの時代へ』（論創社、二〇〇八年）、古茂田信男／島田芳文／矢沢保／横沢千秋編『新版 日本流行歌史 上 1868―1937』（社会思想社、一九九四年）、同編『新版 日本流行歌史 中 1938―1959』（社会思想社、一九九五年）、輪島裕介『踊る昭和歌謡――リズムからみる大衆音楽』（［NHK出版新書］、NHK出版、二〇一五年）が挙げられる。

（5）主なものに、渡辺裕『日本文化モダン・ラプソディ』（春秋社、二〇〇二年）、和田博文『テクストのモダン都市』（風媒社、一九九九年）、南博／社会心理研究所『昭和文化 1925―1945』（勁草書房、一九八七年）、ゆまに書房が二〇〇四年から刊行している史料集成「コレクション・モダン都市文化」でも「ジャズ」や「歌謡曲」を扱ったものがある。

（6）『現代用語の基礎知識 2019』自由国民社、二〇一九年、八一〇ページ。「ジャズ」の項。また秋庭隆『日本大百科全書11 して―しょうし 第二版』（小学館、一九九五年）三六一ページでは特徴に「①オフ・ビートのリズムから生じるスイング感、②インプロビゼーション（即興演奏に示される自由な創造性と活力）、③演奏者の個性を強く表出するサウンドとフレージング」の三点の特色を挙げている。

（7）神田乃武／金澤久編『コンサイス英和辞典』三省堂、一九二六年、三七九ページ

（8）「カチューシャの唄」の流行は相当なもので「「カチユーシヤ可愛や…」の歌が日本全国津々浦々迄も行きわたつて、深窓の御嬢さんの口から、さては鼻汁たらし漁師の伜の寝言にまで唱はれた」。また、「洋楽の曲調を持つたもので曾てあれ程一般的に流行したものはあるまひ」とし、「カチューシャの唄」洋楽の曲調の流行歌として認識されている（やなぎ「此頃の流行歌」「月刊楽譜」一九一八年三月号、山野楽器店、四〇ページ）。

（9）倉田喜弘『近代歌謡の軌跡』（日本史リブレット）、山川出版社、二〇〇二年、四二ページ

（10）大正後期までの流行歌普及の演歌師の重要性については永嶺重敏『流行歌の誕生――「カチューシャの唄」とその時代』（［歴史文化ライブラリー］、吉川弘文館、二〇一〇年）、同『歌う大衆と関東大震災――「船頭小唄」「籠の鳥」はなぜ流行したのか』（青弓社、二〇一九年）を参照されたい。

（11）小川近五郎『流行歌と世相――事変下に於ける歌謡の使命』日本警察新聞社、一九四一年、五五ページ

(12) 文部省編『日本の成長と教育――教育の展開と経済の発達』(文部省、一九六二年) 三七ページ掲載の「表四 中等教育在学者数の伸びと生産・所得の伸びの関係」。

(13)「新に来朝せる英国歌劇の消息」「読売新聞」一九〇七年九月九日付、四面

(14) 例えば「月刊楽譜」一九一七年六月号(山野楽器店)に掲載されたセノオ楽譜広告の「今夜だ今夜だ」の劇中歌「だれも信じない」の歌」(ポール・ルーバン作曲)の楽曲紹介では、「喜歌劇「今夜だ今夜だ」は倫敦ゲーテ座の当狂言で、昨年と本年の流行の中心となつて居ります」とあり、ロンドンで同曲が流行していることがわかる。

(15) 広告「セノオ楽譜バンドマン号」「月刊楽譜」一九一七年七月号、山野楽器店

(16) ラグタイムとは「ジャズの前身の一つにあたるアメリカのピアノ音楽。(略) 酒場などで演奏していた黒人ピアノ奏者がヨーロッパのサロン風ピアノ曲の拍子をこわし、ずらし、つまりシンコペーションを用いて演奏した (略) ジャズとは違って譜面に書かれた非即興演奏だったが、リズムの感覚は黒人のもの」とある(『音楽大事典5　へ〜ワ』平凡社、一九八三年、二六六六ページ)。

(17) 高折周一「米京楽報 アービング、ベルリン氏」、音楽社編「音楽界」一九一二年七月号、音楽社、五六ページ

(18) アービング・バーリン、一八八八―一九八九。アメリカのポピュラー音楽作曲家。ロシアのテムン生まれ。四歳のときにアメリカに移住。ニューヨークのビアーホールで歌手兼ウエイターとして働き、一九一一年に発表した自作の「アレキサンダーズ・ラグタイム・バンド」が大ヒットした(三省堂編修所編『コンサイス外国人名事典』三省堂、一九九九年、七四八ページ)。また、「音楽世界」一九三〇年五月号(音楽世界社)では「ジャズ五人男」の一人として特集を組んでいる。

(19) アービング・バーリン作曲の「アレキサンダー・ラグタイムバンド」は「発行後僅か二ヶ月間」ほどでこの楽譜がイギリスだけで「五十万部余」売れ、「之れ位売れた楽譜は恐らく世界無比」としている(「楽界漫言」、音楽社編「音楽界」一九一三年九月号、音楽社、三三ページ)。

(20)「楽報 陸軍戸山学校軍楽生卒業式」「音楽界」一九一四年高折氏芸術号、音楽社、六九ページ。その際の曲目を紹介すると、タンゴは「(ドン、キヨッテ) 西班牙式行進、トウルビエー作」、ラグタイムは「(ゼー、ガビー、グリード)」ソング、(ルイス作)」とされている。

一九一三年十二月の東洋音楽学校の演奏会の曲でも「一、合唱歌（無伴奏）露国民謡ワラモフ作　二、バイオリ独奏スランバーソング ハウセル作 名嘉眞武輝　三、ピアノ聯弾ミリタリーマーチ林三義、菅井重五郎（略）十二、通俗管弦楽曲、ラグ、タイム、ミユージック数曲」と十二曲目の「通俗管弦楽曲」でラグタイムを演奏している（「中央楽況 東洋音楽学校」「音楽界」一九一四年二月号、音楽社、八〇ページ）。

(21) 広告「欧米管弦楽譜新着 十字屋楽器店」、音楽社編「音楽界」一九一四年十一月号、音楽社

(22) 愛読者諸氏「この頃の流行曲」、前掲「音楽界」一九一四年二月号、七三ページ

(23)「中央楽況 大典奉祝音楽会」、音楽社編「音楽界」一九一五年十二月号、音楽社、八四ページ。その際の曲目は「喜歌劇笑ふ夫の内二人ならばかまはない」が披露されている。また、同年に来日したゴルドイン一座も帝国劇場での二月公演の際、「欧米ラクタイム唄及舞踏」という演目を披露している（「中央楽況 帝劇ゴルドイン一座」、音楽社編「音楽界」一九一六年二月号、音楽社、六二ページ）。

(24) 前掲「此頃の流行歌」四〇ページ

(25) 日本館は浅草公園にあった劇場。

(26) 前掲「此頃の流行歌」四一ページ

第1章　アメリカからのジャズ流入

はじめに

本章から第3章まではジャズの流入期として、日本にジャズがどのように入ってきたのかを見ていく。いつ日本にジャズが入ってきたか、という話は非常に興味が尽きないテーマだろう。しかし、こうした話では、誰がいちばん初めにジャズを演奏したかとか、誰がジャズを日本に持ち込んだかという展開になってしまいがちだ。そこで、本書では少し視点を変え、日本での広がりという点を意識しながらジャズの流入について話を進めていきたい。

序章でも述べたが、日本のジャズは波多野福太郎や井田一郎など日本人の演奏家たちによって持ち込まれたというのが通説になっている。しかし、ジャズは外来の音楽である。日本人によるジャズの流入もあったが、その一方で、来日した外国人が演奏したり、外国映画にジャズバンドの演奏場面があったり、外国人や輸入映画からの流入も実は存在した。

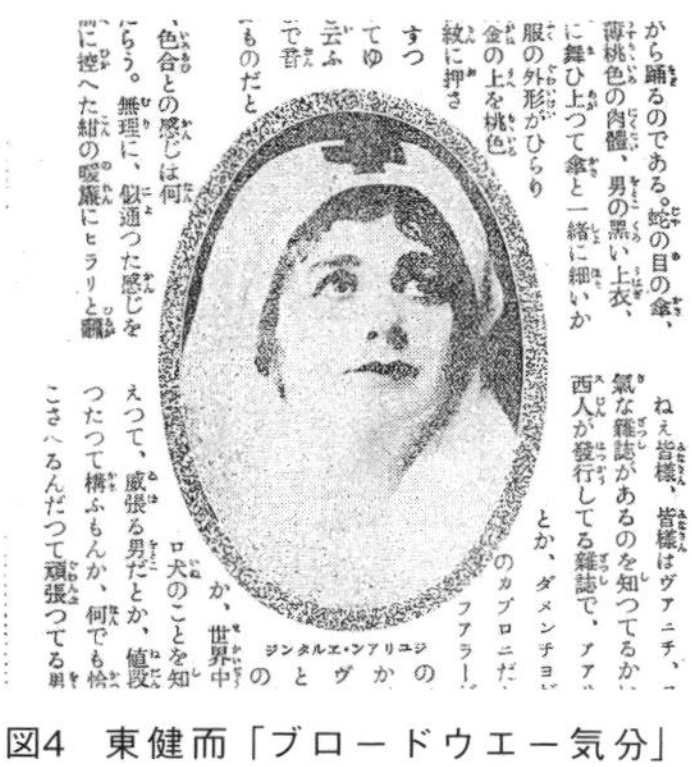

そこで、本章では、外国人の演芸一座によるショーや音楽会、さらには外国映画からジャズがどうやって入ってきたのかを明らかにしていく。

図4　東健而「ブロードウエー気分」「花形」1920年3月号、玄文社、91ページ

1　外国人演芸一座、外国人の音楽会でのジャズ

ジュリアン・エルティンジ一座の来日

外国人によるジャズの流入は、一九二〇年一月十五日から二十五日にかけて帝国劇場でおこなわれたジュリアン・エルティンジ一座の公演から確認できる。座長であるジュリアン・エルティンジはボードビルの芸人で[1]（図4）、とりわけ女形の扮装を得意としていて、アメリカでも有名な芸人・俳優だった。同公演でも「女形扮装」は呼び物として紹介された。[2]

公演の舞台の様子について、作家の東健而は演芸雑誌「花形」で、「一人の男と、一人の女とが綱渡りを始めた。（略）オーケストラに合せて綱渡りをしながら踊るのである。蛇の目の傘、薄茶色の幕、女の薄桃色の肉体、男の黒い上衣、栗色の頭髪、春風に舞上つて傘と一緒に細いからだをした男の黒服の外形がひらりと跳ね上がる」[3]と詳細に記している。「綱渡り」や「傘と一緒に」などの記述からはサーカスのような公演内容だったことを想起させ、公演中は終始オーケストラによる演奏もあった。

実はこのオーケストラが奏でていたのがジャズであり、東は「なある程、俺は半裸体の美人の踊りを見、ジヤツズ、ミュージックを聴き、エルタンジの溶けるやうな秋波を浴びて淫楽の世界に寝ころんでいたんだな」[4]と音楽に心酔している。

また、同記事には「ジャッズの時代」の項もあり、そこではジャズを次のように説明している。

亜米利加でも英国でもジヤツズの侵入を受けてからは、おとなしい嫻い女は急に狂暴な女となつた。丁寧な、品の良い男は偽善の仮面をかなぐり捨てゝジヤツズに走つた。踊りと共にジヤツズの音楽が生まれた。樽、フユーツと鳴る号笛、洗濯板、湯わかし、フライ鍋、瓶、其他あらゆる風変りな音響を出すものが楽器の仲間入りをするやうになつた。(5)

帝劇マチネー
エルテンジ一座
一月十五日より廿五日迄午后二時半開演
容艶美人團舞踊、滑稽身振、活動應用喜歌劇
米國最近流行歌合唱、
女形扮装其他總てが品位あり優雅なるうちに輕き諧謔と滑稽を含めるエルテンジ一座獨特の妙技を上演す
十三圓、十圓、七圓、二圓、一圓
帝國劇場
當一月狂言

図5　広告「帝劇マチネーエルテンジー座」「都新聞」1920年1月14日付、4面。中央部分に「米国最近流行歌」とある

「樽」「号笛」「洗濯板」など、ここでは「風変りな音響を出すもの」がジャズと判断する一つの要素であることがわかる。なお、一九二〇年一月十四日付の「都新聞」に掲載された同公演の広告は、「容艶美人団舞踊、滑稽身振、活動応用喜歌劇、米国最近流行歌合唱」(6)（図５）とあるように、ジャズはアメリカの最新の「流行歌」として紹介されている。

また、その一方で、同年一月十六日付の「都新聞」では、公演の音楽について「管弦楽は支那風な楽とて却々賑やか」(7)と評していて「米国最近流行歌」や「支那風」などさまざまな表現をしていることから、ジャズという言葉や音楽が根づいていない様子がうかがえる。

カリフォルニア大学グリークラブの公演

ジャズの演奏は、エルティンジ一座の公演だけではなく、アメリ

図6 「ジャズ音楽界の権威 加州大学ジャズ・バンド」「大阪毎日新聞」1920年8月4日付、7面。ドラム1人、ピアノ1人、サックス1人、クラリネット1人、バンジョー2人、トランペット1人が確認できる

カの大学生による音楽会でも披露されていた。エルティンジ一座が来日した一九二〇年は、アメリカのカリフォルニア大学のグリークラブ（男性合唱団）も日本を訪れ（図6）、雑誌「音楽界」では、「六月十七日には加州大学のグリークラブ一行二十一名が来朝して、此日午後一時から早大に、三時から慶大に、翌十八日夜を横浜ゲーテ座に、二十日は鶴見の花月園に得意の演奏をなし[8]」と公演スケジュールが紹介された。

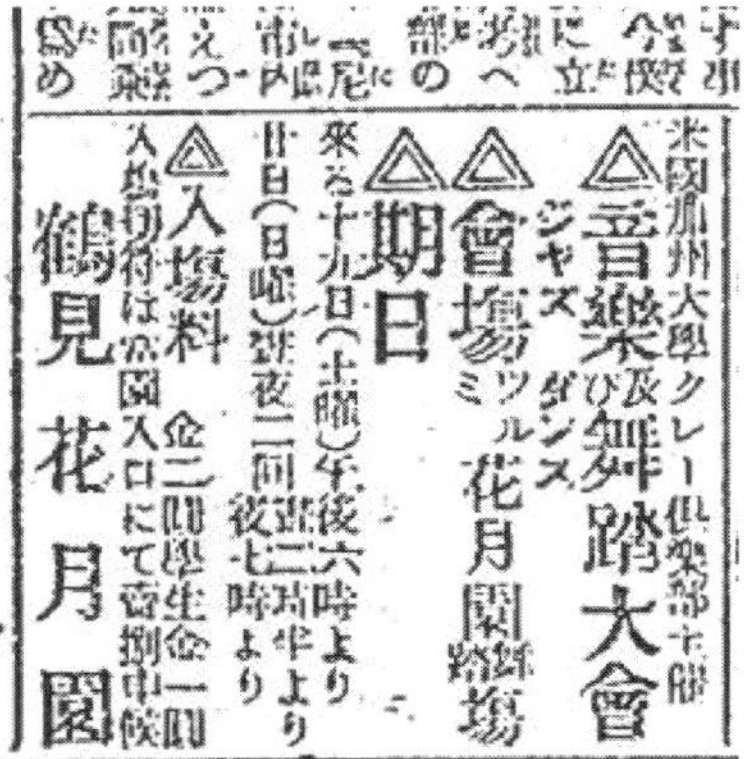

図7 広告「鶴見花月園」「東京朝日新聞」1920年6月17日付、4面

カリフォルニア大学グリークラブがジャズバンドも率いてきたことは注目すべきだろう。一九二〇年六月十七日付の「東京朝日新聞」の民間初のダンスホール・鶴見花月園の広告は、「米国加州大学クレー倶楽部主催 音楽及び舞踏大会 ジャズ ダンス 会場ツルミ花月園舞踏場（略）廿日（日曜）昼夜二回昼二時半より夜七時半より[9]」

とあり、グリークラブによるジャズ演奏があったことが確認できる（図7）。

グリークラブは同年八月六日に大阪中之島公園中央公会堂、七日にも東京神田の青年会館で公演をおこなっている。公演の曲目を見ると、「一、ヘールツカリフオルニア　二、秋の心の薔薇　三、酒の歌　四、サクサフオーン独奏（略）十三、ジャズバンド　一、フイフアイフオーフアム　二、ヴエニスの月　三、ブルースマイノーテイスウイーテイゲイヴ　ツミー　十四、一スタンフオード大学のジヨナーニオールヘールブルーエンドゴールド」[10]というように十三曲目に「ジャズバンド」がある。

この頃のジャズは新聞や映画などのメディアにほとんど紹介されていなかったから、この演奏会は新聞社の話題作りである可能性は否めないが[11]、七日の東京・神田青年会館での公演では、聴衆が「二千余名」[12]集まっている。会場席には、「独米シャムの各大公使以下館員及各外交団」などもいて、公演は「アンコールを重ねること数十回（略）満場は只字義通りの恍惚から拍手へ拍手から夢幻へ」[13]と当時の新聞がその様子を伝えているように、大盛況だったことがわかる（図8・9）。

また、音楽雑誌「月刊楽譜」一九二〇年九月号には同楽団のレコード広告も掲載されていて、「ニッポノホン鷲印レコード 米国加州大学々生音楽団 グリー倶楽部弊社へ吹込 九月より発売し候」として「ジヤヅ、オーケラ〔ス：引用者注〕トラ（フイー、フアイ、フオー、フアム　ウオンダーリング）／インストリウメンタル、トリオ（ジ

図8　広告「米国加州大学学生音楽団グリークラブ大音楽会」「東京日日新聞」1920年8月6日付、7面。神田美土代町基督教青年会館公演の際の広告。「University of Callfornia Glee club and Famous Jazz Band」という記載が見られ、曲目の（一三）に「ジャズバンド」とある

ヤスト、プリユー、ユーヴ、ゴット、ゼ、ス井ーテスト、ウエイ)[14]」の二枚が発売されている（図10）。

この曲目のうち、「フイー、フアイ、フオー、フアム」は六日におこなわれた大阪の演奏会の曲目とも重なっていて、主に演奏会で披露された曲をレコードに吹き込んでいたことがわかる。

なお、同楽団は、一九二二年六月にも再来日し、そのときの様子を慶應義塾大学の学生新聞である「三田新聞」では、次のように紹介している。

義塾野球部の招聘により二十八日横浜に着したサンフランシスコ、カレーヂアン野球チームと一緒に来たカ

図9 「加洲大学々生演奏会一、加洲大学々生演奏会二」「音楽の日本」1922年7月号、音楽の日本社、口絵ページ。大阪中央公会堂公演時の写真。本文に「上図はジヤズバンド・下図はコーラス」とあるが誤り。正しくは上図がコーラス、下図がジャズバンドである。バンジョー、サックス、ドラムなどの楽器が見られる

リホルニア大学の音楽団グリークラブは明二日の午後七時半から義塾の大ホールで演奏する事になつた（略）同グリークラブは一昨年の大正九年初夏にやはり義塾を訪れて大ホールで演奏して非常に喝采を博したものである。（略）プログラムにはグリークラブのコーラス、一昨年もやつたヘール、トウー、カリフォルニヤ、アールリード君のサクソホーンのソロやアルバートキング君のピアノのソロ、或は又サクソホーンのクワルテットやジャツヅバンド等の外に愉快なハロルドガービン君のキヤラクターソングス、コール君とテーラー君二人でやる歌とダンス等があつてさぞ学生気分の溢れた面白い演奏会であらう[15]

「一昨年の大正九年初夏にやはり義塾を訪れて[16]」とあることからも、同一の楽団と見て間違いない。演奏会後に発行された「三田新聞」の「気持ちよく聴衆を酔はせた音楽会[17]」という見出しからも、前回と同様に好評だったことが読み取れる。[18]ちなみに、同楽団は一九二二年にも日本でレコードを吹き込み、日本蓄音器商会（ニッポノホン）からレコードを発売している。[19]

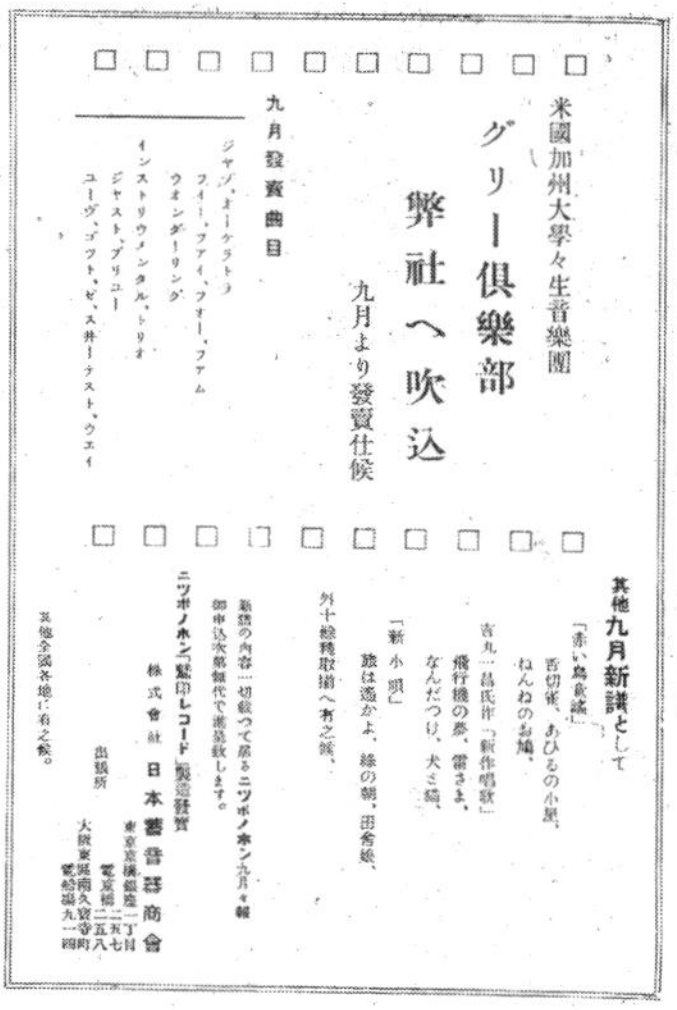

図10　広告「ニツポノホン鷲印レコード」「月刊楽譜」1920年9月号、山野楽器店

黒人合唱団の音楽会

さらに、一九二〇年四月号の「音楽界」によれば、同年二月に同志社大学音楽部が「ニグロ声楽隊三名を招いて披露会を[20]」開催していた。エルティンジ一座やカリフォルニア大学グリークラブが来日した二〇年は黒人合唱団による音楽会も開かれていたことがわかる。

同公演では、「声楽ばかりで楽器は一切用ひず、唯ピアノ伴奏がある」程度で「ルイスの高音チークの低音ペエンの中音を合唱すれば恰もヴアイオリン、ピアノ、セロ、マンドリン等の色色な楽器のリズムが而かも人の口から泉の如く湧き出づる」[21]という、現代でいうボイス・パーカッションに似たものを披露している。

同年三月六日には、京都三条の青年会館でも、「午後二時及び午後七時の二回」[22]公演をおこない、また同月八日にも、「大阪基督教青年会館の主催で同教会堂」[23]で音楽会を開いている。さらにその二カ月後、東京でも演奏会が開催された。「読売新聞」では、公演の様子を次のように紹介している。

> 六月五日（土）午後二時から神田美土代町青年会館に於て東京商科大学生から成る一橋基督教青年会館主催で第二回黒人音楽会があります。之は黒人ペーン氏（中音）ルイス氏（高音）及びチーク氏（低音）の三人のルイジアトリオと露国人ライセンベンヒ夫人を加へた音楽家達で、五月末同館で催された時は満員で非常な好評でした。曲目の重なるものは「故郷ヴアーデニアへ」「碇泊」「猫の歌」「ミスシッピイ川」「なびく松」等異国の情緒に富む結構な歌です。[24]

この記事は二回目の音楽会の紹介であり、同年五月にはすでに一回目が開催されていたこともわかる。ここではジャズを紹介していないが、黒人合唱団が関西や関東で音楽会を開いていたことは興味深い。

引き続き一九二二年にも同合唱団は来日し、神田青年会館で公演をおこなう。[25]その際には、次の十八曲が披露されている。

> （一）ネグロ、ジアヅ、バンド（二）ネグロ古歌（三）ジアヅ二重唱（静に行け）（四）独唱「カロリナ・サンシアイン」（五）低音独唱「深き眠りに」（六）オーバイジンゴ（七）古きバージニアに帰り（八）美しき人形よ（九）コフンフイルド（十）アメリカの歌（ジブジイ、トリオ）（十二）テノール独唱デイン、オンリー（十三）スワニートリオ（十四）二重唱ジアダ（十五）高音独唱ミツキー（十六）アラバコの月（十七）チヨン

グ（十八）歎きの歌[26]（図11）

ここで注目すべきは、一曲目の「ネグロ、ジアヅ、バンド」、三曲目の「ジアヅ二重唱（静かに行け）」である。二年前の音楽会ではなかった「ジアヅ」がレパートリーとして加わっている。また、六曲目の「オーバイジンゴ」や十七曲目の「チヨング」などは、当時アメリカでヒットしていた流行歌[27]であり、これらの楽曲を声でどのように合唱したかについて記述していないのが惜しいが、黒人合唱団の公演は「珍らしいネグロ音楽[28]」とされながらも「喝采を博[29]」したのである。

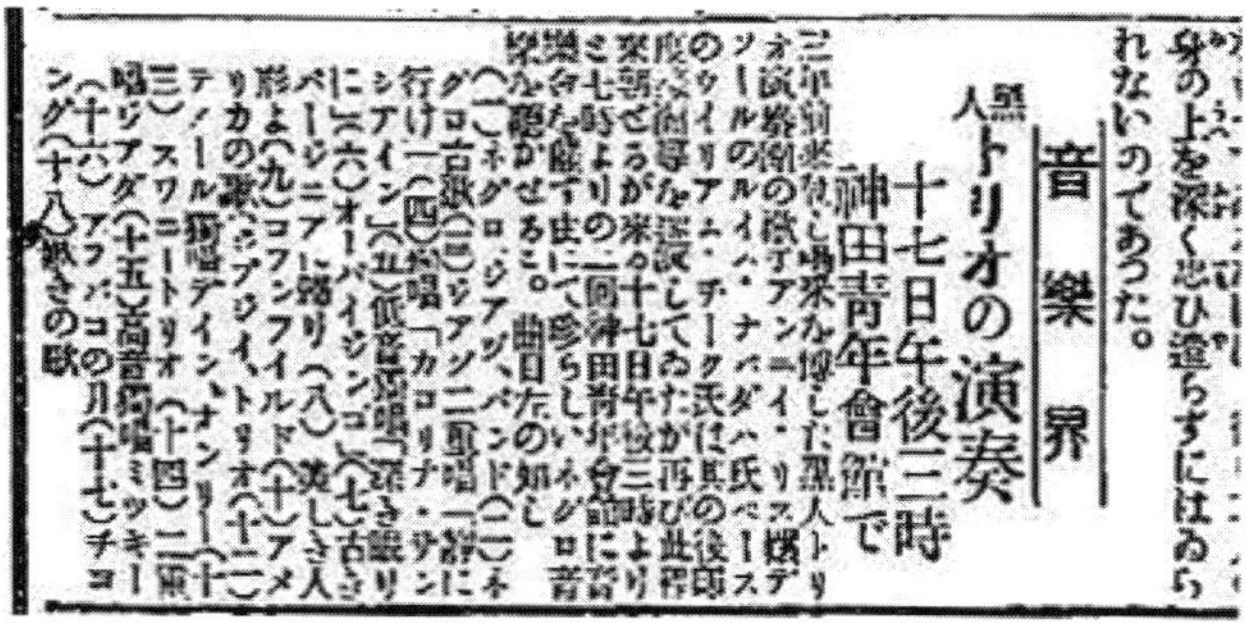
音楽界
黒人トリオの演奏
十七日午後三時神田青年會館で

図11　「黒人トリオの演奏」「読売新聞」1922年5月17日付、6面。曲目の（一）に「ネグロ ジアヅバンド」、（六）に「オーバイジンゴ」とある

2　外国喜劇映画とジャズ

前述のような外国人演芸一座や外国人の演者の音楽会という直接的な流入だけでなく、海外の風俗状況を映し出す映画もジャズの流入に、大きな役割を果たしていた（図12）。

当時、映画は活動写真とも呼ばれ、一九〇三年四月、浅草電気館が開館し、これは日本で最初の映画常設館だった。続いて〇七年には、千日前電気館も開館し、これは大阪で最初の映画常設館であった[30]。その後、全国に常設館は増えつづけ、二三年は七百三館、二四年は千十三館、二六年には千百七十四館に及び、二六年の全国の入場人員は一日五十万人となった[31]。「民衆娯楽と云へば先づ活動写真と歌劇[32]」とされているように、映画は人気の娯楽の一つだった。したがって、その人気の娯楽である映画とジャズの関連性を見ることは、ジャズがどれだけの人に知られていたかという認知を測る一つの目安にもなる。

ただし、関東大震災や戦争などの影響で現存する映画フィルムはごくわずかであり、作品の内容を知るには当時の映画雑誌などの記事を頼るほかない。そこで、当時の雑誌記事などからジャズの流入を明らかにしていくことにしたい。

まず、「活動雑誌」一九二〇年五月号の「新映画紹介」では、「アメリカ喜劇界の大人気者ロイド傑作映画」が日活会社に入ってきたとして、その一つに「エ、ジヤツズド、ホネームーン〔『A Jazzed Honeymoon』〕」を挙げている。[33]「ロイド」とは喜劇俳優ハロルド・ロイドのことである。この映画は、一九二〇年四月に『ロイドの新旅行』（一九一九年公開。なお、ここでの公開とはアメリカでの公開年度を指す。以下同様）として日本で封切り上映された。内容は新婚旅行の道中の船中で繰り広げられるドタバタ喜劇で、映像を確認するかぎり、ジャズ演奏の場面はないが、原題に「JAZZ」が入ったものが輸入されはじめていることがわかる。[34]

同様に、一九二一年十二月に封切られた『讃美歌と鼻唄』（監督：ローレンス・ウィンダム、一九二〇年公開）も、原題が『The Girl With the Jazz Heart』となっていて、映画雑誌「キネマ旬報」に書かれたその粗筋には、「朝から晩までチウインガムを噛みながらジヤズバンドの音色を思つて浮かれながら、ホテルの電話交換手をしているキッティーと云うふ陽気な心の娘が、投宿者のミリアムと云ふおとなしい田舎娘の危難を救ふため、その身変

図12 「メトロ・ゴールドヰン映画　嬌婦チルチ」「アサヒグラフ」1924年11月26日号、朝日新聞社、19ページ。『嬌婦チルチ〔後に『歓楽の唇』として封切り〕』の一場面。主演女優のメイ・マレイの足元付近にバスドラムの一部が写されており、奥に黒人男性がサックス、バンジョーを演奏している姿も見られる。またバンジョー奏者の後ろにはウッドベース奏者と思われる人物が映っている

りになつて大活躍」[35]とある。「ジャズバンドの音色を思つて」という表現だけでは演奏シーンがあったかどうかは断定できないが、粗筋の内容から見て喜劇であることがうかがえる。

同年三月封切りの『結婚生活』(監督：アール・C・ケントン、一九二一年公開）もドタバタ喜劇になっていて、同映画はマック・セネット・コメディーズ社で製作され、マック・セネット映画とも呼ばれた。[36]当時、セネット映画は「多くのドタバタ喜劇の中に一頭地を抜くもの」[37]だった。その「リヅミカル」で「音楽的」な内容は、「最も精練されたる、然し無音の、ジヤッヅ・バンド」[38]と評価され、映画雑誌「活動倶楽部」一九二二年二月号の「編集雑筆」で「センネツト映画と安来節とジヤツズ・バンド」[39]と並記しているように、当時の人々はセネットの映画のような喜劇の喧騒感とジャズに共通の性質を感じていたことがわかる。

実際にジャズの演奏シーンがあった映画には、『煉獄』(監督：ジョン・M・スタール、一九二一年公開、二二年封切り。なお、ここでの封切りとは日本での封切り年月を指す。以下同様）が挙げられる。「活動倶楽部」一九二二年四月号に掲載された「映画小説」では、『煉獄』のダイジェストを活字化していて、そのなかで「支那人のオーケストラの奏でるジヤシズバンドの争々しい旋律の中から、時々悍高いクラリオネットの乱調子がひゞいて来る」[40]とあるように、映画中には演奏の場面があったことが読み取れる。

また、同誌一九二三年四月号に掲載された貘與太平の「赤いインキのソーダ水」は映画の音楽場面の演奏について書いた論文で（映画の伴奏については次の項でふれる）、そのなかで貘は「実の所、今の活動写真劇と音楽に対する一般の考へは音がして居る場面だから音をさせる、お芝居の下座がはりに音楽を用ひると云ふのだからたまらない」[41]とし、「ピアノを弾いて居るクロースアツプがあらうとも、ニグロのジヤツバンドが映らうともヴイオリンのソロが現はれやうとも、活動写真が如何に音を所有した場面を撮影してあつても、映画の場合には断じてそれらしい音を必要としない」[42]と述べている。つまり、映像と実際の音楽が一致しなければ、音楽は不必要であると苦言を呈している内容だが、注目すべきは、「ニグロのジヤツバンドが映らうとも」という部分である。ニグロは黒人を意味していて、この記述は黒人のジャズバンドが登場する映画があったことを証明している。

模擬音楽としてのジャズ

大正期はサイレント映画だったが、「無音のまま上映されたわけでは」[43]なく、「しばしば伴奏の音楽がつき、また内容を説明する説明者〔活動弁士：引用者注〕がスクリーンの脇で喋」[44]っていた。映画の伴奏についても、音楽は指定の楽譜がないかぎり、映像に合うと思われた音楽を用意して演奏し、映写中の伴奏だけでなく、幕間には休憩奏楽や余興もおこなっていた（映画館の専属ジャズバンドによる幕間の演奏については第4章で詳しく述べる）。以上が当時の映画館の奏楽事情だが、ここでは映像に当てはめた擬音、いわゆるオノマトペの演奏がジャズとして認識されていたことを指摘したい。

映画雑誌「活動画報」一九二一年九月号に掲載された映画監督である帰山教正の論文「所謂映画劇と新派悲劇」では、「映画劇が写実主義を追つて居る以上は、どうしても絵として、台詞、説明、音響等を以て補足された方が理屈から云つても面白い理由である。外国喜劇に説明の外にジヤツズ・バンド（模擬音楽）を加へると云ふ理由はこの事実を証明して居る」[45]とあるように、映画館でオノマトペを奏でることを「ジヤツズ・バンド（模擬音楽）」としている。

また、映画監督の吉山旭光は、映画雑誌「映画と音楽」一九三八年二月号の「トーキー擬音の先駆者　形容音楽の昔話」で、大正時代の映画館のオノマトペの演奏について次のように回想している。

〔西洋映画専門の金春館で：引用者注〕上映々画の伴奏を受け持つて居た同館専属の波多野福太郎氏を楽長として居るハタノ・オーケストラの楽師連は、此の喜劇映写に際し説明の間を縫って、急所々々で入れる伴奏も、普通の楽曲では平凡で、面白さが乏しい感じがするから一ツ画中の事件によつて発する声音を、伴奏の楽器を使つて出して見たならば、説明と相待つて、観客の興味を一層深くするだらうと（略）喜劇映写の際、それを試験的に実行して見た。例へばキッスのチユーッと云ふ音をヴアイオリンで聞かせたり、管楽器で鳥獣の啼き声を聞かせたり、又は今日ジャズで日本製の木魚大小数個を並べて置き、それを一々叩いて、其高低が各異なつた音によつてリズムを出さうとするやり方も、其の頃既に試みられた。子供の玩具の土製の鳩笛なども、ある音響を出す為に使用された(46)

外国喜劇映写の際にオノマトペを奏でたという点は前述した帰山の論稿とも一致していて、オノマトペはさまざまな音を出すために、通常のオーケストラにはない楽器まで駆使していたことがわかる。『世界映画大事典』によると、一九二〇年代の喜劇映画について「奇抜な映像トリックから、現実の世界を背景にした体を張ったスタントまで、しかけにさまざまな創意工夫をこらしたものが多く、映像の特質を利用した映画にのみ可能な笑いを創造したものだったことはとくに付記しておかねばならない(47)」という解説があり、「さまざまな創意工夫」を音で表現する場合には多種多様な楽器が必要だったことが見て取れる。

ジャズはその後、ダンス音楽や流行歌としてのイメージが根づいていって、ジャズバンドを「模擬音楽」として捉えていたのはこの時期特有のものといえるが、喜劇映画とジャズに深い関係性があるのはこうした点に由来しているといえる。

また、『封切館オデヲン座資料集 1911-1923』には、横浜の映画館・オデヲン座の大正期の広告が所収されている。そのなかで、一九二二年十一月十日付の広告には、「蓄音機にも沢山吹き込んであります。小座の音楽部では此の旋律を土台として軽快なるホックス・トロット（流行の舞踏楽式）を作曲しました、そして今週の喜劇天空のラリー映写中にオデヲン・ジヤツズ（特種の音楽）で御聞かせ致します(48)」という紹介文とともに、「舟唄磯節（ワンステップ）」「鴨緑江節（ホックストロット）」「貴郎！唄ってよ！（ワンステップ）」の曲名を掲載している。

ここでは、「オデヲン・ジヤツズ」を「特種の音楽」と説明していて、特徴ある楽器を使用していることが推測できる。そして、ここでもジャズは喜劇映画の映写中に演奏されていることがわかる。無声映画時代の喜劇がセリフよりも動き中心に内容が展開されていたことを考えると、ドタバタを盛り上げるにあたり、ジャズの音楽

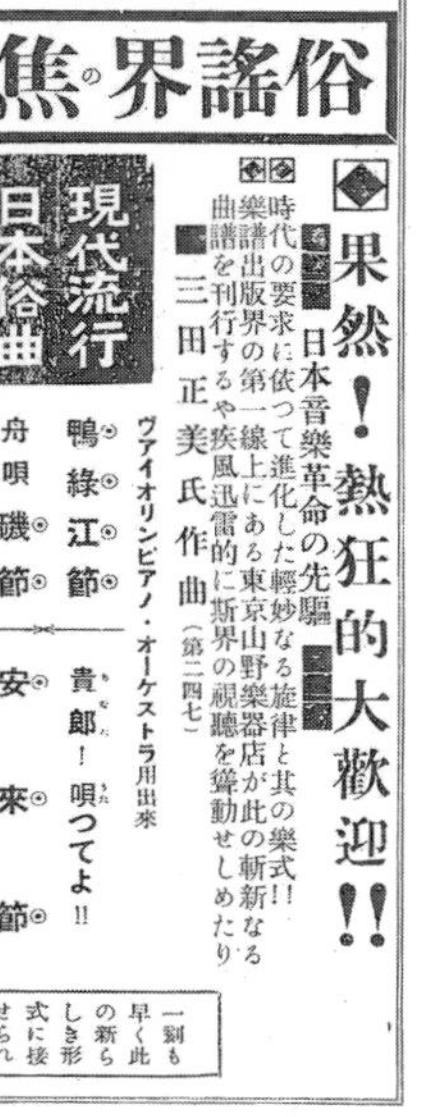

図13　広告「山野楽器店」「月刊楽譜」1923年4月号、山野楽器店。「ピアノ、ヴァイオリン」「オーケストラ」用の楽譜のほかに「ジヤツズバンド用」が販売されている。なお、同誌1923年5月号の広告には、「安来節」「八木節」「おいとこ節」が新たに加えられている

性は理にかなっていたのだろう。

さらに、オデヲン座の十一月三日の広告には、「流行の鴨緑江節を舞踏楽式（ホックス、トロット）に作曲しまして先週の喜劇映写中に奏楽を致しました所、意外の御好評を賜はりまして」[49]とあるように[50]、相当な人気があったようで、「月刊楽譜」一九二三年四月号の広告では、これらの楽譜を「ジヤツズバンド用金六拾銭」で発売していることも確認できる[51]（図13）。

このように、日本人演奏家による持ち込みだけでなく、外国人演芸一座によるショーや音楽会での演奏、映画の場面などを通して日本に入ってきていた。しかし、この段階でのジャズの概念はまだ定まっておらず、ダンス音楽や流行歌としてのジャズだけではなく、映画館の「模擬音楽」という側面もあった。

音楽評論家である堀内敬三は、アメリカ留学の際、「月刊楽譜」に定期的にアメリカの音楽事情を投稿していて、「北米漫筆（一）」ではアメリカの活動写真の音楽について、次のように報告している。

> 打楽器は大変重要で大小の太鼓、ザイロフォーン、タンブリンカスタネットなどは是非なくてはならず之に大きい所ではティンパニ、ベル、グロッケンシュピール。自動車ホキッスル、銅鑼、陣鐘、陣太鼓、乱杭、逆茂木、毒瓦斯、タンク……まさかこんなものまで使はないが何しろよく色々使ふ[52]

「乱杭」以降は堀内の冗談にしても、「陣太鼓」あたりまでは前述のジュリアン・エルティンジ一座の公演で見られた「樽、フユーッと鳴る号笛、洗濯板、湯わかし、フライ鍋、瓶、其他あらゆる風変りな音響」とも共通していて、「ジャッズ・バンド（模擬音楽）」に使用される楽器としても当てはまる。こうした風変わりな楽器を使用した音楽も、流入時はジャズと認識されていたのである。

一方、音楽会や映画の観客層にも注目すると、カリフォルニア大学グリークラブは早稲田大学と慶應義塾大学で演奏し、黒人合唱団による音楽会も同志社大学音楽部や東京商科大学生の主催でおこなわれ、基本的に学生を対象にしたものだった。[53]

オノマトペで効果音を付けていた西洋映画専門常設館の観客層も学生が大半だったようで、活動弁士である生駒雷遊は「活動倶楽部」一九二二年十一月号に掲載した「舞台から見た観客」で次のように考察している。

> 映画の種類に依つて観客の種類の異なるものである事は当然の事であります（略）映画に深い趣味と憧憬を持つ時代は青年時代であると云ふ事は入場する観客の大多数が青年時代の者であると事によつて明らかに証明して居ります。先ず中等学校の一二年級から専門学校の学生諸氏を其主なるものとして居ります（但し自分は外国専門常設館にのみ出演致します為め日本映画の常設館事情は知らず）[54]

生駒が言う「中等学校の一二年級から専門学校の学生諸氏」のような学生層が多く出入りしていたことを考えると、外国人による演奏と外国映画による流入は、ジャズが学生間に広まる一つの要因になっていたといえる。もちろん、ジャズにふれることができるのは劇場や映画館だけではない。ダンスホールもまた、ジャズにとって欠かせない場所だった。そこで、第２章ではダンスホールに焦点を当て、ダンスホールとともにジャズという音楽が形成されていく過程をみていく。

注

（1）ボードビルとは、「歌だの踊りだのを交へて色んな劇を見せたりする。諸種の演芸ものを喜劇的にやつて見せる」ものとある（「商業用語新辞典」、誠文堂新光社編「商店界」一九三一年一月号、誠文堂新光社、一〇七ページ）。また、Anthony Slide *The encyclopedia of vaudeville*, Greenwood Press, 1994, p. 160によると「Eltinge continued to tour in vaudeville through the mid 1920s」（訳：エルティンジは一九二〇年代半ばまでボードビルの巡業を続けた）とあり、ボードビルの芸人であることが確認できる。

（2）広告「帝劇マチネーエルテンジ一座」「都新聞」一九二〇年一月十四日付四面の広告では、「女形扮装」が演目の一つとして書いてある。また、エルティンジの扮装について「妖婦でも花嫁でも容姿から声までスッカリ女になつてしまふのが流石に呼び物」としている（「帝劇の大ヨセ」「東京日日新聞」一九二〇年一月十六日付、六面）。

（3）東健而「ブロードウエー気分」「花形」一九二〇年三月号、玄文社、九一ページ

（4）同論文九六ページ

（5）同論文九六―九七ページ

（6）広告「帝劇マチネーエルテンジ一座」「都新聞」一九二〇年一月十四日付、四面

（7）「帝劇の米国芸人 マチ子〔ネ：引用者注〕ー始まる」「都新聞」一九二〇年一月十六日付、三面

（8）「楽報」、音楽社編「音楽界」一九二〇年八月号、音楽社、一五ページ

（9）広告「鶴見花月園」「東京朝日新聞」一九二〇年六月十七日付、四面

（10）「楽況 米国加州大学学生音楽会」、音楽社編「音楽界」一九二〇年九月号、音楽社、三一ページ

（11）大阪公演は大阪毎日新聞社、東京公演は東京日日新聞社の後援だった。

（12）「グリー倶楽部 昨夜の演奏会 ステージ周囲は外交団に依つて花の如く飾らる」「東京日日新聞」一九二〇年八月八日付、七面。なお、同紙同年八月七日付七面では、「大阪に於ける加州学生音楽団 昨夜の入場者三千名の盛況」と見出しにもあるように、六日の大阪公演も大入りだったことが確認できる。

（13）同記事

(14) 広告「ニッポノホン鷲印レコード」「月刊楽譜」一九二〇年九月号、山野楽器店

(15)「外国から三田の山に憧れを持つグリークラブ音楽団」「三田新聞」一九二二年六月一日付、一面。なお、同紙三面に掲載されたプログラムでは、九番目に「ジヤツヅバンド」の記載がされている。

(16) 早稲田大学で発行されている広報紙「早稲田学報」によれば、「シカゴ大学野球団来る」という記事があり、一九二〇年の際も野球部と一緒にきていた可能性が高い（「早稲田学報」第三百四号、早稲田大学校友会、一九二〇年、一八―一九ページ）。

(17)「気持ちよく聴衆を酔はせた音楽会　グリー倶楽部員の賑やかな演奏とダンス」「三田新聞」一九二二年六月七日付、五面

(18) 演奏会は「十五日午後七時から愛知県会議事堂」でも開催されている（「各地音楽界だより　カリフォルニヤグリークラブ音楽会」「音楽の日本」一九二二年七月号、音楽の日本社、四八ページ）。

(19) 宝塚少女歌劇の機関誌「歌劇」一九二二年七月号（歌劇発行所）に掲載された日本蓄音器商会の広告では、「ジヤズバンド」として「The Shiek / Angel Child' I've got my habit on / Cutie' Every body step / My girl is like a Raimbow」の三枚が発売されている。

(20)「楽報 黒人の音楽会」、音楽社編「音楽界」一九二〇年四月号、音楽社、二九ページ

(21)「黒人の音楽会」「大阪朝日新聞」一九二〇年二月二十一日付、十一面

(22)「楽報 ニグロー声楽隊」、前掲「音楽界」一九二〇年四月号、二九ページ。また、同記事では、音楽会は三条青年会館音楽部主催の下おこなわれ、その際の曲目は「キヤツト、ソング。ヒツプ、ヒツプ、ハラー。オールド、ケンタツキー、ホーム等其他演奏があつた」としている。

(23)「楽報 大阪の露西亜婦人団音楽会社」同誌二九ページ

(24)「黒人音楽会五日に青年会館で」「読売新聞」一九二〇年六月五日付、四面。なお、同年六月二日に銀座会館で演奏された全曲目は次のとおり。「1, Steeling Away to Jesus 2, Go Down Moses 3, Swing Low Sweet Chariot 4, Bright Spakles in the Church Yard 5, Just A Songs at Twilight 6, Carry Me Back to Old Virgin-ia 7, Anchorred 8, Simple Simon 9, Medley of Negro Songs 10, Wavig Pines 11, Mississippi River 12, Brother Micher 13, American Medley

14, Cat Songs」。「楽況 ルイジアナトリオ黒人合唱団」、音楽社編「音楽界」一九二〇年七月号、音楽社、二四ページ

（25）「黒人トリオの演奏」「読売新聞」一九二二年五月十七日付、六面。なお、再来日の記事は「黒人の演奏」（「都新聞」一九二二年五月十七日付、七面）や「中央地方楽況 黒人トリオの演奏」（音楽社編「音楽界」一九二二年六月号、音楽社）四六ページでも、同内容のものが確認できる。

（26）前掲「黒人トリオの演奏」。十一曲目の記載はない。

（27）David A. Jasen, *A Century of American Popular Music: 2000 Best-Loved and Remembered Songs (1899-1999)*, Routledge, 2002, p. 148 の "OH, BY JINGO !" の項で "Frank Crumit had the hit in 1920"（訳：フランク・クラミットが一九二〇年にヒットさせた）とあり、雑誌「オペラ」一九二二年一月号（活動倶楽部）に掲載された「歌劇団上演プログラム」では、「一、流行歌 Chong（He come from Hong Cong）」が上演されている（「オペラ新聞」「オペラ演劇・音楽・舞踊」一九二二年一月号、活動倶楽部社、八四ページ）。

（28）前掲「黒人トリオの演奏」六面

（29）「青年会館音楽会」「読売新聞」一九二二年五月十七日付、四面

（30）谷川義雄『年表・映画100年史』（風濤社、一九九三年）、佐藤忠男『日本映画史1 1896―1940 増補版』（岩波書店、二〇〇六年）を参照。

（31）「日本にある映画の総量は約四千万米突――設館数は一千百余舘入場人員一日五十万人」「キネマ旬報」一九二六年二月十一日号、キネマ旬報社、三〇ページ

（32）小生夢坊「浅草公演の人渦に捲かれて」「活動倶楽部」一九二二年五月号、活動倶楽部社、八六ページ

（33）「新映画紹介」「活動雑誌」一九二〇年五月号、活動雑誌社、一三八ページ

（34）「キネマ旬報」一九二一年一月一日号の「海外通信」によれば、「エイリーン・パーシー嬢の近作フォックス映画「ジャッヅの国」（the land of jazz）にはフランクリン・ファーナム氏、ルース・ストーンハウス嬢ジョージ・フィッシャー氏、ハーバート・ヘイス氏等が出演した」とあり、この映画もタイトルに「ジャズ」の入った映画が確認できるが、日本への輸入は確認できていない（「海外通信」「キネマ旬報」一九二一年一月一日号、キネマ旬報社、一七ページ）。

(35)「主要外国映画批評」「キネマ旬報」一九二二年一月一日号、キネマ旬報社、一六ページ
(36) セネット映画は「突飛なシチュエーションと荒々しいアクション、ラストの追っかけを特徴とする破天荒なドタバタ喜劇」を内容としている（岩本憲児／奥村賢／佐崎順昭／宮澤誠一編、岩本憲児／高村倉太郎監修『世界映画大事典』日本図書センター、二〇〇八年、二四七ページ）。
(37)「主要映画批評」「キネマ旬報」一九二二年一月二十一日号、キネマ旬報社、九ページ
(38) 同記事八ページ
(39) 編集同人「編集雑筆」「活動倶楽部」一九二二年二月号、活動倶楽部社、一三八ページ
(40) 藤本鷗谷「映画小説 煉獄」「活動倶楽部」一九二二年四月号、活動倶楽部社、四〇ページ。また、四三ページには「此れは米国第一国際社の一九二〇年度五大作品の一つ」とある。
(41) 籏與太平「赤いインキのソーダ水」「活動倶楽部」一九二三年四月号、活動倶楽部社、五九ページ
(42) 同論文五九―六〇ページ
(43) 前掲『日本映画史1 1896―1940 増補版』六ページ
(44) 同書六ページ
(45) 帰山教正「所謂映画劇と新派悲劇」「活動画報」一九二一年九月号、正光社、四一ページ
(46) 吉山旭光「トーキー擬音の先駆者 形容音楽の昔話」「映画と音楽」一九三八年二月号、映画と音楽社、五六ページ
(47) 前掲『世界映画大事典』二四八ページ
(48) 丸岡澄夫編『封切館オデヲン座資料集 1911―1923』映画資料研究会、二〇〇四年、一八六ページ
(49) 同書一八八ページ
(50) 同書二〇四ページに掲載された一九二二年十二月二十九日付の広告では、「初春の延喜興業としてお笑大会を催しましたお正月はどうもこう言ふ写真に限ります」とし、「鳥人ラリー」をはじめ喜劇映画でプログラムが構成されている。同日の奏楽についても、「オデヲン、ジヤヅも一生懸命で兼てお馴染の曲目を映写中演奏します」とし、「舟唄磯節（ワンステップ）」「鴨緑江節（ホックストロット）」「貴郎！唄ってよ！（ワンステップ）」「安来節（ホックストロット）」を演奏している。

(51) 広告「山野楽器店」「月刊楽譜」一九二三年四月号、山野楽器店

(52) 堀内敬三「北米漫筆(一)」「月刊楽譜」一九一七年八月号、山野楽器店、三六ページ

(53) 雑誌「音楽の日本」一九二二年七月号では観客について、「楽手は何れも学生たる関係上当地学生の来会多く」としている(前掲「各地音楽界だより カリフォルニヤグリークラブ音楽会」四八ページ)。

(54) 生駒雷遊「舞台から見た観客」「活動倶楽部」一九二二年十一月号、活動倶楽部社、七八ページ

第2章　社交ダンスとジャズ

はじめに

一九二二年四月号の音楽雑誌「音楽の日本」では「ダンスの大流行」[1]（図14）という記事が掲載されている。このように、第一次世界大戦後の日本では社交ダンスが流行し、その様子は新聞や雑誌で盛んに報じられた（図15）。

大正後期ダンスの流行もまた日本にジャズが広まるうえで欠かせない要素であり、特に一九二〇年に開場した民間初の舞踏場である鶴見花月園は、波多野福太郎や井田一郎をはじめ日本のジャズ史で重要な演奏者を輩出し、花月園を起点として、日本のジャズの歴史を語り始めるという展開はほかの研究書や評論などでは一つのパターンにさえなっている。しかし、花月園ダンスホールの存在は社交ダンス流行の一部分を切り取ったにすぎず、社交ダンスの流行全体の視点からジャズの流入について扱ったものはないから、ほとんど明らかにされていない。

そこで、第一次世界大戦後の社交ダンスの流行に着目しながら、舞踏会のジャズ演奏などから新たなジャズ流入の側面を明らかにしていく。また、ダンス流行に伴って新聞や雑誌にジャズがどのように紹介されたのかを見ていくことで、ジャズのイメージの形成に社交ダンスがどのように影響したのかを考察していく。

なお、ダンスの流行は第一次世界大戦後はしばしば新聞などで報じられていて、(2)そうした流行にも本書で示す「時期」があると考えられるが、ここでは本章の区分に合わせ一九二〇年から二三年までを対象として見ていく。

各地楽信

ダンスの大流行

＝春の夜を毎晩〳〵踊りぬく＝

神戸よりY

近頃神戸ではヤケにダンスがはやつてゐる、あちらのレストラントでも毎週ナン曜日かの晩にダンスの會があるといへばこゝの家でも毎晩蓄音器をかけてダンスをやつてゐるといふ噂さ。港の夜はさうして更けて浮立つような樂の音に綺羅びやかな色彩が目まぐるしきまでに動く神戸の土地にかうした會の多くなつたのは穴がちに外国人の見様見眞似ばかりではない、やつて見れば日本の踊りのやうにむつかしく型にはまつたものではなく極フリーで覺わやすいし親子夫婦でも家の中で仲よく遊ぶ事が出来るし相當運動量もあつて身體の爲にはなるしそれに又ダンスをしてゐる間には知らず〳〵の間にコンバセンションも出来るやうになるといふところから外國人と折衝の多い方面の人達は生活の必要からも迫られてダンス、ダンスと夢中になつ

（23）

図14　「各地楽信　ダンスの大流行」「音楽の日本」1922年4月号、音楽の日本社、23ページ

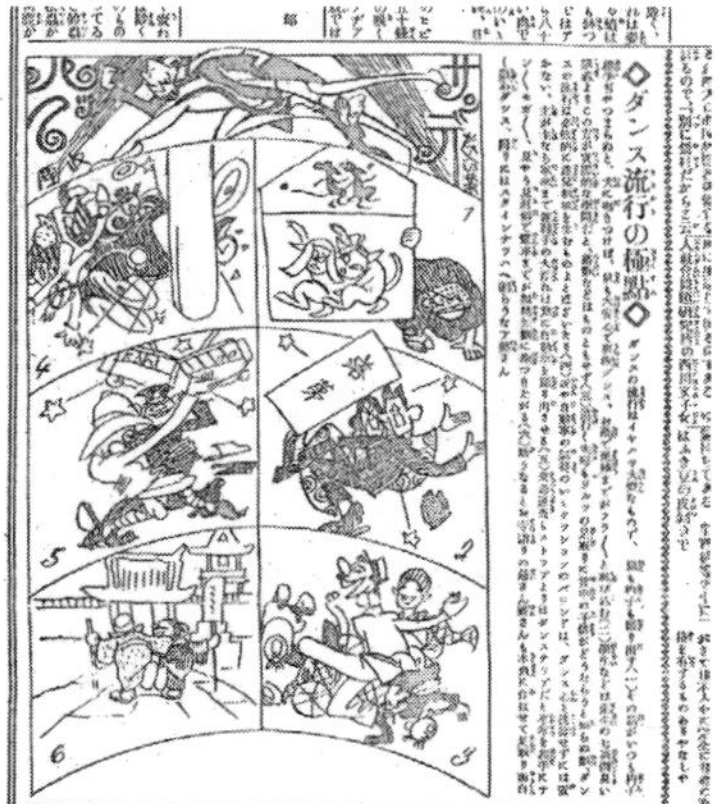

図15　「ダンス流行の極点」「都新聞」1922年8月20日付、9面

1　社交ダンスの流行とジャズ

第一次世界大戦後のダンス流行

一九二〇年二月十四日付「読売新聞」朝刊で「世界の大戦が始まってからは一時に火の消えたやうに舞踏界は淋びれてしまいました。(略)併し此頃では毎月二回は必ず帝国ホテルに舞踏会が催される様になりました(3)」と

報じているように、第一次世界大戦後、舞踏会が盛んにおこなわれはじめる（図16）。

舞踏会の様子について、一九一九年六月二十一日付「東京朝日新聞」朝刊では、「管弦合奏から始まつて英、米、伊、仏各国大公使館員や在京の各国紳士紳商外務商辺の高等官連並に名流婦人令嬢などが約三百名ばかり美しき夜会服を着飾り綾羅を纏うていとも軽やかに夜と共に舞ひ続けた」[4]とあり、「英、米、伊、仏各国大公使館員」が招かれていることから、第一次世界大戦で勝利した連合国を祝うため[5]、「外人にとつては唯一の娯楽[6]」で

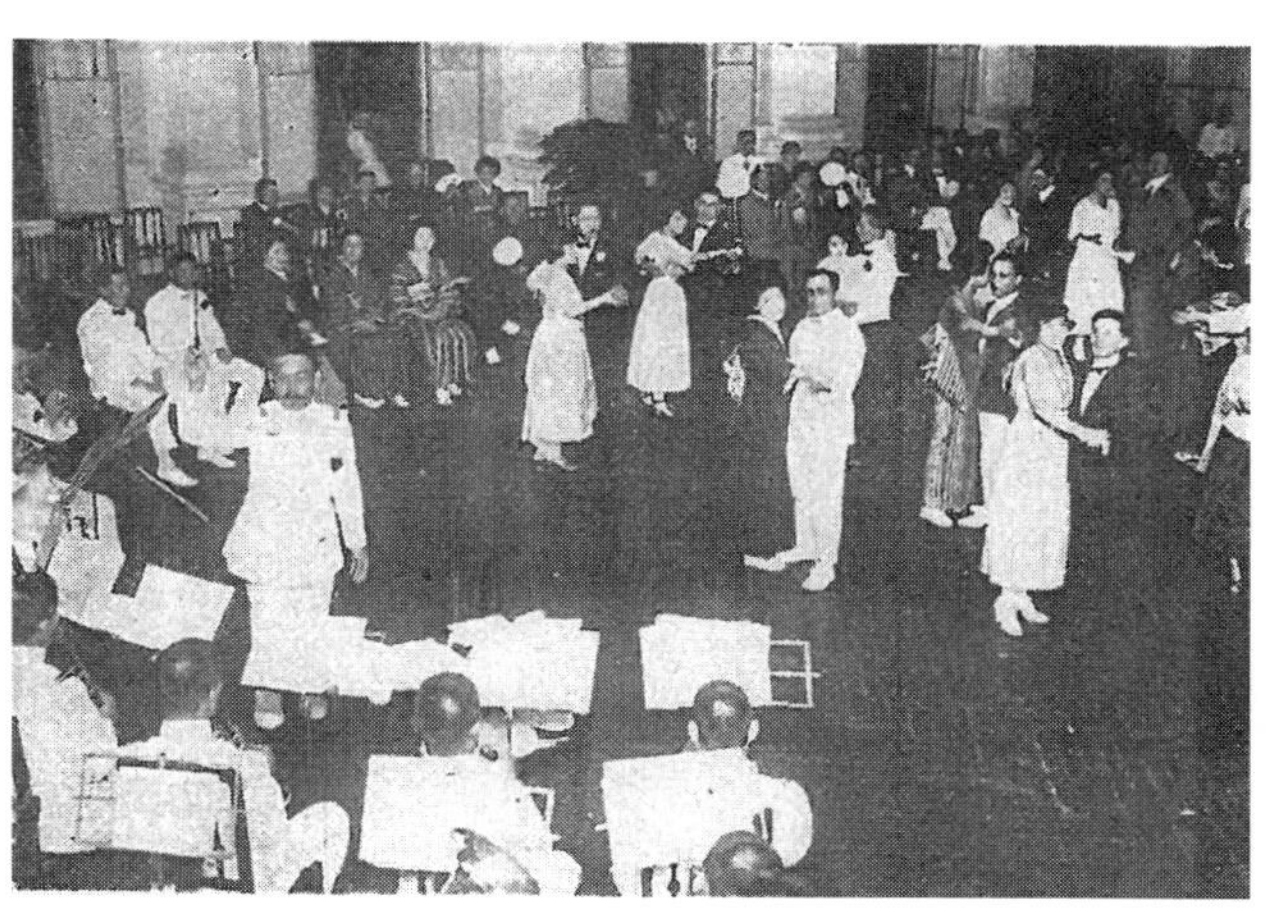

図16 「音楽の日本」1922年10月号、音楽の日本社、口絵ページ。大阪ホテルでの舞踏会の様子。手前に楽団、奥にダンスをする男女が写っており、男性はスーツ、女性は着物、洋装が混在している

ある舞踏会を開いていたと推測できる。

各国大公使館員をはじめ、「京浜間の外交官、実業家、宗教家、教育家、軍人[7]」や「京浜在住の英米貴婦人令嬢[8]」などが舞踏会に足を運び、その人数も、ケースバイケースではあるが、数百人単位が参加していた[9]。

複数の国の要人が参加する舞踏会がおこなわれるようになったことで、日本の大臣や外交官、「霞ケ関辺の若い人達や貴族、富豪の夫人令嬢[10]」なども外国人と踊ることを余儀なくされたことは想像にかたくない。同紙によれば「将来英太子殿下のやうな国賓がお見えになった場合など踊りのお相手に間誤つかないだけの用意は是非ともして置きたい[11]」という記事も見られ、同時期には日本の要人や各国大公使館の若手を集めたダンシング倶楽部も誕生している[12]。

なお、第一次世界大戦後は各国の要人だけではなく、「大正七年末、休戦条約が締結されてより世界旅客の流動漸く行われ、殊に大正八年一月より四月に亘り我が国渡来外客が著

しく増加[13]」するようになり、日本を訪れる外国人観光客も多かった。

旅行機関誌「ツーリスト」一九一九年一月号の「大正七年ツーリスト事業回顧」によれば、「平和克復と共に今年は其反動として米人渡来客は露国人と共に著しく増加す可く期待されて[14]」いて、今後上陸するアメリカ人や外国人が多くなることを予想している。とりわけ、一九二〇年は「最大記録を残せる大正九年[15]」とも言われ、横浜の鶴見花月園に民間初のダンスホールが設立されたのも同年であることを考えれば、「外人にとつては唯一の娯楽」である舞踏場の設立は必然だったと考えられる。

このように、外国人との社交の必要性からダンスが流行したことが考えられる一方、雑誌「女性」一九二二年五月号の「濃厚になつて来たダンス気分」のなかで、「所謂ダンスに就いて観察すると、先づ活動写真のフヰルムの上に顕はるゝもの〻最大多数は、欧米から輸入されるもので、これを鑑賞する日本人も追々に了解出来たし（略）歌劇界でステージの上に演ぜらるゝものも、其数に於ても、増加して来て、殊に若い人達には古い舞踊よりも一層歓迎せらるゝ[16]」とあるように、外国文化を反映した、映画や歌劇などの娯楽文化の影響も指摘できる。第1章で紹介したジュリアン・エルティンジ一座の舞台や映画にもダンスの場面はあることから、この記事内容と一致している。

こうしたダンスの流行に伴い、「東京地学協会内に秘密の舞踏教授[17]」など舞踏教授の新聞記事も散見されるようになる[18]。教授所では「華族、実業家、各省の高等官其他専門学校出の将来欧米に遊学する人々[19]」や学生がその会員だった。「横浜貿易新報」に掲載された「舞踏熱が起る」という記事でも、「ハイカラな女学生、中学生の間にも二十人許り花月園の舞踏場通ひ[20]」とあり、ダンスは主に若い人々の文化だったことがうかがえる。

また、一九二二年は、実業家の鈴木四十が十字屋楽器店から『社交ダンス』を出版し[21]、女性雑誌や音楽雑誌などでも社交ダンスに関する記事が多く取り上げられていることから[22]、同年は社交ダンス熱がいっそう高まった年といえるだろう。

2　ダンスミュージックとしてのジャズ

本題に入る前に、この時期の海外でのジャズについて確認しておく。一九二〇年代のアメリカの世相や文化がジャズエイジ（狂騒の一九二〇年代）と呼ばれるように、ジャズは、アメリカをはじめヨーロッパでも流行していた。[23] そうした潮流は日本でも同様だった。

一九二一年に、ジャズのパイオニアとされる波多野福太郎が花月園のダンスバンドで演奏を始め、また、井田一郎率いる日本初のジャズバンド、ラフィング・スターの結成が二三年だったことも考慮すると、この時期は日本人によって結成されたジャズバンドの数は少なかったはずであり、そのうえ、きちんとしたレベルで演奏できる音楽家や楽団もごくわずかだったと推測できる。

それをふまえると、前述したような外国人が集う舞踏会では、最新の海外の曲に詳しい船の楽士や軍楽隊による演奏、[24] あるいは外国人の演奏者の伴奏に頼るほかなかったと考えられる。

例えば、一九二一年九月にビジョー・ジャズバンドは横浜ゲーテ座で、「日本には曾て到来せぬ新楽器を用ひ[25]」、在浜欧米人の紳士淑女に向けてジャズを披露している。

ほかに「音楽の日本」一九二二年一月号（音楽の日本社）では、前年の末に大阪ホテルでおこなわれた「ソシアルダンスソサエチー」による舞踏大会の様子を、「神戸ヂヤズバンドは結構で有つた、タイムも良く出来た何んしろピヤニストがロシア人のスコロフスキー氏だもの　ダンスミュージックは胴に入つたものだ[26]」と評していて、バンドメンバーにロシア人が交じった「神戸ヂヤズバンド」が演奏をおこなっていたことがわかる。また、同年十月の土橋際常盤会でも、「毎週土曜日」に「外人三名よりなる、アメリカン、ジヤツ、バンド[27]」が演奏会を開いている。[28]

一月賣出し新レコード

義太夫 堀川の段	竹本清掌 三味線豐澤小龍
同 菅原四段目 壺坂寺	同上
ジヤヅバンド ホネームーン ホーム、スヰートホーム	陸軍戸山學校軍樂隊
筑前琵琶 荒乳の關	筑前琵琶宗家夫人 橘旭絃
俚謠 新津節 大島節	新富町 一平
書生節 バンカラ節 新野毛節	東京 宮島郁芳
八木節 寺子屋 （兩面二枚ツヾキ）	東京 大正坊主 尺八 鈴元天正齋

図17 「一月売出し新レコード」、前掲「音楽の日本」1922年7月号、58ページ

一方、一九二一年九月四日付「東京朝日新聞」では、「食堂を閉づれば直に戸山学校の音楽隊の奏楽に伴れて花やかな舞が始まる（略）楽しげに舞を続け深更外人の音楽団が代わるや一層の鮮かさと華かさを示して[29]」と報じているように、舞踏会では軍楽隊の演奏もあった。

意外に思われるかもしれないが、軍楽隊は「勿論戦時にも出勤するが、其の職務上から云へば殆んど戦時と平時の区助なく音楽を以てすべてに活動するのが任務」であり、「外国貴賓等」への演奏のほか、「外人歓迎会」「慰安会」「外人儀式」での演奏も職務とされた[30]。

「音楽界」一九一九年三月号の「楽報 陸軍軍楽隊の活動」では、軍楽隊の現地での活動状況を次のように記している。

出征第四師団軍楽隊は守屋隊長以下二十七名の楽手によりて（略）我が出征軍隊の外露西亜人の為に多大の慰安を与へていたが、最近にはウースリー沿線各日本軍守備地方の出征将卒慰問、並に露西亜地方人士の為に演奏行脚を試み、（略）此一隊はニコリスクに泊してスパスカヤに着いた夜直ちに此地の倶楽部で演奏し、其翌朝も同地日本人の為に（略）演奏を行ひ、午後には同地駐屯の米国兵の為に同兵舎まで出張してデキシー。チツペラリー、星は輝きぬ、海の彼方へ等の流行小品よりカルメンの如き者をも演奏して大喝采を博し[31]

このように、各国の人々に向けて、多様な場所での演奏が必要とされる軍楽隊は、海外の流行楽曲も習得する必要があり、軍楽隊のレパートリーのなかには通俗的な楽曲もあったのである。事実、一九二二年四月に来日したイギリスの皇太子ウィンザー公（エドワード八世）は、「黒ン坊のジャッヅバンドがお好き」(32)とあって、来日の際には、イギリス大使館で大舞踏会が開かれている。(33)

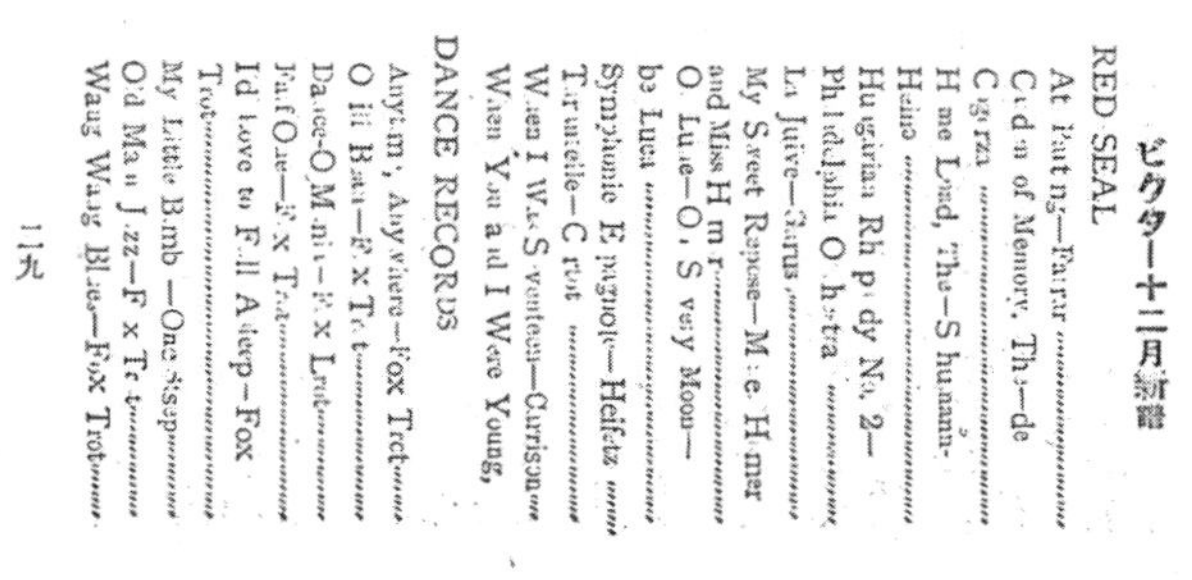

こうした例からも、軍楽隊が習得する楽曲にジャズがあることは不思議ではなく、一九二二年五月十四日におこなわれた陸軍戸山学校軍楽隊の春季演奏会では、アービング・バーリンの曲も披露されている。(34)ちなみに、同軍楽隊は翌二三年一月に「ワシ印一月売出し新レコード」として「ジャヅバンド　ホネームーン／ホーム、ス井ートホーム」(35)（図17）を、同年翌月にも「ジャヅバンンド　コンモンオイスタアアイノウ」(36)を売り出している。

図18　「ビクター十二月新譜」「月刊楽譜」1921年1月号、山野楽器店、29ページ。「DANCE RECORDS」下から2番目に「Old Man Jazz」とある。さらに「Any time, Anywhere」「Ohili Bean」「Wang Wang Blues」「My Little Bimbo」などの楽曲も発売されていることが確認できる

もちろん、これらはあくまで舞踏用であり、アドリブ演奏は含まれていないと思われるが、軍楽隊もジャズを演奏し、船上の楽士らと同様に最先端の楽曲を演奏できたのである。

また、一九二二年五月二十五日付「東京日日新聞」に「蓄音機にも洋楽全盛　ダンス場でオーケストラに代用」(37)という見出しがあるように、舞踏教授所など小さい場所で楽団の演奏が物理的に不可能な場合はレコードが代用された。

「月刊楽譜」一九二一年一月号では、「ビクター十二月新譜」(38)として「Old man Jazz」をはじめ、ダンスレコードを数種紹介していて（図18）、同誌の同年八月号にもポール・ホワイトマンやベンソン・オーケストラなどの新譜が掲載されている。(39)現存する史料が限られている

ため、この時期の輸入レコードの発売が定期的だったかどうかは判断できないが、日本でも輸入のジャズレコードが入手できたことがわかる。当時、輸入盤は高価[40]だったために誰もが買えるものではなかったが、現地とのタイムラグはほとんどなくジャズを聴くことができたといえる。

3　ジャズはどう紹介されたか

ダンスの流行と並行して、ジャズは新聞や雑誌の紙誌面でも紹介されはじめる。「月刊楽譜」一九二一年十月号では、ニューヨークからの「欧米たより　流行のダンス」を掲載し、「日本にても近時ダンス大変流行致居候由隔世の感有之候、（略）先年流行致候タンゴの如き又此頃のフォックストロットの如き乃至最近のジヤヅの如き殆んど時々刻々に変りつゝあるが如き観有之候[41]」とアメリカのダンスの流行とともにジャズについて伝えている。

翌年六月七日の「三田新聞」の「感心でき兼ね候」でも、アメリカのブリストン大学に留学している日本人学生が、「近来日本でもダンスが流行の由聞き候　此例の如く米国のダンスが欧州にも流行の由甚だ有難がらざる次第に候　目下流行のジヤツヅは所謂ネグロメロディーを有して音楽もヴアイヴアシアスの代りに決して上等とも云へず当地でも学校などで禁止しておる所もあり候日本でも流行とは感心でき兼ね候う[42]」とし、こちらも「月刊楽譜」の記事と同様にアメリカのダンスの流行とジャズについて述べている。

「日本でも流行」とあり、日本の舞踏会でジャズが流行していることが文章からうかがえる。「ネグロメロディー」つまり、黒人特有の旋律を感じ、それが、「ヴアイヴアシアス」（Vivacious：活発）と感じていることは興味深いが、「上等とも云へず」や「感心でき兼ね候」から、この執筆者はジャズがパワフルな音楽ではあることは認めながらもあまり品のいい音楽として捉えていないことがわかる。

こうした現況報告だけでなく、同時期マサチューセッツ工科大学に留学していた堀内敬三に至っては、ジャズを演奏するにあたっての楽器編成と演奏方法について述べた論文を「音楽界」に掲載している。(43)堀内は、同誌一九二〇年十月号の「ラッグタイムの研究（二）」でジャズバンドを「舞踏用のオーケストラ」として次のように説明している。

ジャズバンドの組み合わせは一定してゐない。しかし、ピアノ、サキソフォーン、打撃楽器各種、ヴァイオリン、バンジョーなどは、どのジャズバアンドにも共通な楽器と云つてよいのであらう。ジャズバンドの譜は特につくられては居ない。演奏者が勝手にこしらへるのが通常である。勿論普通のオーケストラの譜を使へば使へるけれど使はない。ピアノは歌の伴奏になつてゐるものの二倍位ひな音を叩く殆んど出鱈目を叩いてゐると云つてもよい。（略）サキソフォーンは（略）大変自由なもので殆んど和声などを眼中に置かない。（略）打楽器は奇妙な音のするものを沢山集める。（略）太鼓やシンバル、ザイロフォーン、牛の鈴から木片れ、鉄屑、おもちゃ笛、さては空鉄砲に到る迄用意してゐるものもあるそれで出来る丈よけいなノイズを起するのである。（略）結局ジャズバンドは「騒ぎ」を起すオーケストラである。「音楽」とは縁が遠い。(44)

「譜は特につくられては居ない」や「演奏者が勝手にこしらへる」「出鱈目」という文脈からはジャズの特色である即興（アドリブ）を想像させ、打楽器の件は第1章のジャズの認識とも重なっている。「「音楽」とは縁が遠い」というように、前述の「三田新聞」の記事同様、あまりいい印象がないことが読み取れる。なお、堀内は三年後にも、「ジャズ」を主に対象にした「ジヤズバンド一斑」という論文を「音楽界」に投稿している。(45)

ほかにも、同時期に多数の新聞や雑誌にジャズを紹介したのが作曲家の山田耕筰である。山田は、一九二一年九月から二二年三月の間にアメリカ、イギリス、フランス、ベルギー、オランダ、ドイツの六カ国を回ったが、その際「どこへ行つても「ジヤズ」音楽が非常な流行を極めて」[46]いたとし、その様子について、「読売新聞」[47]をはじめ「東京朝日新聞」[48]「時事新報」[49]「音楽の日本」[50]「詩と音楽」[51]などさまざまなメディアで言及している。それらの記事では、「非常に肉感的な舞踊が流行し、ヂアヅ音楽が台頭しつつあることは、真の芸術の為めに惜しむべき」[52]や「ジヤッヅの侵害」[53]という発言をしていて、前者同様にジャズに対していい印象はなくて、山田もまた「低級」な音楽とい[54]う位置づけをしている。しかし、「ジヤッヅの音楽的本体は左程悪い物とは思はれない」[55]とも述べ、ジャズのリズムは「日本の酒殿に聞こえる絃歌の中に聞くシンコペーション即ち浮足になつて歩くリズムであつて、（略）何にしても茲に一つの皮肉はジャッヅの生れは米国であるが、種は疑いもなく日本の物で、東洋的な処に喜びをもたれる」[56]と山田は解釈している。

ジャズの成り立ちを考えるとそのリズムを「日本の物」とするにはなかなか無理があるが、日本のお囃子などのリズムとの類似性について言及しているのは山田だけではない。

一九二六年九月十七日付の「都新聞」に掲載された「註文帖」でも、ジャズを「あんな酔ぱらひの馬鹿囃子同様なもの」[57]としていることから、多少なりとも当時の人々は日本のお囃子と似ていると感じていたといえる。第1章で見た「舟唄磯節」や「鴨緑江節」をジャズバンドで演奏するという発想も、そうした考えによるものかもしれない。

また、新聞の外報欄でもジャズは報じられたことがあり、一九二一年八月四日付「読売新聞」朝刊に掲載された記事では、「第二回国際黒人大会に世界中から集まった黒人等一万五千人は（略）黒人街で「ジヤツズ楽」の響きに伴れて（略）踊り狂ひながら練り歩いた」[58]とある。これは、デモ行進の際に黒人がジャズに乗って行進したという内容だが、おそらく音楽を奏でたというよりはデモ行進の性質上、第1章や堀内の論文で見られた変わった楽器を用いて練り歩いたと推測でき、「ジヤツズ楽」というかぎかっこ付きの表現からもそれがうかがえる。

他書ではこれまで、鶴見花月園を起点に日本のジャズ史が展開されてきたが、角度を変えて花月園ではなく、この時期に起こったダンスの流行の視点から捉えると、外国人ジャズバンドや軍楽隊などもジャズの流入に大きく関わっていたことがわかる。社交目的や外国文化が反映された娯楽の影響からダンスの流行につながり、この時期のダンス文化は「霞が関辺の若い人達や貴族、富豪の夫人令嬢」や「ハイカラな女学生、中学生」など若い層が基本的に担っていた。

一九二二年三月八日付「都新聞」の投書欄には舞踏会に通う娘に困った母親の悩み相談を掲載していて、[59]社交ダンスについて「大切な時間を割き、贅沢な金を費し男と女と抱き合ふやうな醜態」[60]としている。社交ダンスの流行に伴ってジャズも紹介されることになったが、社交ダンスがもつ不健全なイメージはそのまま音楽のイメージへとつながり、また、舞踏場のジャズバンドも特徴的な楽器によって、前出の堀内敬三が言う「「騒ぎ」を起すオーケストラ」として認識されていたとすると、騒々しい音楽というイメージは免れず、こうした要因からジャズは「低級」な音楽とされてしまう。

次章では、賑やかな音を出す特徴的な楽器に焦点を当て、楽器の特異性からジャズバンドがどのようなバンドだったかを探ることにしたい。

注

(1) Y「各地楽信 ダンスの大流行——春の夜を毎晩〳〵踊りぬく」「音楽の日本」一九二二年四月号、音楽の日本社、二三ページ

(2) 例えば、「えんげい界 復活し始めた社交ダンス」(「読売新聞」一九二三年十二月二十五日付、七面)や「夜十時以後のダンス禁止 大行社員の警告も抱擁の夢に消え」(「東京日日新聞」一九二五年六月六日付、十一面)などが挙げられる。

(3) 「外人に取つては唯一の娯楽 舞踏が盛になつた」「読売新聞」一九二〇年二月十四日付、四面

(4) 「内外名流の入梅ダンス」「東京朝日新聞」一九一九年六月二十一日付、五面

（5）「東京朝日新聞」一九一八年十一月十五日付五面掲載の「大浮れ―の連合国人」では、「帝国ホテルは連合国の国旗を張り渡し卓上には菊花をドッサリ盛つて七時から大食堂を開いた、待構へた英米仏伊のお客達は各自自国の小旗を胸にかざして流れ込み祝盃を挙げ始めた」とも報じている。また、「戦ひの惨禍に傷々しい白耳義及び露西亜国民救済のために慈善仮装舞踏大会」を開催する場合もあり、舞踏会によっては経済的な援助を目的にしたものもあった（「デユポン嬢が菊慈童に 十九日ホテルの仮装舞踏会」「読売新聞」一九二〇年一月十二日付、五面）。

（6）前掲「外人に取つては唯一の娯楽 舞踏が盛になつた」

（7）「在留外人連が連合して東宮還啓の奉祝宴」「東京朝日新聞」一九二一年八月二十四日付（二十三日発行）夕刊、二面

（8）「英皇太子奉迎舞踏会 お相手は英国領事令嬢ドリーさん」「読売新聞」一九二二年三月四日付、四面

（9）前掲「在留外国人が連合して東宮還啓の奉祝宴」では三百人、同紙同年十二月十六日付五面の「英国人一千名の奉迎大舞踏会」では千人が参加していることがわかる。

（10）「大喝采の胡蝶の舞」「東京朝日新聞」一九二〇年二月十四日付、五面

（11）「国際的の大舞踏団が生れて風紀の粛生 二荒伯を会長にして若手高官と各国の外交館や夫人令嬢が会員」「読売新聞」一九二二年五月七日付、五面

（12）ダンシング倶楽部は「宮内省の二荒芳憲伯を会長とする予定」とし「下條内閣書記官、外務省の小村欣一候、実業界の若手の浅野総一郎氏の令息、鈴木四十氏、その他各省の若手高官連や夫人令嬢」が会員になっている（同記事）。

（13）「大正八年ツーリスト事業回顧」「ツーリスト」一九二〇年一月号、ジャパン・ツーリスト・ビューロー、七ページ。なお、同記事によれば、「昨大正八年一月より十月迄の渡来外客数（寄港外人並外国艦船乗込員を含まず）は各税関の調査に由れば総数二万五千三百八十名で之を前年同期に比較すれば約三百余名の増加、又之を開戦当時即ち大正四年の同期に比すれば一万六千名の大増加である。而して更に之を十一、十二両月の渡来外客総数は約三万名に達す可き見込みで新記録たりし前年の渡来外客数より一層増加す可きは明らかである」とし、具体的な外客数を示している。

（14）「大正七年ツーリスト事業回顧」「ツーリスト」一九一九年一月号、ジャパン・ツーリスト・ビューロー、八ページ

（15）「大正十二年ツーリスト事業概観」「ツーリスト」一九二四年一月号、ジャパン・ツーリスト・ビューロー、一三ペ

ージ

(16) 朝輝記太留「濃厚になつて来たダンス気分」「女性」一九二二年五月号、プラトン社、一六三ページ

(17)「東京地楽協会内に秘密の舞踏教授 将来外遊する紳士淑女の為めに前島男や鈴木信子さんもお弟子に」「読売新聞」一九二〇年十月八日付、四面

(18) ほかにも、「読売新聞」一九二一年十月十五日付四面に「池内徳子夫人が東京で舞踏を教へる」といった記事がある。

(19) 前掲「東京地学協会内に秘密の舞踏教授 将来外遊する紳士淑女の為めに前島男や鈴木信子さんもお弟子に」

(20)「舞踏熱が起る」「横浜貿易新報」一九二〇年八月九日付、三面

(21) 一九二二年には、舞踏研究会が『社交ダンス』も二松堂から出版している。

(22) 例えば、前掲「濃厚になつて来たダンス気分」、大島日米雄「社交ダンスの心得二十七ヶ条」（「婦女界」一九二二年五月号、婦女界出版社）、KN生「ダンス初心者の為に」（「音楽の日本」一九二一年十一月号、音楽の日本社）などが挙げられ、美術雑誌「中央美術」一九二二年三月号（日本美術学院）は「踊とダンス」と銘打った特集号である。

(23) コクトー、堀口大学／佐藤朔監修『ジャン・コクトー全集4 評論』（東京創元社、一九八〇年）六〇―一三〇ページ所収の堀口大学訳による「白紙」は、一九一九年三月から八月まで「パリ―ミディ新聞」に連載された記事だが、「カジノ・ド・パリでジャズ・バンドを聴いた」などジャズの言及が散見され、パリでもジャズが流行していた様子がうかがえる。また、アメリカの作家であるF・スコット・フィッツジェラルドが二〇年に書いた作品 *Maytime* も同様である。

(24) 前掲『日本のジャズ史』一八ページには、波多野福太郎が航海の際に立ち寄った海外の楽器店で流行していた曲を購入したという本人の回想がある。

(25)「季節を賑はす新しい舞踏 新しい楽器も来て舞踏界の活気」「読売新聞」一九二一年九月十七日付、四面

(26)「大阪ホテルに於ける舞踏会諸感」「音楽の日本」一九二二年一月号、音楽の日本社、四二ページ

(27)「楽団消息 常磐会」、音楽社編「音楽界」一九二一年五月号、音楽社、三三ページ

(28) また、「読売新聞」一九二一年七月二十七日付七面掲載の「舞踏だより」では、上野・山下青陽楼で「毎日午後六

時からホールを開いて居る特に水土曜日に外人ジャズバンドが来ると尚廿六日午後六時からテイダンスを催す」と報じている。なお、青陽楼は精養軒と同時期に開店した高級西洋料理店で、西洋料理店も舞踏場としての役割を果たし、音楽にふれられる場所だったこともわかる。

(29)「光眩き中に踊り狂ふ人々」「東京朝日新聞」一九二一年九月四日付、五面

(30) 平野主水「学校便り 軍楽生徒の召募に就て」「月刊楽譜」一九二六年一月号、山野楽器店、七一ページ

(31)「楽報 陸軍軍楽隊の活動」、音楽社編「音楽界」一九一九年三月号、音楽社、三八ページ

(32)「斬馬剣 民衆ダンス」「読売新聞」一九二一年十二月二十七日付、三面

(33) 来日時、レナウン号軍楽隊による歓迎音楽会が開かれていて、その曲目中には「フォーストラット「西の国」」と「フオクストラット「微笑」」がある（「楽報 英皇太子の御来朝」、音楽社編「音楽界」一九二二年五月号、音楽社、三一ページ）。

(34)「中央地方楽況 戸山学校野外演奏」、前掲「音楽界」一九二二年六月号、四五ページ。また、一九二〇年九月十八日の日比谷演奏会では海軍軍楽隊が「土人の舞踏」や「バトロール黒人風」という楽曲を演奏していて、時期や黒人風などから察するに、これらは「ジャズ」を意識したものだったと思われる（「楽況日比谷の演奏」、音楽社編「音楽界」一九二〇年十月号、音楽社、三〇ページ）。

(35)「一月売出し新レコード」、前掲「音楽の日本」一九二二年七月号、五八ページ

(36)「三月売出しレコード」「音楽の日本」一九二二年二月号、音楽の日本社、五六ページ

(37)「蓄音機にも洋楽全盛 ダンス場でオーケストラに代用」「東京日日新聞」一九二二年五月二十五日付、八面

(38)「ビクター十二月新譜」「月刊楽譜」一九二一年一月号、山野楽器店、二九ページ

(39)「New Victor Records July 1921」「月刊楽譜」一九二一年八月号、山野楽器店、七ページ。この広告には、The Paul whiteman and His Orchestra の「Moonlight」「Cherie」「My man (Mon Homme)」や The Benson Orchestra of Chicago の「Scandinavia」「Crooning」「Ain't We Got Fun」なども掲載されている。また、音楽評論家である堀内敬三は「音楽界」一九二三年六月号に掲載した「ジャズバンド一斑」で「尚ヴイクターの蓄音機やコロンビヤの蓄音機に入つている、ジャズのレコード（例へばホワイトマン、ルウイス、スミス、ビツクマン、ベンソン等のオーケ

ストラの）依つて学ばれたら面白いであらう」と自身推薦の楽団の紹介をしている（堀内敬三「ジャズバンド一斑」、音楽社編「音楽界」一九二三年六月号、音楽社、二〇ページ）。

(40) 歌崎和彦編著『証言――日本洋楽レコード史 戦前編』（音楽之友社、一九九八年）一八ページでは、大正初期に「米ビクターの赤盤の片面盤の値段が三ドルで、日本では七円五十銭だった」としている。

(41)「欧米たより 流行のダンス」「月刊楽譜」一九二一年十月号、山野楽器店、二六―二七ページ

(42)「米国プリンストン大学」武藤生「感心でき兼ね候」「三田新聞」一九二二年六月七日付、二面

(43)「音楽界」一九二〇年九月号（音楽社）、二―一一ページに「ラッグタイムの研究（一）」、「音楽界」一九二〇年十月号（音楽社）、四―一五ページに「ラッグタイムの研究（二）」を掲載し、ジャズについては後者に記している。

(44) 前掲「ラッグタイムの研究（二）」一四―一五ページ

(45) 前掲「「ジャズバンド一斑」」は前掲「音楽界」一九二三年六月号、七―二〇ページに掲載してある。

(46) 山田耕筰「楽壇に見る各国気質（上）」「時事漫画」、「時事新報」第一万四千三十八号附録、八月十三日付、二面。なお、翌週の同紙、「時事新報」第一万四千四十五号附録、八月二十日付の二面に「楽壇に見る各国気質（下）」が掲載されている。

(47) 山田耕作「ジャズ音楽の流行を看る」「読売新聞」一九二二年三月五日付、七面

(48) 山田耕作「貧しい乍ら幸福な日本の音楽界」「東京朝日新聞」一九二二年五月二十九日付、付録一面

(49) 前掲「楽壇に見る各国気質（上）」、前掲「楽壇に見る各国気質（下）」、「酒よりも恐い流行のダンス」「時事新報」一九二二年五月二十七日付夕刊（二十六日発行）、九面

(50) 山田耕筰「欧米楽界最近の傾向」「音楽の日本」一九二二年九月号、音楽の日本社

(51) 山田耕筰「欧米楽団の一瞥」、北原白秋／山田耕作主幹「詩と音楽」一九二二年九月号、アルス

(52) 前掲「ジャズ音楽の流行を看る」

(53) 前掲「貧しい乍ら幸福な日本の音楽界」

(54) 山田耕筰は同時期のジャズについて「舞踏熱が撒き散らした低級な官能的なジヤヅの響き」とも言及している（「楽界を顧みて」「女性」一九二二年十二月号、プラトン社、一六二ページ）。

(55) 前掲「貧しい乍ら幸福な日本の音楽界」
(56) 同記事
(57) 黒法師「註文帖」「都新聞」一九二六年九月十七日付、八面
(58) ほかにも、「黒人の示威運動 英国皇帝に電報」(「都新聞」一九二一年八月四日付二面)や「黒人団の解放運動 英帝に打電す」(「東京朝日新聞」一九二一年八月四日付六面)でも同様の記事が見られる。
(59) 「投書 婦人からダンスに困る娘を持つ親」「都新聞」一九二二年三月八日付、九面
(60) 同記事

第3章　楽器からみるジャズ

はじめに

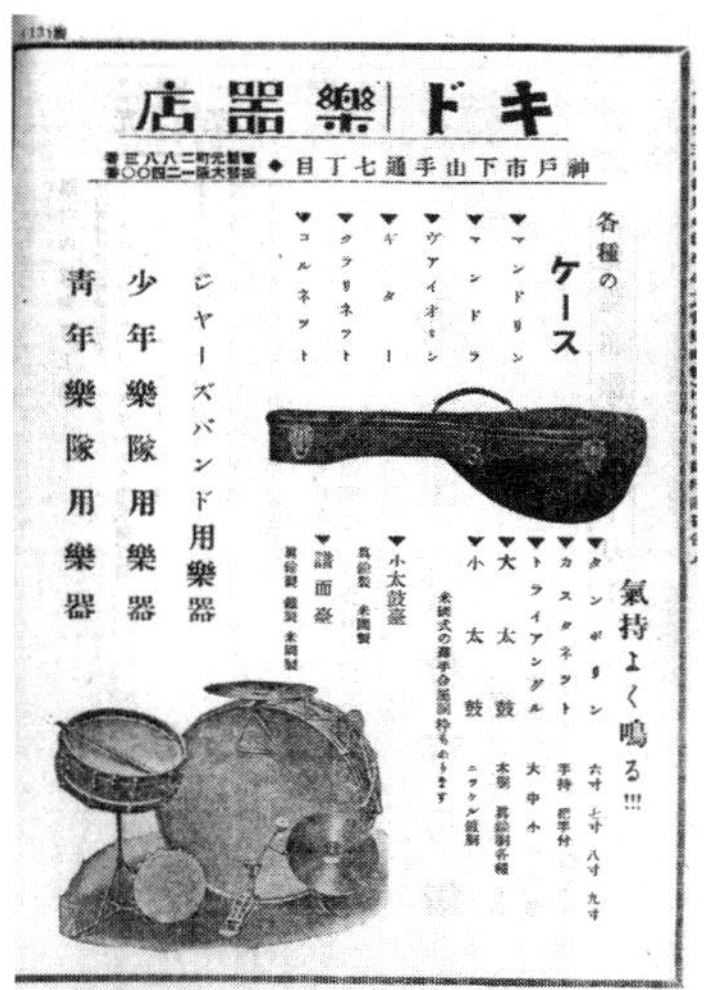

図19　広告「キド楽器店」「音楽時報」1924年3月号、音楽商報社。「少年楽隊用楽器」「青年楽隊用楽器」のほかに「ジャーズバンド用楽器」を取り扱っていることがわかる。また、下部分にはドラムセットも描かれている

音楽雑誌「音楽時報」一九二四年三月号に掲載された神戸のキド楽器店の広告に「ジャーズバンド用楽器」[1]（図19）が見られることや、「音楽世界」一九三〇年十月号掲載のカタニヤ商会支店の広告では「ジャズ楽器各種」[2]（図20）を扱っていることがわかる。当時はジャズ楽器という概念があったのである。

　ジャズ楽器とは、ジャズを演奏するための楽器だが、正直に言うと現代ではあまりピンとこ

図20　広告「カタニヤ商会支店」「音楽世界」1930年10月号、音楽世界社

ない。しかし、一九三一年、春陽堂が出版した服部龍太郎『ジャズ楽器の奏法』（図21）では、「サキソフオンやバンジヨはジャズ・バンド中の最も重要な楽器」[3]と位置づけ、また、作曲家・指揮者である山本直忠も「ジヤズ・バント・ミユージツクは大体サクソフオーン、打楽器及絃楽器が主となつてゐるもの」[4]としている。それぞれわずかな違いはあるが、ジャズには代表になるような楽器があることがわかる。

そこで本章では、大正から昭和戦前期のジャズ楽器の代表であるサクソホン（以下、サックスと略記）、バンジョー、打楽器に着目し、当時の人々がそれらをどんな楽器として捉えていたのかを確認しながら、楽器を通してジャズの認識を考察したい。

加えて、これまで取り上げられることがなかった一九二〇年に活動していたジャズバンド、東京ジヤヅバンドの存在も明らかにし、バンドの楽器編成から当時のジャズの認識を確認していく。さらにはバンドの中心メンバーだったイーストレーキという人物について深く掘り下げることで、ジャズ流入の新たな側面も見いだしていこう。

1　ジャズ楽器の存在

ジャズ楽器としてのサックス

本題に入る前に、あらためて史料をもとに当時のジャズバンドの楽器編成を確認しておきたい。女性雑誌「婦人公論」一九二九年五月号のS・T・Pによる「ジヤヅ・ジヤヅ・ジヤヅ」では、「ジヤヅ・オルケストラ」の形態を「ピアノ二台、バンジョウ二挺、サクソフホン（及びクラリネット）二個、喇叭二個、テノオル・トロンホン一個、スウサフオン一個、ヴアイオリン一挺、ジヤヅ打楽器」[5]としていて、やはりサックス、バンジョー、打楽器が見られる[6]。

現代でも、サックスはジャズ演奏で花形楽器だが、それは当時も同様だった。例えば、一九二四年に出版された『白眉音楽辞典』の「saxhorn」の項目では、「Adophsax の創製（一八四六）に係はる簡形の真鍮楽器。今日の Jazz 音楽や小オーケストラには不可欠なもの」[7]とし、陸軍軍楽隊指揮者・山口常光もまた「月刊楽譜」一九二五年七月号に掲載した「（楽器の知識その一）サキソフオーヌの話」で、「近来米国から流行して来ました、ダンス、ミュージック（ジャズバンド）に於ては非常に重要な位置をしめ[8]」ると言及していて、サックスはジャズには欠かせない楽器だったことがわかる。

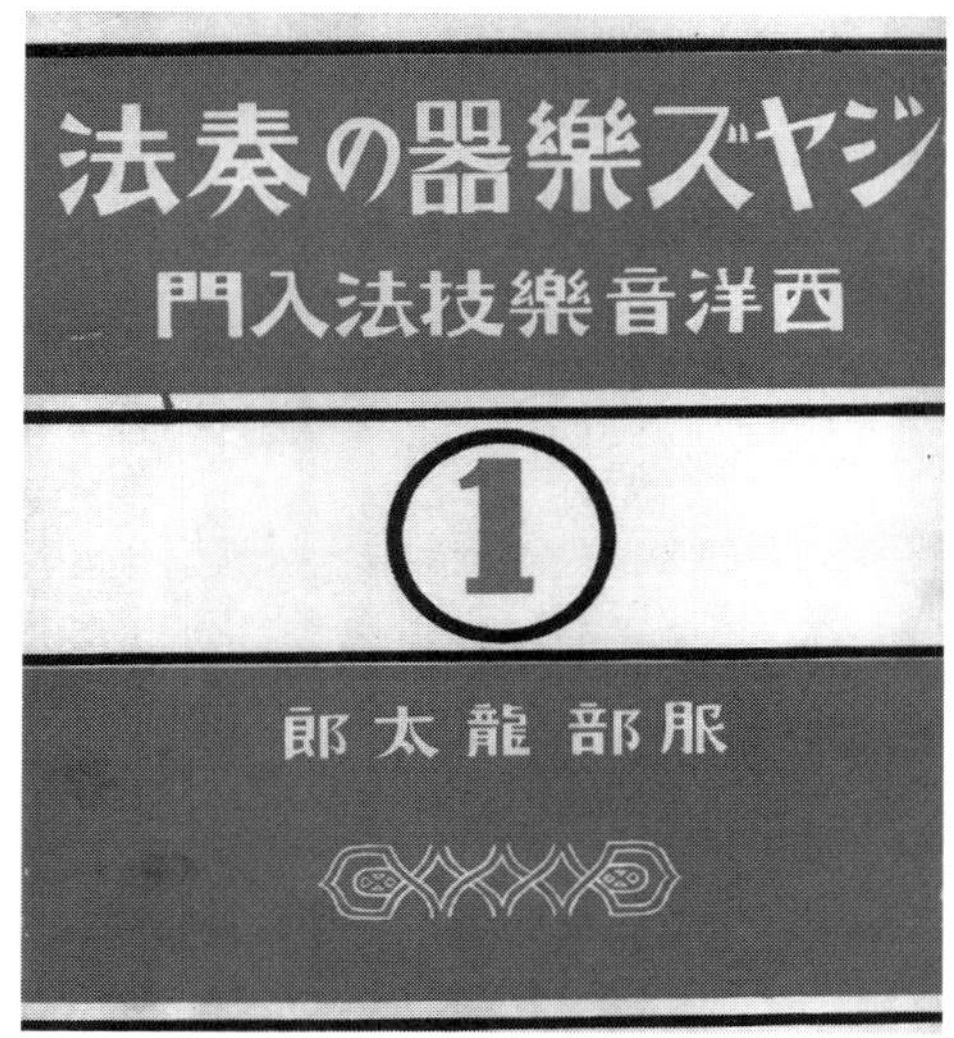

図21　服部龍太郎『ジャズ楽器の奏法』（「西洋音楽技法入門」第1巻）、春陽堂、1931年

『白眉音楽辞典』に「創製（一八四六）」とあるように、サックスは近代に誕生した楽器であり、当時は「新らの〔し：引用者注〕い[9]」楽器だったことに注目すべきである。

娯楽雑誌「新青年」一九二七年十月号では作家・岩崎昶の小説「愛のアンソロジー」のなかで、「早い話がジャヅバンドのサクソフォーン吹きになつた処で不思議はないわけさ[10]」という一文も見られ、ここからもサックスがジャズを連想させる楽器であることがうかがえる。

楽器の演奏面についても、堀内敬三が「サキソフォーンは旋律も吹くし助走的旋律も吹く。この助奏的旋律と云ふものは大変自由なもので殆んど和声などを眼中に置かない[11]」と説明しているように、自由な、つまり即興的な演奏が特色とされ、サックスは「ジャツズ音楽が聴き手を最自由に翻弄し得る[12]」楽器だった。

その音についても、「気の抜けたような頽廃的な[13]」音や「遣る瀬無い哀音[14]」を奏でる楽器と評される一方で、谷譲次の随筆「大舞踏会」では「ジェネラル・モウター会社がフオウド自動車会社に挑戦する場合に鳴らす汽笛みたいに、出来るだけ調和を拒絶した咆哮を連発して存在を主張する[15]」と表現しているように、インパクトがある音を出す楽器としても認識されている。

一九三〇年に出版された『モダン語辞典』では、サックスは、「ジャズ・バンドで一ばんジャズらしい音[16]」を出すとされ、変幻自在な音色もまた、「ジャズ楽器の王様[17]」として位置づけられる要因だと考えられる。このようにサックスはジャズを連想させる楽器だった[18]が、それと同様に、弦楽器であるバンジョーもまた、ジャズを連想させた。

ジャズ楽器としてのバンジョー

北中正和『ギターは日本の歌をどう変えた』では「バンジョーはアフリカン・アメリカンの楽器[19]」としているように、もともと黒人の楽器だった。この認識は大正期の日本でも同様で、一九一四年に出版された『現代文芸新語辞典』のバンジョーの項目には、「専ら黒人間に行はるゝ五絃の楽器の名 棹長く胴円く、革を張ることタンボーリンの如く、指頭にて弾奏するもの[20]」と説明されている。「ジャズ楽器の女王[21]」とされるバンジョーも、ジャズを扱う記事のなかで散見される。

一九二九年に出版された音楽評論家・鹽入亀輔の著書『ジャズ音楽』によれば、ジャズのバンジョーは「主としてピアノや打楽器をリズムの点で補助する[22]」楽器で、基本的にリズムを担う役割を果たしていた。「ジャズ・

バンド・ミユージックの特徴は何と云つても第一にリズム（律動）にあ[23]」り、「ジヤズのジヤズたる所以は実に此のバンジヨーと打撃楽器の力強いリズム[24]」とされていることからも、リズムの役割を担うバンジョーは、ジャズに必要不可欠な楽器だった。

前述したように、黒人の楽器だったことから、バンジョーはジャズ創始の引き合いにもたびたび登場する。例えば、音楽評論家の伊庭孝が「音楽世界」一九二九年十月号に掲載した「ジヤズはブラームスに赴く」には「元来ジャズは、アメリカの黒人がバンジョーを弾き、太鼓や、楽器ではない様々なものを叩いて、騒音を立てゝ囃す楽隊囃子から始まつた[25]」とあり、バンジョーはジャズとの関係性が強い楽器であることがうかがえる。

ちなみに、一九二五年十一月十六日の東京放送局（ＪＯＡＫ）のラジオ放送の際（ラジオについては第4章で詳述する）、横浜の商人ウイリアム・キルドイルが、バンジョーとピアノで演奏しているが、同日の「読売新聞」の記事の見出しは、「今夕放送されるバンジヨー、ピアノ合奏 演奏者はサムユル商会の店員 聞き手を踊らす新楽器[26]」となっている。この「新楽器」とは、紛れもなくバンジョーであり、サックス同様に「新しい」楽器として見なされていたのである。

その音についても、堀内敬三が「音楽界」一九二三年六月号に寄稿した「ジヤズバンド一斑」で「マンドリンやギターがジヤズバンドに使われないのも音が弱いからである[27]」と指摘しているように、バンジョーは音の大きな楽器と認識され[28]、音に存在感があったことがわかる。

また、バンジョーがジャズ楽器であることがわかる好例として、商業雑誌「広告界」一九三〇年十二月号に掲載された「玩具店の新告〔考：引用者注〕案チラシ 西川鋼茂案」が挙げられる。ここでは「バンジヨーを持つた男[29]」という広告が考案されていて、同広告はバンジョーを持った男をかたどった紙細工の体裁で、背中の仕掛けを動かすと手が動いてバンジョーを弾くまねをするようになっている。背中の仕掛け部分には「ココウゴカセバジャズリマス[30]」と書いてあるのだ。

こうした例からも、バンジョーはジャズを演奏する楽器として認識され、ジャズをイメージさせる表象だった

図22　広告「木戸楽器店」「歌劇」1926年9月号、歌劇発行所。Ludwig社のブラシ（主にジャズで使用されるドラムスティック）が挿絵になっていて、商品名は「SYNCO－JAZZSTICK」となっている。また、形容楽器は第1章の楽器と重なる

ことが確認できる。

ジャズ楽器としての打楽器

「ジャッズの音楽的特色[31]」である、「シンコペエシヨンによるリズム[32]」を奏でる打楽器は、「ジャズのリズムに欠くことの出来ないもの[33]」であり、ジャズを演奏するうえで、とても重要な役割を果たしていた。

前掲の「婦人公論」のS・T・Pの論稿では、「最も特色のあるのは打楽器[34]」とし、「大太鼓、小太鼓、支那太鼓、シンバル、鈴、カスタネット。種々の打楽器を左右に備へつけ[35]」という楽器の説明に加えて「楽員は一人で、これらを、両手を、足を、自由に駆使して、騒擾ともいふべき、不可思議に、突拍子もなく、だが巧妙に鳴り響かす[36]」と記述し、奏者の動きを特徴的に描写している（図22）。

総合雑誌「中央公論」一九二八年五月号では、実業家であり作家の秦豊吉が「ジャッズ音楽」という論文を寄稿し、そのなかでも同様に、打楽器奏者について「最危険で最愛嬌の（略）魔術師である。この打楽器からいつどんな音がいつ鳴り出すか。これは指揮者も知らない。この魔術師は足と両手を自由自在に使ふ。両手に五本のばちも持ち兼ねない[37]」とし、「この楽員こそジャッズ、オオケストラの暴君[38]」と位置づけている。

ここでもまた「動き」についての言及があって、「両手を、足を、自由に駆使して」からは、せわしないイメージが伝わってくる。その様子が「魔術師」のように映ったのだろう。「奇妙な音のする[39]」楽器を「巧妙に鳴り響かす」奏者は「不可思議」であり、ジャズの打楽器というパートも珍しいものとして映ったことがうかがえ、打楽器もまたサックスやバンジョーと同様に「新しい」楽器と捉えられた[40]。

ほかにも、ジャズバンドでよく使用される打楽器には、シロフォンやマリンバなども挙げられる。[41]マリンバは「大きいザイロフォーンで共鳴管が一つ〳〵の音の所に垂下してゐる。このボコン〳〵云ふ音が面白いのでよくジャズバンドに使われる」[42]とされ、一九二七年には『シロホン教則本』も出版されている。その緒言では次のようにある。

本書の目的とする所は、未だシロホンなる楽器に就いては、一般の人に知られず、且つ其の演奏も頗る困難なるものとされ居る。此の誤りたる考えを一掃せんとするにあり。（略）シロホンはオーケストラベル（鉄琴）、マリンバ等の類似楽器と共に、最近顕著なる発達をなし来りしものにして、今や多数楽器中に重要なる位置を占むるに至り、特に舞曲に於ては欠くべからざるものとさるゝに至りしものなり。[43]

「最近顕著なる発達」や「舞曲」は時期的に見て、おそらくジャズのことを示していると思われる。同書の一九ページから二五ページにかけては、ラグタイムの説明と練習譜面なども掲載されている。

シロフォン、マリンバもともに「一般の人に知られず」や「音が面白い」などサックスやバンジョーなどと同様の特徴をもっていて、「新しい」楽器としての共通点が見いだせる（図23・24）。

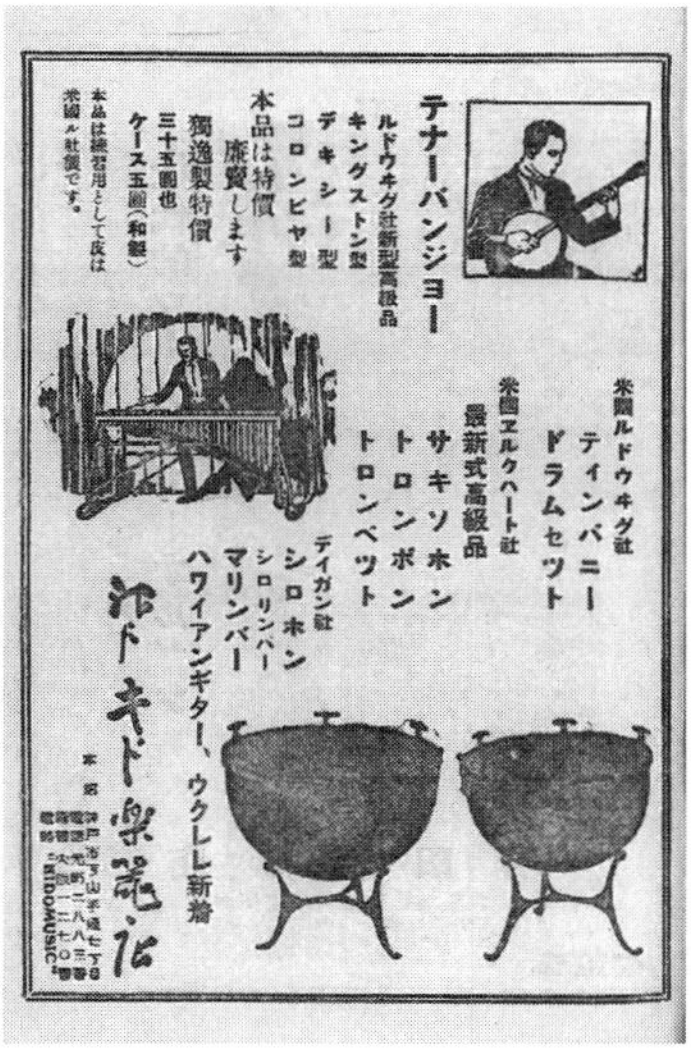

図23　広告「キド楽器店」「音楽世界」1930年10月号、音楽世界社。商品にバンジョー、サックス、ドラムセット、マリンバなどを取り扱っていて、「ルドウヰツグ」は現在でも有名な楽器会社Ludwig社のことと思われる

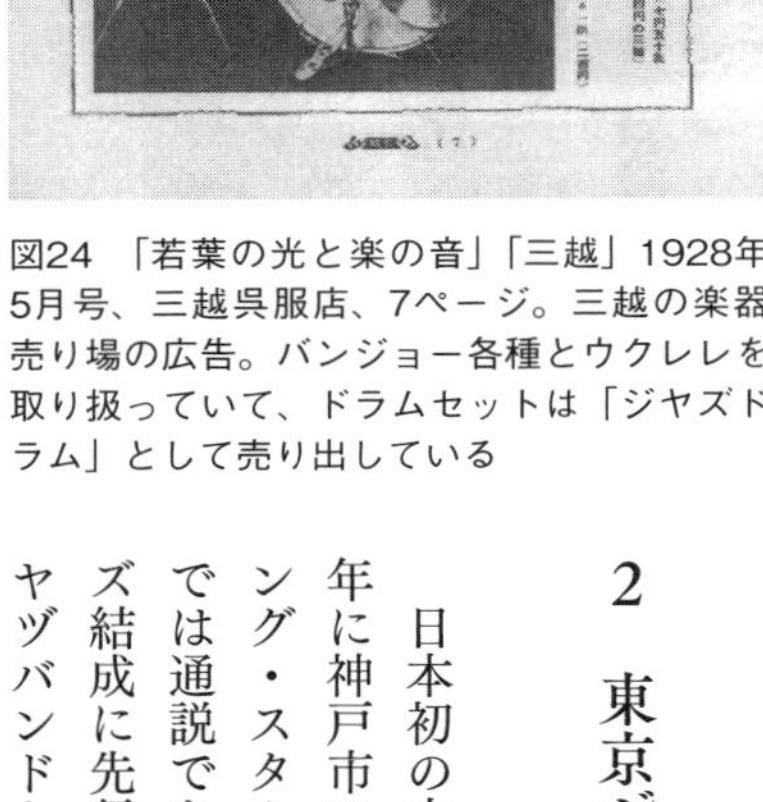

図24 「若葉の光と楽の音」「三越」1928年5月号、三越呉服店、7ページ。三越の楽器売り場の広告。バンジョー各種とウクレレを取り扱っていて、ドラムセットは「ジヤズドラム」として売り出している

2 東京ジヤヅバンド

日本初の本格的なジャズバンドは、一九二三年に神戸市で結成された井田一郎率いるラフィング・スターズだというのが、日本のジャズ史では通説であった。だが、ラフィング・スターズ結成に先行すること三年前の二〇年に東京ジヤヅバンドというバンドがすでに存在していたことが確認できる（「音楽界」一九二〇年七月号[44]）。

第2章で見た社交ダンスのブームが第一次世界大戦後であり、一九二〇年という年からも、これは日本で最初期のバンドだったと推察できる。しかし、ここでは、どのバンドが日本で初めてのジャズバンドだったかという話をしたいわけではない。ここで指摘したいのは、ジャズ楽器がジャズの表象だったとするならば、最初期に結成された東京ジヤヅバンドにもジャズを表象するような楽器が使用されていたのではないかという点である。

そこで、ジャズ楽器に注目しながら、東京ジヤヅバンドについて見ていくことにしたい。

前述の「音楽界」一九二〇年七月号の記事の内容を見ると、「渡邊詮、アール、ダブリユー、イーストレーキ氏、内田保治氏、阿部武治氏より同団は組織以来研究を続けて居たが団員中のイーストレーキ氏は米国軍楽隊楽師募集に応じて渡米する事になつた[45]」とあり、同誌のこのバンドの記事は調べた限りこれだけで[46]、初掲載の記事が惜しくも解散を示唆する内容となっている。

「月刊楽譜」一九二〇年七月号にも同バンドの記事があり、そこでは「第一ヴアイオリンは渡邊詮氏第一バアン

シヨーはアール、ダブリユー、イーストレーキ氏ギター及第二バンジヨーは内田保治氏ドラムベル、シンバル、カスタネツト、トフイアングル及ピアノは阿部武治氏だが、イーストレーキ氏は今度米国の軍楽隊員募集広告を見て直に之に応じ、早速手続も出来て先発した」[47]と、内容自体は「音楽界」一九二〇年七月号とほぼ同様のものだが、ここではメンバーの各パートを詳細に紹介し、バンジョーとドラムといったジャズ楽器がバンドに含まれていることが確認できる。

図25 「東京ジヤヅ、バンド」「月刊楽譜」1920年7月号、山野楽器店、1ページ。ドラム、ギター、バンジョー、ヴァイオリンを持つメンバーが写されていて、同号の目次ではバンド名も確認できる

「月刊楽譜」に写真が掲載されていることや[48](図25)、「組織以来研究を続けて居た」とあることから、一定期間の活動をしていたこともうかがえる。

では、バンドのメンバーはどのような人たちだったか。「音楽界」一九一九年五月号の「楽報」による「女子音楽学校春季演奏会」の演奏者を見てみると、

> 三月二十三日(日曜日)午後一時同校奏楽堂に於て第十五回卒業証書授与式及春季演奏会(略)第二部一、ピアノ連奏ダンス、ホングロイセ、小原惟佐子、澤井こさを(略)七、

マンドリン・ギター合奏、甲デミ、アンジエ、デミデイアブレ（セレナーデ）エフ・フランチア作曲、乙ミニユエット・ジヨヨーソ、モツアルト作曲第一マンドリン鬼塚通正、同河合道義、第二マンドリン飯塚尚義、同渡邊詮、同横倉真次郎、第三マンドリン渡邊詮、ギター内田保治[49]

とあり、ここでは、渡邊と内田の名前が確認できる。同姓同名という点、内田のギターが一致していることから、同一人物である可能性が高い。女子音楽学校という部分に違和感を覚えるかもしれないが、「音楽界」一九一八年正月号の「ハガキ集」[50]の「女子音楽学校」の紹介では、一九〇三年に創立した「音楽協会と云う男子部」が存在したことがわかる。

渡邊や内田は同校の生徒で、前述の春季演奏会に参加したと考えられる。ドラム担当の阿部の素性は、特定できなかったが、イーストレーキは東京ジャヅバンドよりも前に、カローレーマンドリン倶楽部やメロディアマンドリンオーケストラなどに所属していたことが当時の新聞や雑誌によって判明した[51]。

特筆すべきは、後者のメロディアマンドリンオーケストラであり、このオーケストラはイーストレーキが中心になって結成されたもので一九一九年十一月二十九日の赤坂三会堂で演奏会もおこなっている。イーストレーキの出自も含め、その詳細を一九一九年十一月二十七日付「都新聞」掲載の「イ氏の遺息が新発明の楽器で 新音楽の発表をなす」で次のように紹介している。

語学者として其の名を歌はれたるイーストレーキ氏の遺息レヂナルド、ワリントン氏はまだ十九歳の青年ながら楽才に秀で自宅にて幾多の青年を指導してメロデイアマンドリン会を組織してゐるが、二十九日午後七時半から赤坂の三会堂にて第一回の演奏大会を開く事となり氏が昨年来苦心の結果発明せる二十四本の空罎に水を適宜に盛りピアノと同様の音階を取つてマンドリン及びバンジヨの伴奏にて新音楽を発表することとなつたこの音楽は「罎のら」と名づけ羽子板の羽の先の椋の玉にて叩く時は高い音を発して快いメロデイを奏するさうである。[52]

「レヂナルド、ワリントン」（R・W）が「アール、ダブリユー」（R・W）と合致しているので、本人とみて間違いない。記事からはイーストレーキが十九歳の青年でマンドリンを指導していて、父が日本の英語教育に従事したF・W・イーストレーキ[53]であることもわかる。

東京ジャヅバンドで、イーストレーキが担当する楽器はバンジョーだが、「読売新聞」一九一九年二月七日付の記事によると、「神田錦町の女子音楽学校並びに日本音楽協会に於てマンドリン、ギターの講師として招聘[54]」していることが確認でき、イーストレーキは両方の楽器を演奏できたと考えられる。加えて、女子音楽学校の講師であることは渡邊や内田との接点があることも指摘できる。

「音楽界」一九二〇年二月号には二十九日におこなわれた音楽会の曲目も掲載されていて、第一部の三曲目には「Mandorin Solo（with guitar acc. by Mr Y Uchida）[55]」とある。「Mr Y Uchida」は内田保治だと思われ、時期からしてもメロディアマンドリンオーケストラから東京ジャヅバンドに発展していったことが推測できる。

この演奏会の特徴は、「マンドリン及びバンジヨの伴奏」でおこなわれた「罎のら」の演奏にある。[56]「罎のら」はイーストレーキが作成し、「Imitation Xylophone」と表示されているように木琴に近い楽器[57]で、「木琴の音に類似して[58]」いた。「罎のら」を作成したイーストレーキは、シロフォンを「模倣したわけではありません[59]」と否定しているが、重要なのは「新楽器」である「罎のら」やバンジョーを用いたこの演奏が「新音楽」として捉えられていたことである。[60]

イーストレーキは、「空罎を利用してこの新音楽を利用すれば面白い事と存じます[61]」としているように、この演奏会の音楽を「面白い」音楽として演奏している（図26）。

この直後に東京ジャヅバンドを結成したとすれば、これらの楽器を用いた演奏は限りなく「ジャズ」に近いものだったと考えられ、また、当時のジャズの流入を見ていくうえでも非常に重要な記事である。

図26　「イ氏の遺息が新発明の楽器で新音楽の発表をなす」「都新聞」1919年11月27日付、5面。テーブルの上に瓶が並べられ、6人のうち前列がマンドリン、後列にはギター、バンジョーが確認できる

ジャズの演奏ではリズムや演奏方法だけでなく楽器やその音も重要な要素であったからジャズ楽器が存在したことの意義は重要なのである。「ジャヅは普通のオルケストラに見られない編成[62]」とされているように、基本的にサックスやバンジョー、ドラムはオーケストラの編成には含まれていない。それらが「新しい」楽器として認識されるのは当然だったのである。

音楽評論家の大田黒元雄が女性雑誌「女性」一九二六年二月号で「ジャズ音楽と其の由来」のなかでジャズを「奇妙な音[63]」として音に注目しているように、これらは特徴的な音をもつ楽器だった。山田耕筰もまた著書『作曲者の言葉』で、サックスを「新しい楽器の一つとしてかなり面白いもの[64]」と言及している。

前述した「牛の鈴から木片れ、鉄屑、おもちゃ笛[65]」などさまざまな種類がある打楽器もまた、変わった音がする楽器だということは容易に想像がつく。

それらをふまえると、当時のジャズバンドでは、このような「面白い」音がする楽器を使うことが一つの定義であり、面白い音もジャズの特徴の一つとして考えられていたことがわかる。[66]

これを現代に当てはめると、例えば、「テレビの音楽番組には、ギターを持ったロック・バンドが登場しない日はない[67]」とされているように、現代ではエレキギターがロックの表象と考えられ、エレキギターの音が入っていればどんなジャンルの音楽もロックとされてしまうことがある。それと同じように、ジャズ楽器を使用しているだけでジャズにしてしまうような風潮があったといえる。

これまでにない「面白い」楽器で「精々奇抜(68)」な演奏をおこなうために、ジャズバンドは「珍しい交響楽(69)」「景気のいい舞踏音楽(70)」「淫猥で野卑でさわがしい(71)」音楽など、さまざまな認識がされていたが、それもジャズの概念であり、なかでもジャズ楽器の影響は非常に大きかったといえる。一九二〇年に活動していた東京ジャヅバンドもまた、編成内にドラムやバンジョーが見られ、ジャズの創始者とされる井田一郎も当初はバイオリンだけだったが(72)、のちにバンジョーも習得している(73)。このことからも、ジャズ楽器を使用することが当時のジャズバンドに必要不可欠なものだったことを裏づけている。

また、バンドメンバーだったイーストレーキが、マンドリンの指導者だったことにも留意したい。マンドリン指導者がジャズを指導する例はほかにもあり、例えば「三田新聞」一九二二年十月十八日付の「ヤングマンソシヤルサークル生る」では、「学生を中心とし先輩及び実業家の後援の下に音楽ダンス研究の為め慶應ヤングメン、ソーシアル、サークルか生れた、同サークルは音楽、ダンス、の二部に分たれ（略）音楽部はコー、サルコリルの指導の下にマンドリンギター、マンドラをやりジヤズバンドも研究するさうである(74)」としている。

ここで出てくる指導者「コー、サルコリル」とは、「慶應義塾マンドリン・クラブの指導を(75)」していたサルコリである可能性が高い。サルコリは「慶應のみならず日本のマンドリン界に(76)」影響を及ぼしたマンドリン指導者としても知られているが、同サークルではマンドリンだけでなく、ジャズも教えていたことが確認できる。

音楽雑誌「マンドリンとギター」のなかで、「マンドリンが日本の若い人々に弾かれる事は日増しに多く成つて行く之は否定する事の出来ない事実(77)」としているように、当時、若者の間でマンドリンが流行していた。マンドリン倶楽部も多数の大学に存在し、同じ弦楽器であることからバンジョーも編成に加わることもあった(78)。もちろん、バンジョーが編成に加わってもそれらがすべてジャズを演奏していたと安易に決め付けることはできない。

しかし、バンジョーにジャズ楽器という側面があったことを考えると、ジャズを受容する下地も十分あったことが指摘できるし、イーストレーキやサルコリのような外国人のマンドリン指導者からジャズを教わることもあったといえる。

これらジャズ楽器の存在をふまえたうえで、第4章では、当時のさまざまな娯楽文化に注目して、娯楽のなかにジャズがどのように入り込んで広がっていったのか、その過程を明らかにしたい。

注

(1) 広告「キド楽器店」、音楽商報社編輯「音楽時報」一九二四年三月号、音楽商報社
(2) 広告「カタニヤ商会支店」「音楽世界」一九三〇年十月号、音楽世界社
(3) 服部龍太郎『ジャズ楽器の奏法』(「西洋音楽技法入門」第一巻)、春陽堂、一九三一年、一三三ページ。なお、服部は「婦人公論」一九三一年一月号(中央公論社)にも「ジャズ音楽の話」を掲載している。
(4) 山本直忠「ジャズの正体」「音楽世界」一九二九年十月号、音楽世界社、五四ページ
(5) S・T・P「ジャヅ・ジャヅ・ジャヅ」「婦人公論」一九二九年五月号、中央公論社、一八八ページ
(6) 服部龍太郎の場合は「二本又は三本のサキソフオーン、二本のトランペツト、一本づつのトロンボーンとチウバ、それにヴアイオリン、バンジヨ、ドラム、ピアノが一人づつ這入る。或ひはサキソフオーン、コルネツト、ヴアイオリン、バンジヨ、ドラム、ピアノの六人でも愉快」というように、楽器の個数は若干異なるがサックス、バンジョー、打楽器が存在する(前掲「ジャズ音楽の話」二四四ページ)。
(7) 白眉社編『白眉音楽辞典』白眉出版社、一九二四年、一九一ページ
(8) 山口常光「(楽器の知識その一)サキソフオーヌの話」「月刊楽譜」一九二五年七月号、山野楽器店、六二ページ
(9) 同論文六一ページ
(10) 岩崎昶「愛のアンソロジー」「新青年」一九二七年十月号、博文館、一七七ページ
(11) 前掲「ラツグタイムの研究(二)」一五ページ。なお、前掲「ジャズ音楽の話」でも「三四本の金製のサキソフオーンが自由自在に活動する様」としている(二四六ページ)。
(12) 秦豊吉「ジヤヤツズ音楽」「中央公論」一九二八年五月号、中央公論社、二六ページ

(13) 志保花明「ジャヅの話」「読売新聞」一九二六年一月十六日付、十面
(14) 前掲「ジャヅ・ジャヅ・ジャヅ」一八八ページ
(15) 谷譲次「大舞踊会」「新青年」一九二七年三月号、博文館、一二〇ページ
(16) 松井栄一／曾根博義／大屋幸世監修『近代用語の辞典集成』二十二巻（大空社、一九九五年）所収の鵜沼直『モダン語辞典』（[Seibundo's 10sen library]、誠文堂、一九三〇年）七〇ページから引用。
(17) 前掲「ジヤズ音楽の話」二四六ページ
(18) 前掲「ジヤヅの話」でも、「中でも欠く事の出来ないのはサキソフオーンで、此の楽器であるが故にジャヅ・バンドはその光彩を一層に添へている」とある。
(19) 北中正和『ギターは日本の歌をどう変えたか――ギターのポピュラー音楽史』（平凡社新書）、平凡社、二〇〇二年、六〇ページ
(20) 大畑匡山、西村酔夢補『現代文芸新語辞典』東条書店、一九一四年、二八〇ページ。大畑匡山、西村酔夢補『現代文芸新語辞典』（小川鉄之助、一九一八年）二八〇ページや小林鶯里編『現代日用新語辞典』（文芸通信社、一九二〇年）二七一―二七二ページでもバンジョーを説明しているが、内容は同様のものである。
(21) 前掲『ジャズ楽器の奏法』二〇ページ
(22) 鹽入亀輔『ジャズ音楽』敬文館、一九二九年、一二八ページ
(23) 前掲「ジヤズの正体」五三ページ
(24) 「グリー・クラブの誇り ジヤズバンド 軽快で芸術味の豊かなる強リズムのシヤズ音楽」「東京日日新聞」一九二〇年八月七日付、六面
(25) 伊庭孝「ジャズはブラームスに赴く」、前掲「音楽世界」一九二九年十月号、一六ページ。また、堀内敬三も「音楽新潮」一九二五年新年号の「ジャズ芸術の閑談」で「ジャズのリズムは独特だ。考ふるにあのリズムの直接の先祖は黒人の歌らしい。月明の夜にアメリカ南部の黒人がバンヂョーを引つ掻き乍ら歌つた歌らしい」としている（堀内敬三「ジャズ芸術の閑談」「音楽新潮」一九二五年新年号、音楽新潮発行所、一三ページ）。
(26) 「今夕放送されるバンジョー、ピアノ合奏 演奏者はサムユル商会の店員 聞き手を踊らす新楽器」「読売新聞」一九

二五年十一月十六日付、九面

(27) 前掲「ジャズバンド一斑」一六ページ

(28) 二〇〇五年にコロムビアから発売された輸入盤四枚組みCD *Progressions 100 years of JAZZ guitar* の解説書の、Charles Alexander による“100 years of JAZZ Guitar”では、“But as the century drew to a close, the guitar was increasingly challenged by the banjo, whose loud, brash tones were ideal for outdoor events and for noisy saloons and riverboats.”（訳：しかし、世紀が終わりに近づくと、ギターとバンジョーがますます競合した。その騒々しく、軽率な音色が、アウトドアのイベントと騒々しい大広間と川船に理想的だった）としていて、利用場所からも音量の大きい楽器であることがうかがえる。

(29)「玩具店の新告〔考〕案チラシ 西川鋼茂案」「広告界——意匠と考案」一九三〇年十二月号、商店界社、六二ページ

(30) 足部分には「ニシカワの店 新しいオモチャ」とある。

(31) 前掲「ジャヤッズ音楽」二六ページ

(32) 同論文二六ページ

(33) 前掲『ジャズ音楽』一二〇ページ

(34) 前掲「ジャヅ・ジャヅ・ジャヅ」一八八ページ

(35) 同論文一八八ページ

(36) 同論文一八八ページ

(37) 前掲「ジャヤッズ音楽」二四ページ

(38) 同論文二五ページ

(39) 前掲「ラッグタイムの研究（二）」一五ページ

(40) ラディック社のホームページによると、“1909-william F.&Theobald Ludwig Founds Ludwig & Ludwig Drum Company.1909-Ludwig makes the first Ludwig Bass Drum Pedal”とあり、一九〇九年に William F. & Theobald Ludwig によってラディックドラムカンパニーが設立、同年に同社初のフットペダルを製造していることが確認でき

る（http://www.ludwig-drum.com/en-us/ludwig/about［二〇二〇年七月五日アクセス］）。
(41) コスモポリタンノベルティーオーケストラの指揮者・石井善一郎によると「私達のオーケストラは自慢ではありませぬがジャズバンドとしてわが国では一番楽器が揃つていますバスサキソホンが欠けているだけで木琴や鉄琴を多く用ひてそれを補ふのです」と述べている「アフリカ生れのアメリカ育ちジヤズバンドは合いの子だ」（「読売新聞」一九二六年十一月二十七日付、九面）。
(42) 前掲「ラッグタイムの研究（二）」一五ページ
(43) 共益商社書店編輯部『シロホン教則本』（共益商社書店、一九二七年）の緒言のページ。また、その最後の行には、「本教程は、シロホンに就きて述べたるものなれ共、オーケストラベル、マリンバ等に適用するも可なり」とある。
(44)「楽界時報 東京ジヤヅバンド」、前掲「音楽界」一九二〇年七月号、一九ページ
(45) 同論文一九ページ
(46) なお、「音楽界」一九二一年九月号（音楽社）、二五ページにも、「楽団消息　東京ジアツ、バンド組織さる」という記事があり、その内容は「舞踏の流行はすさまじい勢を示して居るが、舞踏だけではあきたらない好楽家が此の程相集まり欧米流行の舞踏曲を率先して組織し、毎週水、土曜の午後二時より北品川菊地武徳邸で練習を開始する」とある。菊池武徳は衆議院議員で、昭和初期に結成される慶應義塾大学の学生ジャズバンドのレッド&ブルーのリーダー菊池滋弥の父である。つまり、ほぼ同時期に「東京ジアツ、バンド」という同名のバンドが存在していた。
(47)「楽界時報」「月刊楽譜」一九二〇年七月号、山野楽器店、二七、二八ページ
(48)「〔写真〕東京ジヤヅ、バンド」、同誌一ページ
(49)「楽報 女子音楽学校春季演奏会」、音楽社編「音楽界」一九一九年五月号、音楽社、四五ページ
(50)「ハガキ集 女子音楽学校」、音楽社編「音楽界」一九一八年正月号、音楽社、八四ページ
(51) カローレーマンドリン倶楽部が一九一九年十一月一日午後から神田青年会館で演奏会を開催した際「岩田里子氏梁田貞氏の独唱、田中常彦氏、宮田政夫氏のマンドリン、イーストレーキ氏のバンジヨー及び倶楽部の管弦楽等」をおこなっていて、イーストレーキがバンジョーを担当しているのがわかる（「楽界総まくり」「月刊楽譜」一九一九年十一月号、山野楽器店、三二ページ）。なお、同様の記事は、「楽報と楽況 カローレーマンドリン」（「音楽界」一九一

九年十二月号、音楽社）二九ページでも見られる。
(52)「イ氏の遺息が新発明の楽器で新音楽の発表をなす」「都新聞」一九一九年十一月二十七日付、五面
(53)「東京朝日新聞」によるとイーストレーキは、国民英学会東京大英学院の創立、憲兵練習所正則英語学校の教師など英語教育に従事していたことがわかる（「イーストレーキ博士逝く」「東京朝日新聞」一九〇五年二月十九日付、四面）。
(54)「中央地方の楽況 三会堂の音楽会」、音楽社編「音楽界」一九二〇年二月号、音楽社、二五ページ
(56)同演奏会の記事は「鑼ノラ演奏」（音楽社編「音楽界」一九二〇年一月号、音楽社）三九ページでも確認できる。
(57)「木琴に模倣して之をたゝく「ビンノラ」独奏」とあるように、演奏の仕方もほとんど木琴同様だったといえる（「演奏会二つ」「マンドリンとギター」第五巻正月号、シンフオニアマンドリニオルケストラ、一九二〇年、三六ページ）。
(58)前掲「イ氏の遺息が新発明の楽器で新音楽の発表をなす」
(59)同記事
(60)「月刊楽譜」一九二〇年一月号でも、同演奏会について「殊に一新機軸を出した」と紹介している（「楽界総まくり」「月刊楽譜」一九二〇年一月号、山野楽器店、三〇ページ）。
(61)前掲「イ氏の遺息が新発明の楽器で新音楽の発表をなす」
(62)前掲「ジヤヅ・ジヤヅ・ジヤヅ」一八八ページ
(63)大田黒元雄「ジャズ音楽と其の由来」「女性」一九二六年三月号、プラトン社、二四七ページ
(64)山田耕筰『作曲者の言葉』（アルス、一九二二年）八七ページ
(65)前掲「ラッグタイムの研究（二）」一五ページ
(66)「東京日日新聞」一九二〇年八月八日付七面に掲載された前掲「グリー倶楽部 昨夜の演奏会 ステージ周囲は外交団に依つて花の如く飾らる」でも、「「ジャズ・バンド」の如き奇態な楽器を打ち鳴らす」とある。
(67)前掲『ギターは日本の歌をどう変えた』九ページ
(68)前掲「ジャズ音楽と其の由来」二四七ページ

(69)「天勝一座」「都新聞」一九二五年六月二十一日付、七面
(70)堀内敬三「ジャズの片影」「婦人画報」一九二八年四月号、東京社、一〇七ページ
(71)田中孝一郎『新しい外来語の字引』実業之日本社、一九二四年、一五二ページ。「ジャズ、バンド」の項の説明。
(72)前掲『日本のジャズ史』二六ページ。同書によると、鶴見花月園のダンスバンドをしていた際（一九二〇年頃とされる）はバイオリンだった。
(73)同書五七ページ
(74)「ヤングマンソシヤルサークル生る」「三田新聞」一九二三年十月十八日付、五面
(75)有賀敏文『マンドリン物語――星々の戯れ』早稲田出版、二〇〇三年、二〇六ページ
(76)同書二〇六ページ
(77)森茂雄「マンドリンの為に」「マンドリンとギター」第一巻第八号、シンフオニアマンドリニオルケストラ、一九一六年、一ページ。また、同記事には「今日マンドリンを弄する人の大半以上が学生であるとすれば一学校で少くとも十七八人から廿人のマンドリン練習者が居るものと推測して敢て甚だしい誤があらうとは思われない」としている。
(78)「慶應マンドリン倶楽部演奏会」の曲目では、バンジョー独奏が見られ（「楽報」、音楽社編「音楽界」一九一七年十一月号、音楽社、四八ページ）、同誌の「大阪マンドリン倶楽部」の口絵写真ではメンバーのなかにバンジョーを持つ男性を確認することができる。

第4章　一九二〇年代の娯楽文化とジャズ

はじめに

ここまで、新感覚の音楽「ジャズ」がどのようにして日本に入ってきて、それがどんな音楽としてイメージされるようになってきたのかを見てきた。

次はジャズの広まりについて多角的に検討し、人々の間にどう定着していったかを見ていくことにしよう。第4章と第5章は定着期（一九二三―三一年）として検討するが、この時期は認知段階と普及段階の二つに分けられると筆者は考えている。認知段階は、ダンス音楽として認識されはじめたジャズが、音楽を扱うさまざまな文化に取り入れられ、日本社会に広まっていく過程であって、本章がそれにあたる。なお、ここで使う「認知」とは、実際に音楽を聴いたことがない人や関心がない人でも、ジャズという名称ぐらいは知っている状態を指す。それらの点をふまえ、本章では、音楽と関わりが大きい娯楽文化に焦点を当て、認知されるまでの過程を追っていきたい。

ジャズは音楽だが、実際の演奏だけでなく、例えば、映画や小説などに描かれるダンスホールの場面ではバンドが演奏している様子を作品中に場景描写として表すこともできる。多くの娯楽文化が検討の対象になりうる。だが、できるだけ多くの人がふれる文化、つまり、そのときに人気が高かった娯楽に着目し、どのようにして社会に定着していったかをみていくことにする。

第1章でもふれたように、当時「劇と活動写真とは現代娯楽界の寵児」[1]であり、これらが人気の娯楽だった。[2]どちらも伴奏だけではなく、内容に即した音楽を扱うことができる点で最も適した対象といえる。

また、一九二八年に大阪市が発行した『本市に於ける呉服店員の生活と労働』には「店員の余暇利用状況」についで書いてあり、そのなかで「読書」では新聞・雑誌、[3]「室内娯楽」ではラジオが上位にきていることがわかる。[4]したがって、新聞や雑誌に掲載された読物や、二五年に放送が開始されたラジオなどの娯楽も含めて、さまざまな視野から、より明確な認知の過程を導き出したい。

なお、本章では、後述のように、日本の娯楽作品にジャズが確認できる一九二三年から昭和天皇即位大礼記念の際の子ども向けラジオ番組（児童歌劇）に、時代の音としてジャズが流れた二八年までを対象の範囲とし、検討していく。

1　映画のジャズ

外国映画とジャズの描写

第1章の『煉獄』に見たようなジャズの描写がある外国映画は大正末期にもなるとさらに増え、それに伴って映画雑誌でも、作品紹介欄や批評欄、広告などにもジャズという単語が散見されるようになる。

当時の人気映画雑誌だった「キネマ旬報」は、ここまででもたびたび引用し、本節や第7章でも主に史料とし

図27　広告「『踊れ若者』」「キネマ旬報」1924年4月11日号、キネマ旬報社、30ページ。封切り時には『踊る若者』にタイトル変更されている

て用いるので、雑誌の性質について少しふれておく。

同誌は一九一九年に創刊され、それまで日本映画を主に扱う映画雑誌が多いなか、「欧米映画――とりわけ公開本数で他を圧倒していたアメリカ映画――の紹介と批評に精力を注[5]」いだ雑誌として登場し、「最新の映画情報を読者にもたらした[6]」革新的な内容の雑誌だった。当時の外国映画の内容と情報を詳細に知ることができるだけでなく、「昭和初期には一万部前後の発行部数[7]」があったことから、ジャズの認知を知るうえでも適当な史料として採用する。

ではまず、一九二四年九月に封切られたパラマウント製作の『踊る若者』（監督：ジェローム・ストーム、一九二三年公開）（図27）に注目してみよう。この映画の原題は『children of jazz』で、「キネマ旬報」の「主要外国映画批評」では次のように紹介している。

> 浮き立つ様な明るい音と調子とを持ったジャッヅにつれて酒の香りと煙草の煙との中で踊り狂つて居る若い娘が、沢山の婚約申込者を自分の言葉一つで歓はせも出来悲しませも出来るといふ、ジャッヅの国、踊りの国、黄金の国たるアメリカかの有産階級のそうしたある男女の一群を持ち出して、配するに気骨稜々、男子須らく為すあるべしといふ快青年を以てし、彼等を訓へ且女の愛をかち得たといふのである。[8]

主人公の若い娘が近寄ってくるたくさんの婚約申込者を振り回すといった筋だが、「ジャッヅにつれて」や「踊り狂つて居る」という文脈から、作品中にジャズの演奏描写を確認することができ、そのタイトルどおりの内容といえる。同誌の評価には「観客には充分受ける様に出来て居る」(9)と好評だった。

次に、同年に封切りの『闘争の熱血』は、「愉快極まりないシーリース(ママ)映画」とされ、「ソーダ屋の貧しい番頭青年」(10)の恋愛を描いた作品である。「キネマ旬報」の紹介文には、「必然そこにチョコレートのジャッヅが起りサンデイの恋が始まる」(11)とあり、「チョコレート」、つまり黒人のジャズ演奏の描写があったことがうかがえる。

また、一九二五年四月に封切りの『フランス人形』(監督：ロバート・Z・レオナード、一九二三年公開)は、主演女優のメイ・マレイが「お臍を出し度り、妙な形恰を」する場面があり、婦人客よりも「男の客に」人気がある映画として紹介している。(12)こうした男性客が喜ぶような、いわゆるお色気映画にも「軽快なジァヅの響」が「映画全体を包んで居」(13)た。もちろん、当時は無声映画であるため、ジャズの演奏場面がたくさん出てくることで、ジャズっぽい雰囲気が感じられる作品と考えるのが適当だろう。

このように外国映画の紹介欄や批評欄だけでなく、映画広告もその映画の内容や特色を表す宣伝文が書いてあり、その文章からもジャズを扱う映画かどうかを確認することができる。例えば、メイ・マレイ主演の映画、『歓楽の唇』(監督：ロバート・Z・レオナード、一九二四年公開、二六年四月封切り)の広告では、「女神シーケの再生／紅燈、ジャッズ、ダンス、酒!!／凡てこれメイ、マレイ嬢最得意の境地!!」(14)と書いてあり、ジャズの演奏場面があることが読み取れる(図28)。

図28　広告「『歓楽の唇』」「キネマ旬報」1926年9月21日号、キネマ旬報社、63ページ

なお、メイ・マレイは前述の『フランス人形』や、『Jazzmania』という原題の『舞踏王国』(15)(監督：ロバート・Z・レオナード、一九二三年公開、二五年一月封切り)などのジャズ色の濃い作品にも出演していて、ジャズの女王のような女優も存在していた。

ほかにも一九二七年十一月には、邦題に「ジャズ」がついた『ジャズの酒場』（監督：ロバート・G・ビニョーラ、一九二七年公開、二七年十一月封切り）という映画も封切られていて、この映画はブロードウェーのナイトクラブを舞台にした「探偵趣味に満ちた」[16]内容だった。「キネマ旬報」の批評によれば、作品中のギルタ「グレイ嬢のブラック・ボトム〔ジャズで踊るダンス：引用者注〕はすばらし」く、「如何なる館の観客をも娯しませ満足させる映画」[17]とされていて、メイ・マレイやギルタ・グレイなどが出演するダンス映画には一定の需要があったといえる。

日本映画のジャズの描写

大正末期には外国映画同様、日本映画にも作品中にジャズを取り入れた作品が出てくるようになる。具体的な例を挙げると、一九二六年十月に封切りされた東亜甲陽映画製作の『悲しき犠牲』（監督：根津新、東亜甲陽映画）は「キネマ旬報」の批評欄で「銀座カフェーライオンはザワついた浅草か大阪辺のカフェーを思はしめ、あの落付いた夜の銀座の感は少しも出て居ない。変なジャッヅバンドも悪趣味でいけない」[18]と評されていて、映画に対しては厳しい意見が述べられているものの、作品中に「ジャッヅバンド」が登場していることが確認できる。

一方、一九二七年五月に封切られた『近代女房改造』（監督：池田義信、松竹蒲田映画）にも同様の場面が存在し、松竹蒲田映画のファン雑誌「蒲田」では、その様子を次のように記している。

殊に皮肉な百助さんのシナリオには、ちゃんと、ダンスホールの場があるのである。（略）蒲田のグラス・ステーヂからは盛んなヴアレンシアだとかチチナだとかジヤズの響きが聴えて来た。大勢が踊つてゐる。黒いフイリピン人が盛んにジヤツズを演奏してゐる、と云ふ近頃にない気分の出た撮影。よく見ると、これは先日ラヂオで放送したアルカンタラ・ヂヤツズバンドと、綺麗なダンスホールの真物の見知り越しの踊り子さん達も踊つてゐる。さあ、愈々すみちやん〔栗島すみ子：引用者注〕のチアールストンの撮影の件となつた。（略）日米ビルの東京舞踏研究所からバンドや踊り子を借りて来てしまつたのである。[19]

作品には東京舞踏研究所に所属するフィリピン人のジャズバンドが登場し、女優・栗島すみ子がダンスホールでチャールストンダンスを踊る場面があることが確認できる。

また、同誌の「無駄話四題」では、松竹蒲田映画『炎の空』（監督：清水宏、松竹蒲田映画、一九二七年七月封切り）の一場面で「××ホテル大舞踏会の撮影に当たつて、カールトン・ヂヤズバンドでも実は雇ひたいと云う清水監督〔清水宏：引用者注〕の腹であつたが[20]」、費用がかかりすぎるため、六人の俳優で結成された即席のバンドが作られたという撮影事情を語っている。[21]この記事で言及している「カールトン・ヂヤズバンド」はフィリピン人のジャズバンドで（図29）、日本でレコードも数枚吹き込んでいる。[22]

図29　「カールトン ジヤズバンド」「ニットータイムス」1927年8月号、日東タイムス社、写真ページ。メンバーがもつ楽器にはドラム、バンジョー、サックスが見られる

　レコード雑誌「ニットータイムス」に掲載されたレコードの購入者による投稿には、「チチナとバンシア〔バレンシア：引用者注〕は良く口ずさむ曲で大変結構であるわけでボーカルの入つて居るのには一寸バタ臭くてついつり込まれて英文の文句カード

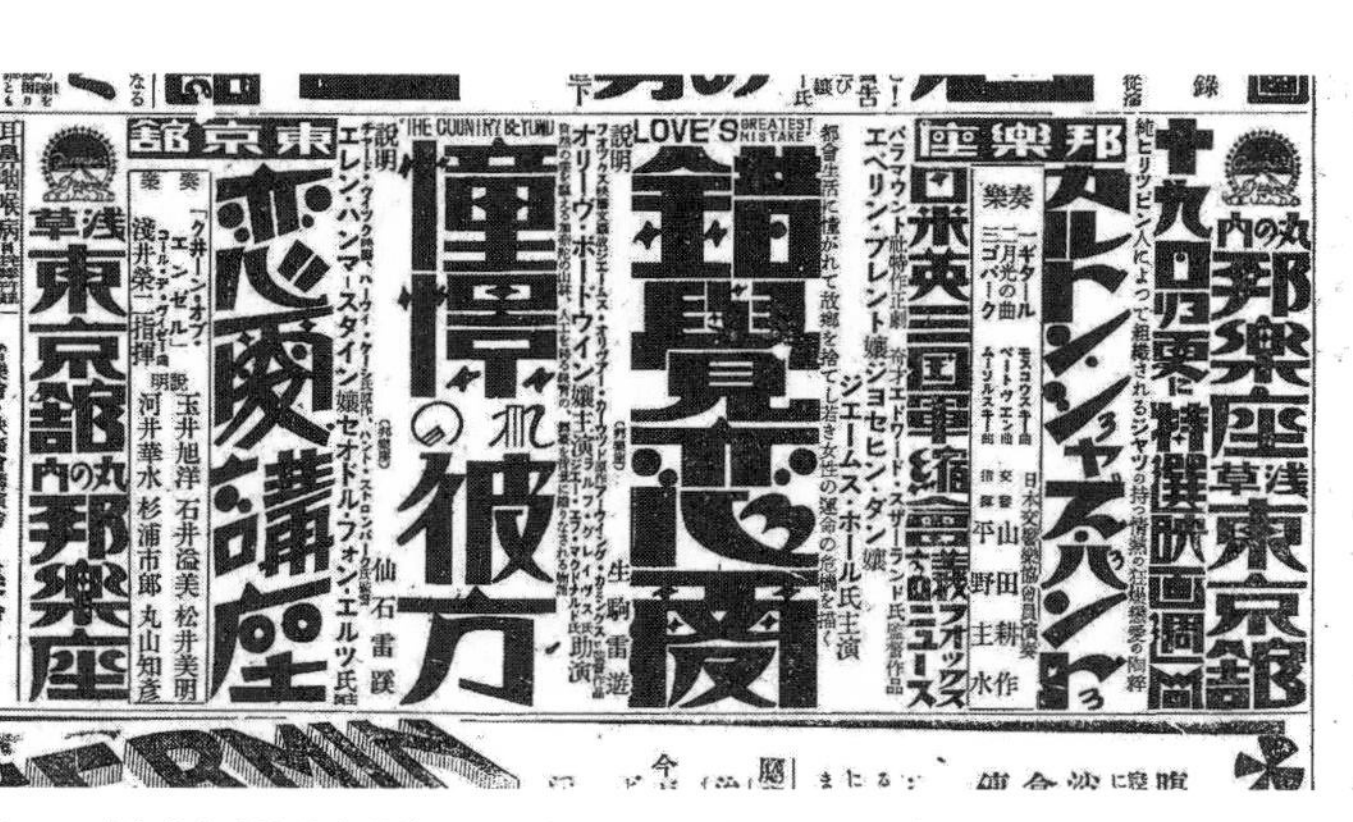

図30　「広告」「読売新聞」1927年8月19日付、6面。丸ノ内邦楽座では、日本交響楽協会会員による奏楽が別にあり、カルトン・ジャズバンドが番組の1つとして扱われていることが確認できる

に目を落す今後どしどし発売され度い事とカルトンジヤズバンド達の健在を祈つて筆を置く（京都ダンス狂）[23]」「カルトンジヤズの新らしいのは何時頃出ますか来月も続いて出るでせうね、チチナにバレンシア、テルミーにカラバン次はどんな曲のものが出るでせう？（芦屋のカルトンバンドファン）[24]」、といったコメントが毎月寄せられていて、楽曲、バンドともに好評だったことがうかがえる。

ちなみに、「婦人公論」一九二八年二月号の「女学生間に流行する隠語」という記事では「チチナ」が隠語として取り上げられていて、そこでは「チチナ。おしやれで浮気者、けばけばしい装ひをしているばかりでなく、性的の魅力を多分に持つている者のこと。語源はヂヤズ音楽で最も浮ついた調子を帯びた「チチナ」より来る[25]」と解説している。隠語になるほど人気が高い曲であり[26]、それが「女学生間」に流行していたことも注目すべきだろう。同時に、同バンドを映画に起用したいとする理由もよく理解できる（図30）。

サイレント映画なので実際に演奏された音は出ないため、本人たちではなくとも（あてぶりでも）問題なさそうだが、「カールトン・ヂヤズバンド」のキャスティング願望や、ラジオにも出演した「アルカンタラ・ヂヤツズバンド」を起用するこだわりは、ダンスホールなどでのジャズバンドの場面も重要視していたと考えられる。

一九二七年十月に封切られたマキノ映画『潮やけ小自棄』（監督：井上金太郎）の広告にも「時代劇あり、支那劇あり、ジャズあり、尻振りダンスあり、喧嘩あり、芝居好みの雨の殺陣あり[27]」とあるように（図31）、同年は日本の映画でもジャズの演奏場面を伴う映画が増加する。

例えば「東京朝日新聞」（一九二八年七月十三日付十面）の記事によると、『棘の楽園』（松竹蒲田映画。「都新聞」の連載小説を映画化したもので、一九二八年七月封切り）の監督・野村芳亭は製作する際に、「某ダンスホールを見学し、ダンスホールの大セットを作り特に松竹ジャズバンド井田一郎指揮で新手法のキャメラワークと配光とを以てダンス場情調を充分に発揮する[28]」と発言していて、ダンスホールの場面に力を入れているのがよくわかる。[29]ダンスホールのジャズバンドの場面も撮影されていたのなら、ここで挙げた作品以上にさまざまなジャズバンドが出演していた可能性は高いのではないか。

また、「日活始まって以来の現代映画の大作品[30]」という一九二八年五月封切りの『地球は廻る』（監督：阿部豊、日活）は、その内容が第一部・過去篇、第二部・現代篇、第三部・空想篇の三部で構成されている映画で、第二部の現代篇では、劇中に「ジャズバンドのリーダー 三浦照子[31]」が登場する。この役は、当時の人気女優・入江たか子が演じた。ジャズバンドが認知されていなければ、こうした役を設定することは考えにくく、ジャズの認知の広がりを知るうえで重要な手がかりといえるだろう。

図31　広告『潮やけ小自棄』「キネマ旬報」1927年8月1日号、キネマ旬報社

休憩奏楽・プログラムとしてのジャズ

現在、映画館で新作の映画を鑑賞するときは一作品しか観られないが、当時は三本立てで四時間の興行が普通だった。[32]興行が長時間に及ぶために、映画館では休憩の際、奏楽もおこなわれていた。奏楽ではビゼーの「スパニッシュセレナーデ」などオペラやオペレッタの楽曲のほか、ジャズの休憩奏楽もあ

図32　広告「神田南明座」「都新聞」1925年5月22日付、6面。奏楽に「新編成ナムメイ・ジヤツヅバンド初演奏」とある

図33　広告「松竹浅草帝国館」「都新聞」1926年4月1日付、6面。松竹管弦楽団により「ジヤツヅ」が2曲演奏されている。

り、古くは一九二一年六月十七日に浅草帝国館で浅草独特ジャズバンドが演奏している[33]。大正末期になると、映画館専属のオーケストラやバンドも増加し[34]、それに伴ってジャズ演奏も多く披露されるようになる。

例を挙げると、「都新聞」(一九二五年五月二十二日付六面)の映画広告欄では、神田南明座で、「新編成ナムメイ・ジヤツヅバンド」[35](図32)が『フランダースの少年』(監督:ビクター・シャーツィンガー、一九二四年公開、二五年四月封切り)、『ボーケール』(監督:シドニー・オルコット、一九二四年公開、二四年十一月封切り)、『マンハッタン』(監督:R・H・バーンサイド、一九二四年公開、二五年五月封切り)などの洋画を上映時に初演奏をしていたことが確認できる。同様に、一九二六年四月一日付の映画広告欄でも、松竹浅草帝国館で『曠原の志士』(監督:キング・バゴット、一九二五年公開、二六年四月封切り)、『断髪恥かし』(監督:アラン・クロスランド、一九二五年公開、二六年四月封切り)、『ハム君の給仕』、『珍傑ラリー』の上映時には、島田晴誉の指揮で松竹管弦楽団が「奏楽ジヤツヅ二曲」を披露している[36](図33)。

このように、休憩奏楽では気まぐれでジャズが演奏されていたわけではなくて、上映された映画にはある共通点があった。

例えば、『マンハッタン』は恋愛喜劇映画、『断髪恥かし』は恋愛を軸にしたドタバタ喜劇で、『珍傑ラリー』『ハム君の給仕』もまた喜劇映画である。(37) つまり、すでに第1章でも指摘したが喜劇映画上映の際にジャズが演奏されている。ほかにも、一九二六年七月二十三日の赤坂溜池葵館では『キートンの栃面棒』（監督：バスター・キートン、一九二六年公開、二六年六月封切り）、『美人食客』（監督：ウィリアム・ボーダイン、一九二四年公開、二五年十月封切り）、『お前とならば空までも』（監督：ヘンリー・キング、一九二六年公開、二六年五月封切り）を上映する際に、アオイジヤズバンドが休憩奏楽を務めているが、(38) これら三作品も喜劇映画だから、やはり休憩奏楽でジャズが演奏される場合には上映映画に外国のドタバタ喜劇や恋愛喜劇が含まれている場合が多いという傾向を指摘できる。(39)

【名古屋之部】
◇松竹座（末廣町若宮）松竹直營
一月七日―十二日
ガッチョウ（ユナイテッド）
フラ（パラマウント）
決鬪商賣（同上）
ジャズバント舞臺演奏
一月十三日―十九日
ガッチョウ（ユナイテッド）續映
喧嘩機關車（パラマウント）
舞踊「クリスマスとお正月の踊」
（松竹樂劇部公演）
一月二十日―二十六日
熱血拳鬪手（F・ナショナル）

図34　「各地主要常設館番組一覧表」「キネマ旬報」1928年2月1日号、キネマ旬報社、90ページ

休憩奏楽としてのジャズは、「キネマ旬報」一九二八年二月一日号の「番組一覧」でも、上映作品のほかに「ジャズバント舞台演奏」の情報が掲載されるようになり、プログラムの一つとして扱われるようになっていった(40)（図34）。

一九二八年六月八日付夕刊の「東京朝日新聞」に掲載された赤坂溜池葵館の広告には、「葵は素晴らしいジアヅの演奏を名物の一つに加へました」(41) とあり、ジャズ演奏が同館の「名物」として紹介されている。これは、映画の添え物、いわゆるアトラクションと呼ばれるものだが、それについては第7章で詳しく述べることにして、ここではどのような形態で興行されていたか見てみよう。

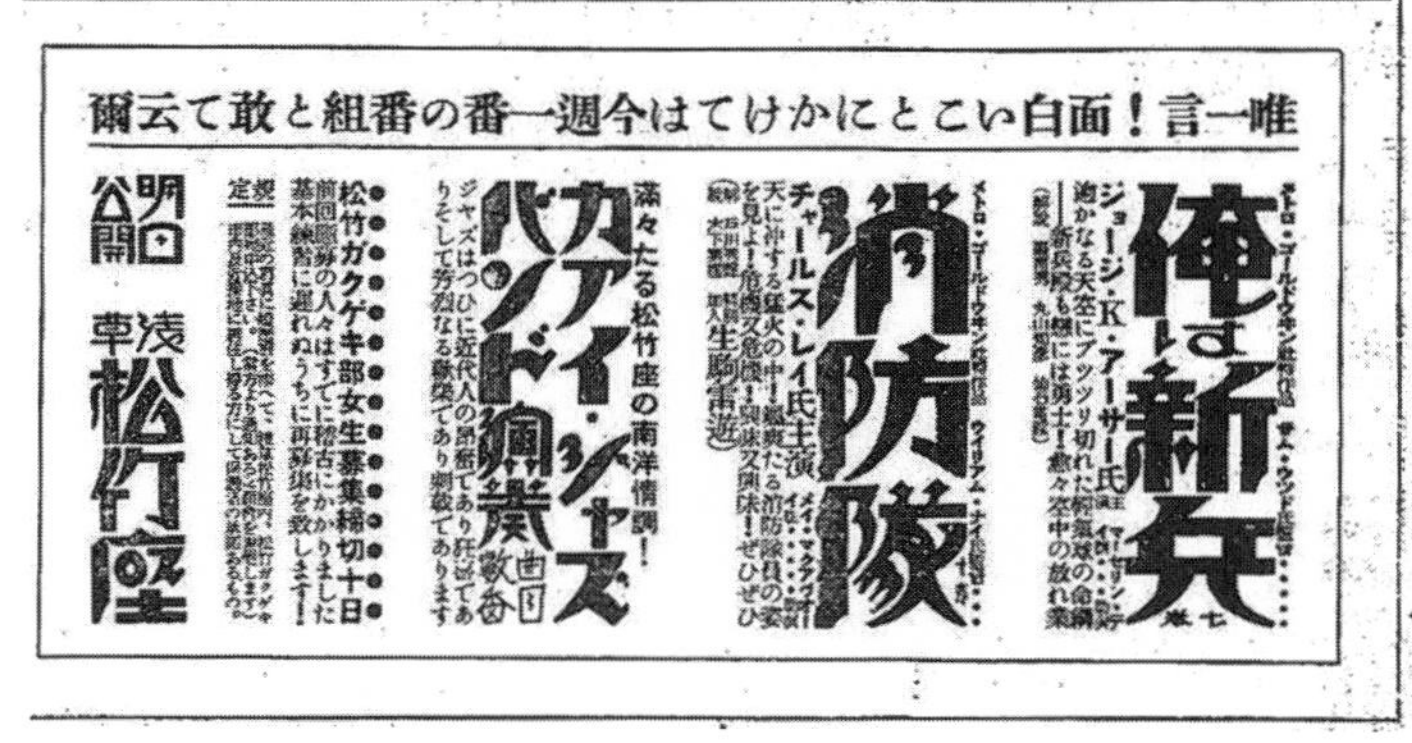

唯一言！面白いことにかけては今週一番の番組と敢て云爾

俺は新兵

ジョージ・K・アーサー氏

消防隊

チャールス・レイ氏主演

滿々たる松竹座の南洋情調！

カアイ・ジャズバンド演奏

ジャズはつひに近代人の昂奮であり狂喜でありそして芳烈なる歓楽であり刺激であります

松竹ガクゲキ部女生募集締切十日

明日公開 浅草松竹座

図35　広告「浅草松竹座」「東京朝日新聞」1928年11月8日付夕刊（7日発行）、4面

朝日案内

遊覧と旅館

今日の松竹座

俺は新兵 十時半・二時・五時半・八時半

消防隊 正午・三時半・七時半

カアイ・ジャズバンド 十一時半・三時・六時半

図36　「朝日案内」「東京朝日新聞」1928年11月12日付、8面

一九二八年十一月の浅草松竹座では『俺は新兵』（監督：サム・ウッド、一九二七年公開、二八年九月封切り）、『消防隊』（監督：ウィリアム・ナイ、一九二六年公開、二八年十月封切り）の二本の上映とカアイ・ジャズバンドの演奏があった。「東京朝日新聞」の映画広告欄には、「ジャズはつひに近代人の昂奮であり狂喜でありそして芳烈なる歓楽であり刺激であります」[42]（図35）という宣伝文も掲載された。

別日の同紙では映画と演奏の時間も確認できる「俺は新兵 十時半、二時、五時半、八時半　消防隊 正午、三時半、七時半、カアイ・ジャズバンド十一時半、三時、六時半」[43]（図36）。この記載を整理すると、『俺は新兵』、

図37　広告「丸の内邦楽座」「東京朝日新聞」1928年12月14日夕刊（13日発行）、3面

カアイ・ジャズバンド、『消防隊』のローテションで、演奏開始時間と『消防隊』の上映時間を考慮して計算すると演奏時間は三十分ほどで、一日に三公演になっていることがわかった。

番組の一つとして組み込まれることは集客力があったということを示し、ジャズ演奏を強調した宣伝文からも、ジャズに商品としての価値があったといえる。また、一九二八年十二月の丸の内邦楽座の広告では、映画のほかに、アメリカから呼んだデキシイ・ジャズ舞踊団の公演もあり[44]、海外からの出演者も確認できる。宣伝文が、「遥々黒坊ジャヅ・ダンスの来演 若人の刺激と興奮の歓楽境[45]」（図37）とされていることからも、こうした公演は「若人」を「刺激」するもので、やはりジャズは若者に需要があったことがあらためて確認できる。

2　日本のショーとジャズ

浅草オペラとジャズ

第1章でふれたジュリアン・エルティンジ一座のように、日本のショーでも、舞台で外国の歌やダンスを披露していた。ここでは、そのなかでも人気を誇っていた浅草オペラのボードビルショーや宝塚少女歌劇、大正から昭和戦前に活躍した奇術師・松旭斎天勝が座長を務める天勝一座の演目にも音楽的な要素が含まれていて[46]、バラエティーショー[47]だったことが確認できるため、これら日本のショーとジャズの関係性からジャズの認知について考察していく。

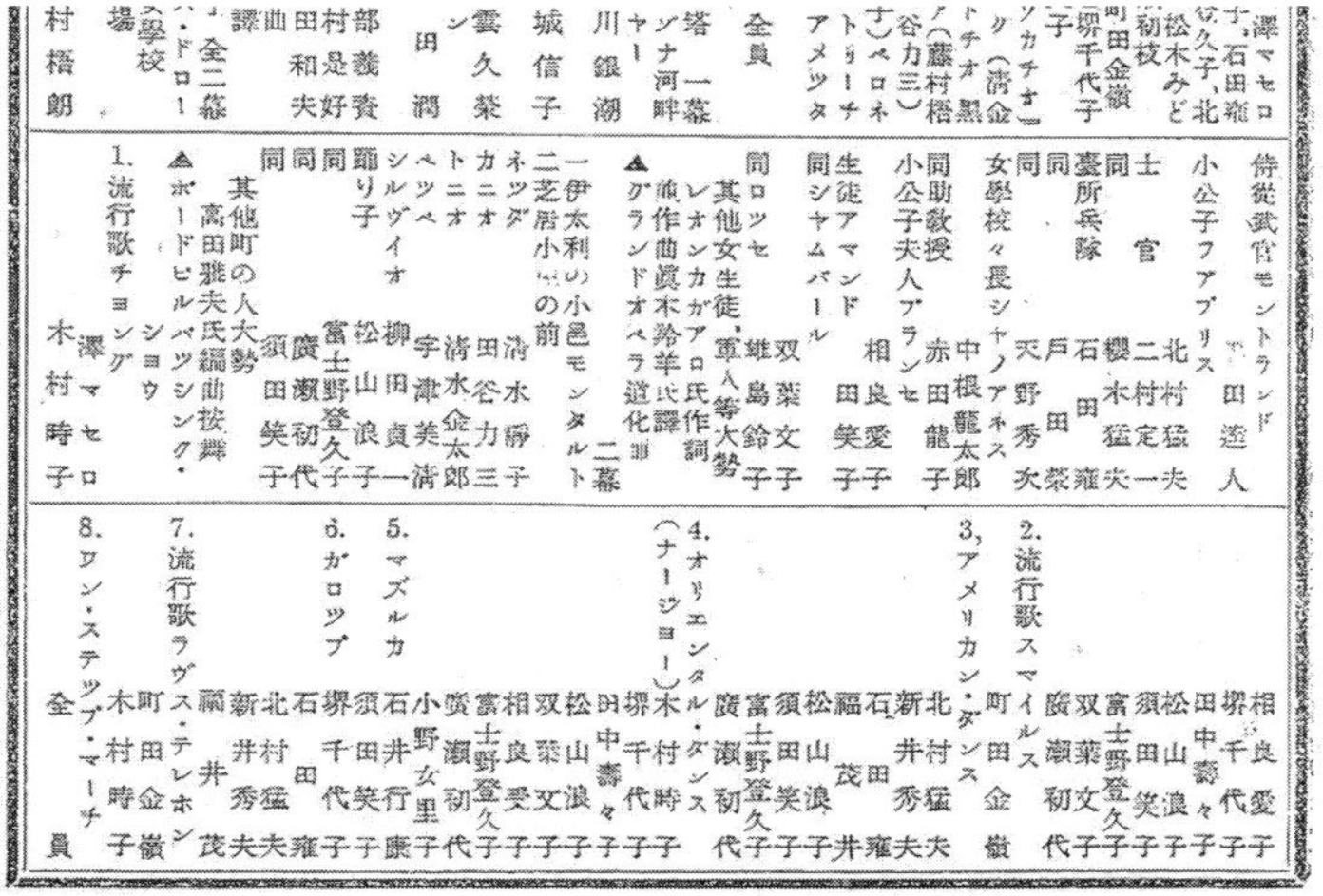
澤マセロ　…石田雍…久子、北松木みど…初枝　町田金嶺　堺千代子　子
…ソカチオ」…ク（清金…トチオ黒…ノ（藤村梧…谷力三）…才」ペロネ　トラーチ　アメツタ　全員
塔一幕　ソナ河畔　ヤー　川銀湖　城信子　ン雲久榮　田潤　部義貴　村是好　田和夫　曲譯　全二幕　…・ドロー　學校　場　村梧朗

侍従武官モントランド　田逸人
小公子ファブリス　北村猛夫
士官　二村定一
同　櫻木猛夫
臺所兵隊　石田雍
同　戸田榮
同　天野秀次
女學校々長シャノアネス　中根龍太郎
同助教授　赤田龍子
小公子夫人ブランセ
生徒アマンド　相良愛子
同シャムバール　田笑子
同ロッセ　双葉文子
其他女生徒、軍人等大勢　雉島鈴子
▲レオンカガアロ氏作詞　其他曲眞木磯羊氏譯　グランドオペラ道化師
一伊太利の小邑モンタルト　二芝居小屋の前　二幕
ネッダ　清水静子
カニオ　田谷力三
トニオ　清水金太郎
ペッペ　宇津美清
シルヴィオ　柳田貞一
踊り子　松山浪子
同　富士野登久子
同　廣瀬初代
同　須田笑子
其他町の人大勢
▲ボードビルパッシング・ショウ　高田雅夫氏編曲按舞
1.流行歌チョング　澤マセロ　木村時子
2.流行歌スマイルス　相良愛子　堺千代子　田中壽々子　松山浪子　須田笑子　富士野登久子　双葉文子　廣瀬初代
3.アメリカン・ダンス　町田金嶺　北村猛夫　新井秀夫　石田雍　福[illegible]井　松山浪子　須田笑子　富士野登久子　廣瀬初代
4.オリエンタル・ダンス（ナーショー）　木村時子　堺千代子　田中壽々子　松山浪子　双葉文子　相良愛子　富士野登久子　廣瀬初代　小野女里子　石井行康
5.マズルカ　須田笑子
6.ガロツプ　堺千代子　石田雍　北村猛夫　新井秀夫
7.流行歌ラヴス・テレホン　關井茂　町田金嶺　木村時子
8.ワン・ステップ・マーチ　全員

図38　「オペラ新聞」「オペラ」1923年6月号、活動倶楽部社、44ページ。「ボードビルパツシング・シヨウ」の1に「流行歌チヨング」、2に「流行歌スマイルス」が披露されている

序章で浅草オペラでは欧米の流行歌が披露されていたと紹介したが、では、ジャズの演奏があったかどうか、実はこれまで明文化はされていないのだ。[48] 浅草オペラの主要人物だった高田雅夫の妻・高田せい子の回想では「その頃のバンド編成は、（略）やっとジャズになりかかったというところでした」[49] としていて、ジャズ演奏があったことをにおわせるものの、四十年以上前（引用した書籍の刊行は一九六七年）の回想という点を考えると、明確ではない。

しかし、雑誌「オペラ」一九二三年六月号の「緑の部屋」という読者投稿欄を見ると、

「若いきれいな女や男が赤や白に彩つてヂヤズバンドに合はせてタイツをひらけて猫の夜啼きに似た歌を歌つてまがひの裸踊りを演じるそこに諸君の感興を唆るとこはある筈なんだ。難しいことや品をつける愚かな真似はよせ」[50]

というように、「ヂヤズバンド」の演奏が確認できる。この投稿は、浅草オペラを高尚な方向に位置づけようとする一部のファンに向けて書かれたものだが、「ヂヤズバンド」が「感興を唆る」魅力的な要素として捉えられている。

浅草オペラの人気の演目の一つであるボードビルは「お可笑しい劇の中で流行歌が独立して何回も歌はれ」[51]、

かつ女優のダンスも披露される「音楽喜劇」だった。演劇雑誌『歌舞』一九二三年七月号の「金龍雑感」でも、ボードビルについて「若い女の曲線美と華やかな顔と、ふくらんだ乳房と、軽い音楽と」[52]と紹介していて、これは先に紹介した読者投稿欄の内容とも重なる。

序章でも示したように、このボードビルではアメリカの流行歌も歌われていて、演劇雑誌『オペラ』に掲載された番組表では、「チヨング」や「スマイルス」という楽曲が演奏されていることが確認できる[53]（図38）。これらは両曲とも一九一七年頃にアメリカでヒットしたラグタイムの曲であり[54]、ニッポノホンではレコードにも吹き込まれ、楽譜も発売されている[55]（図39・40）。

後年、浅草オペラで活躍した町田金嶺が吉本興業の機関誌『ヨシモト』一九三七年四月号で、「その頃から〔一九二一―二二年頃：引用者注〕、どうやらオペラに飽きたりなく思ふやうになつた。そこで、僕は、ボードビルと称して専らジャズを唄ひ出した[56]」と回想していたり、宝塚少女歌劇の機関誌『歌劇』一九二四年十月号に林藤之助が寄稿した「私の見て来た欧米の劇場（二）」のなかでニューヨークのボードビルについて、「ジヤズバンド全盛の今日此れが演奏はボードビルに欠くべからざるもの[57]」と言及している点をふまえれば、浅草オペラのボードビルでジャズが演奏されていてもおかしくはないだろう[58]。

宝塚少女歌劇とジャズ

宝塚少女歌劇では一九三〇年代に「「ジャズ」を前面に押しだした演目[59]」を披露していることもあり、大正時代はまだまだジャズとは無縁な、和風な演目をやっていたとイメージをしてしまいがちだが、『歌劇[60]』を見ると、実はそうではなかったことがわかる。同誌巻末の「宝塚少女歌劇団日誌」によると、宝塚歌劇団は一九二〇年一月に大阪中央公会堂で開催されたジュリアン・エルティンジ一座の舞台や同年八月のカリフォルニア大学グリークラブの音楽会を見学[61]している。この記録からは新しいものを作品に反映しようとする姿勢が読み取れる。

演奏見学と同じ時期には、大菊福左衛門が「倦怠的歌劇」という記事で夏季公演を批評している。大菊は宝塚

図39　広告「ニツポノホンワシ印レコード」「東京朝日新聞」1924年11月26日付、4面。「ナジヨ」「チヨング」の2曲がニツポノホンオーケストラによって吹き込まれていることがわかる

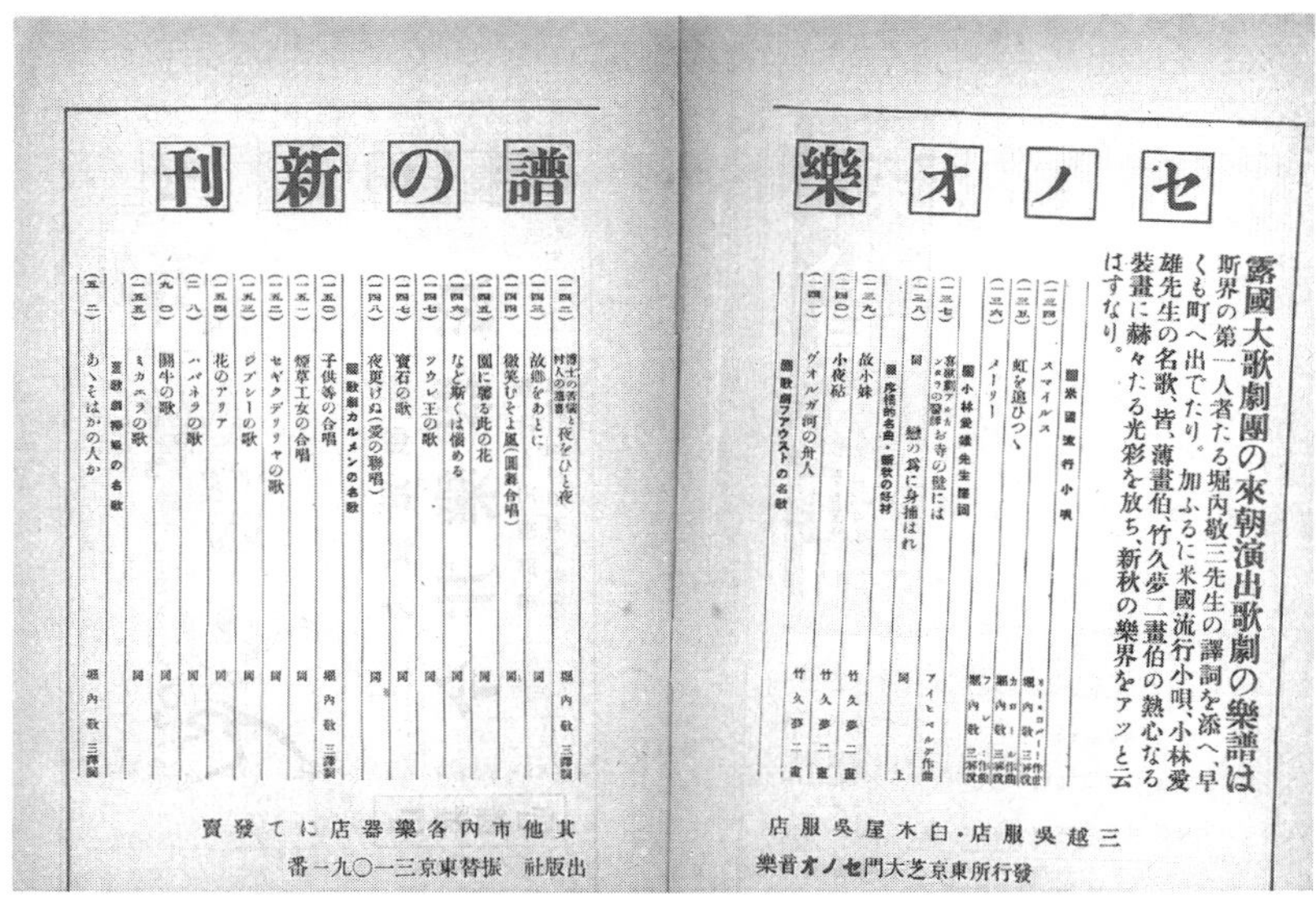

図40　広告「セノオ楽譜の新刊」「月刊楽譜」1919年9月号、山野楽器店。「米国流行小唄」として「スマイルス」、そのほかに「虹を追ひつゝ」「メーリー」といった楽曲も販売されている

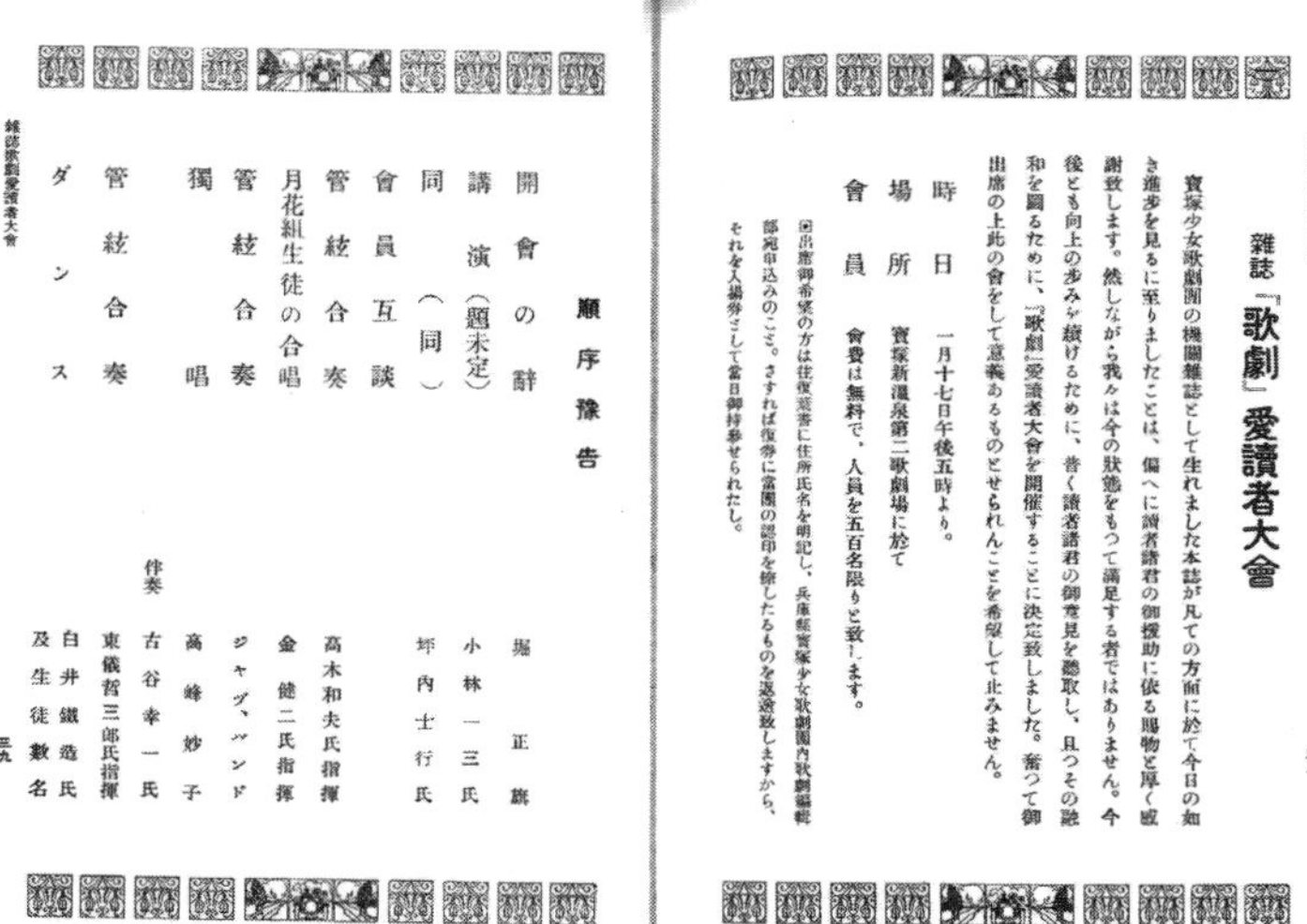

雑誌歌劇愛讀者大會　三八

雜誌『歌劇』愛讀者大會

寶塚少女歌劇團の機關雜誌として生れました本誌が凡ての方面に於て今日の如き進歩を見るに至りましたことは、偏へに讀者諸君の御援助に依る賜物と厚く感謝致します。然しながら我々は今の狀態をもつて滿足する者ではありません。今後とも向上の歩みを續けるために、普く讀者諸君の御意見を聽取し、且つその融和を圖るために、『歌劇』愛讀者大會を開催することに決定致しました。奮つて御出席の上此の會をして意義あるものとせられんことを希望して止みません。

時日　一月十七日午後五時より。

場所　寶塚新溫泉第二歌劇場に於て

會員　會費は無料で、人員を五百名限りと致します。

回出席御希望の方は往復葉書に住所氏名を明記し、兵庫縣寶塚少女歌劇團內歌劇編輯部宛申込みのこと。さすれば復券に當團の認印を捺したるものを返送致しますから、それを入場券として當日御持參せられたし。

順序豫告

開會の辭	堀　正旗
講演（題未定）	小林一三氏
同（同）	坪內士行氏
會員互談	
管絃合奏	高木和夫氏指揮
月花組生徒の合唱	金健二氏指揮
管絃合奏	ジヤヅ、バンド
獨唱	高峰妙子
	伴奏　古谷幸一氏
管絃合奏	東儀哲三郎氏指揮
ダンス	白井鐵造氏
	及生徒數名

雜誌歌劇愛讀者大會　三九

図41　「雑誌『歌劇』愛読者大会」「歌劇」1922年12月号、歌劇発行所、38―39ページ

の創始者・小林一三のペンネームとされていて、(62)第二幕「コロンブスの遠征」に対して、小林自身の理想の作曲論を次のように述べている。

> 先づ舞台上の変化を工夫して、（略）賑やかなインジヤン式の音楽で幕を明けると初めは踊りを見せず、『沖合三里風が吹くよ』の合唱をきかせるのを主とする、そして此合唱のメロデイは一しきり米国に流行したジヤヅバンドの楽譜を参考にすればイクラでも面白いものがある。(63)

助言ではあるが、一九二〇年という段階で「ジヤヅバンドの楽譜を参考」にするといった作曲論を展開しているのは特筆すべきであり、前述したエルテインジ一座やグリークラブの音楽会を見学しているのも合点がいく。さらに、一般的に低級とされていたジャズを積極的に取り入れようとする小林は柔軟性に富んだ考えをもつ人物だったことも読み取れる。

同誌一九二二年十二月号に掲載された広告「愛読者大会」(64)の「順序予告」では、「管絃合奏」として「ジヤヅ、バンド」の演奏もあり（図41）という記

図42　広告「松旭斎天勝一座」「読売新聞」1926年3月29日夕刊（28日発行）、10面。天勝一座では舞踊、音楽、魔術（奇術のことと思われる）などさまざまな要素を内容に取り入れていることがわかる

載が見られ、翌年八月号の読者投稿欄「高声低声」では、帝国劇場での公演の曲目のうち「東天紅」[65]について、「久松先生の作だが理に落ち過ぎて居るためか脚本読んで面白い割に舞台で観ては面白く無い。竹内先生の作曲に一寸ヂヤズの臭ひをさしてあるのが耳についた」[66]と苦言を呈している。読者からの評価はあまりよくなかったようだが、公演でジャズ風の楽曲が聴けたこともわかる。[67]

同時期の「歌劇」には、アメリカのボードビルに関する記事[68]も見られるから、宝塚もボードビルへの意識がなかったとは言いきれない。これまでの紹介した事例ともあわせて考えると、積極的にジャズを取り入れた作品がたくさんあったという可能性は高いといえる。

松旭斎天勝一座とジャズ

松旭斎天勝は大正から昭和戦前期の女性奇術師（図42）で、アメリカで西洋奇術を学んで明治期に活躍した奇術師・松旭斎天一の弟子でもある。天勝もまた人気を博した奇術師で、一九一五年八月号の「楽天パック」では、「今の世の売れ子の一人松旭斎天勝」[69]とされ、その二十年後の三五年刊行の『感動実話集第八巻』でも「誰も知らぬ者もない奇術界の第一人者」[70]と紹介されているように、長きにわたって活躍していたことがわかる。

奇術師とはいうものの、天勝が座長を務める一座の演目は奇術だけではなく、ダンスなども取り入れたバラエティーショーになっていて、ショーには音楽的な要素が多分に含まれていた。特筆すべきは天勝が一九二四年にアメリカへの巡業後、二五年に帰国して帝国劇場でおこなった「帰朝記念興行」で、「読売新聞」では次のように報じている。

天勝一座の帰朝記念興行が帝劇で廿六日から五日間開催されてゐる一体に此一座は帰朝度に何かしら変つた物を仕込んで来るが今度はカール・シヨウ一座のジャズ・バンド、ヂー・ヴアヂニア嬢のジャズ・ダンスとミセス・オグノフの独唱で絶えず目先をかへやうとしてゐる[71]。

図43 「松旭斎天勝一座帰朝記念帝劇出演」「帝劇」1925年7月号、帝国劇場文芸部、口絵。ジヤヅバンド カール・シヨウ一座。写真にはメンバーとトロンボーン、バンジョー、ドラム、サックス、アコーディオンなどの楽器が見られる

記事からもわかるように、この公演では、アメリカ巡業の際にスカウトした「カール・ショウ一座のジャズ・バンド」が目玉になっている（図43）。

この際の天勝一座の動向は新聞がたびたび報告していて、例えば一九二五年六月八日付の「都新聞」では、「廿六日より五日間帝劇に帰朝第一回公演、米国より招聘美人舞踊家音楽家ジャヅ楽隊も一座し新番組の封切をする[72]」とされ、その五日後の十三日付の記事でも「廿六日より帝劇にカール・シヨウ氏の率いる米国ジャヅバンド一行は十二日春洋丸で来朝入京[73]」と一座の動向を逐一報じている。この点からも興味と関心が寄せられていることがわかり、天勝の人気ぶりが垣間見える。なお、同バンドは来日直後にラジオにも出演している[74]（図44）。

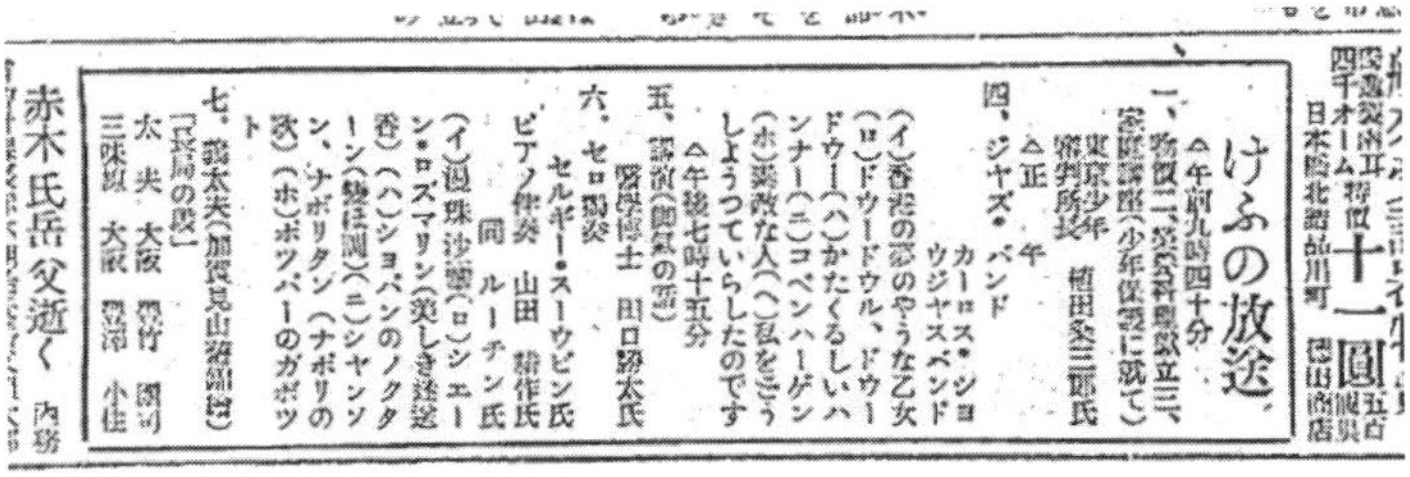

けふの放送

△午前九時四十分

家庭講座（少年保護に就て）

東京少年審判所長

△正午

四、ジャズ・バンド　カーロス・ショウジャズバンド

（イ）香港の夢のやうな乙女（ロ）ドゥードゥル、ドゥードゥー（ハ）かたくるしいハンナー（ニ）コペンハーゲン（ホ）素敵な人（ヘ）私をどうしようっていらしたのです

△午後七時十五分

五、講演

医学博士　田口

六、セロ独奏　セルギー・スーウビン氏

ピアノ伴奏　山田耕作氏

同　ルーチン氏

（ロ）シエーン・ロズマリン（美しき…）（ハ）ショパンのノクターン（ニ）シャンソン、ナポリタン（ナポリの歌）（ホ）ポッパーのガボット

七、義太夫

赤木氏岳父逝く

図44　「けふの放送」「東京朝日新聞」1925年6月17日付、7面。正午から6曲演奏されている

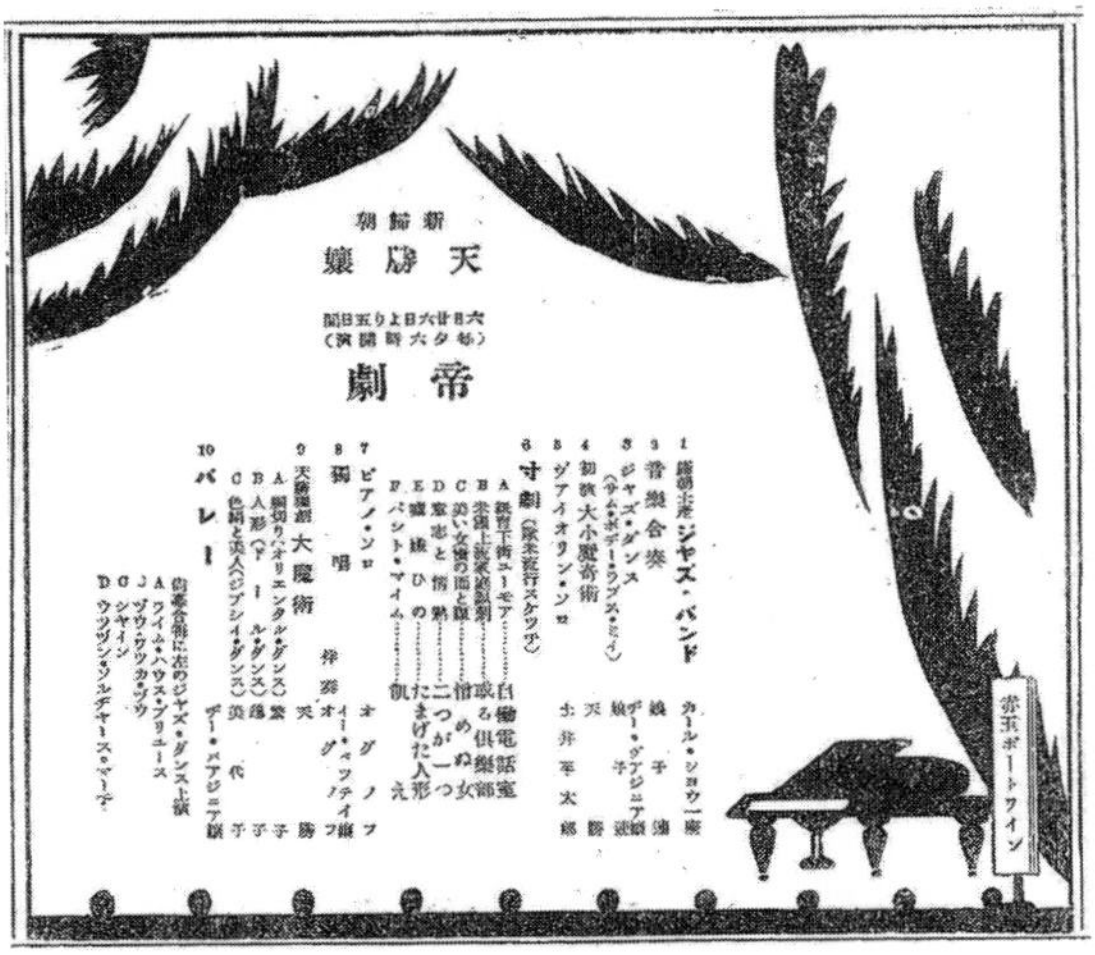

図45　広告「新帰朝 天勝嬢 帝劇」「都新聞」1925年6月29日付、5面

気になる興行の演目内容だが、一九二五年六月二十九日付の「都新聞」に掲載されたプログラムを紹介すると、

1　帰朝土産ジャズ・バンド　カール・ショウ一座　2　音楽合奏　娘子漣

3　ジャズ・ダンス（サム・ボデー・ラブス・ミイ）ヂー・ヴアジニア嬢　娘子漣　4　初演　大小魔奇術

天勝　5　ヴアイオリン・ソロ　土井平太郎

6　寸劇（欧米流行スケッチ）A紐育下街ユーモア……自働電話室　B米国上流家庭諷刺……或る倶楽部

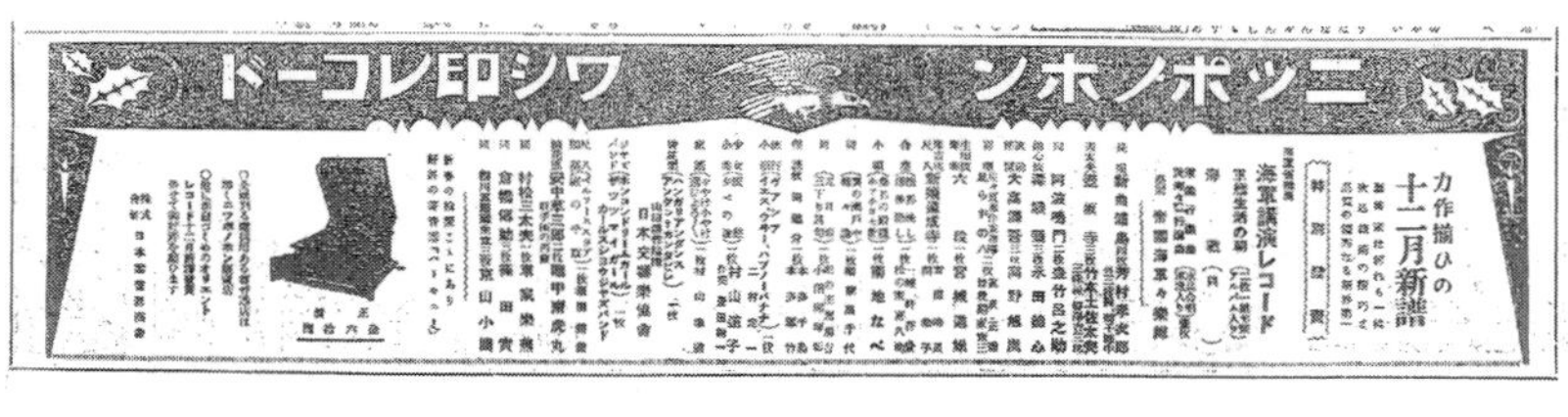

図46　広告「ニツポノホンワシ印レコード」「東京朝日新聞」1925年11月26日付夕刊（25日発行）、1面

C美い女優の面と腹……憎めぬ女　D意志と情熱……二つが一つ　E嘘嫌ひの……たまげた人形　Fパント・マイム……飢え
7　ピアノ・ソロ　オグノフ　8　独唱　イー・ベッテイ嬢　伴奏　オグノフ
9　天勝独創　大魔術　A胴切り（オリエンタル・ダンス）繁子　B人形（ドール・ダンス）亀子　C色絹と美人（ジプシイ・ダンス）美代子　10　ヂー・バアジニア嬢(75)

となっていて、このほかに、幕間には「ジャズ・ダンス」もおこなわれた(76)（図45）。

天勝は、帰国した際、同時期のアメリカの演劇界の傾向について「クラシカルの物が段々、衰へて、ボードビルが全盛の事、つまり、長時間を要する出し物よりも、二時間位に、十幾つもの、目先きの変つた、出し物の方が喜ばれる様で御座います(77)」と語っているように、やはりアメリカではボードビルが流行していて、その要素を演目に反映したといえる。そのなかで「目先きの変つた、出し物」として「新しい」音楽であるジャズは必要不可欠だったのである。

「都新聞」（一九二五年八月十五日付、五面）の文芸批評欄では、同公演について、「天勝一座をもう手品師の一座だと思つてはいけない。あれは立派なワライエチイだ。僕は帝劇で一度、新橋演舞場で一度見たが、なかなか面白かつた。人数は少かつたがジヤツヅは殊に嬉しかつた(78)」と評していて、興行内容もジャズバンドによる演奏も好評だった(79)。ちなみに、一九二五年十月・十二月と翌年一月には、ニッポノホンワシ印レコードから新譜も発売されていて(80)（図46）、バンドの人気の高さがうかがえる。

翌一九二六年三月二十五日付の「読売新聞」では、「その後引続き地方巡業に乗出

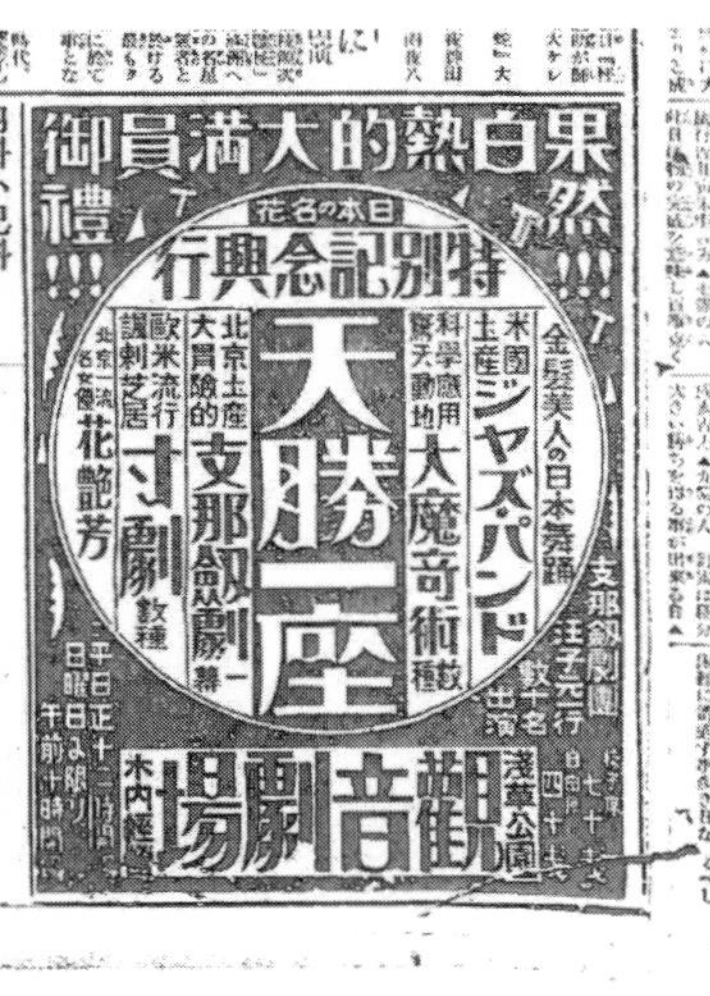

図47　広告「特別記念興行 天勝一座」「読売新聞」1926年8月4日付、5面

し東北北海道を始めとし関西北陸近くは台湾、九州、並に四国で各地の白熱的喝采を浴び(81)」たとあり、天勝一座は地方巡業をおこなっている。受けがよかったためか一九二六年以降もジャズは演目の一つに加わっている(82)（図47）。

こうした天勝一座の興行を受けて、音楽雑誌「音楽グラフ」一九二六年十二月号の論稿では天勝とジャズについて次のように言及している。

ヂアッヅ音楽は低級であるから太平洋を横断させてはならないと迄言い切つた某音楽教育家の言の伝はらぬうちに既に天勝一行に依つてスモールヂアッツ楽が全国的に紹介され（略）天勝式のヂアッツ楽には大いに考へさせられてる。(83)

天勝一座がジャズを持ち帰ったことは物議を呼んだものの、奇術師として日本で最も著名で、絶大な人気を博していた天勝の公演は、間違いなくジャズの認知に貢献していたといえる。「カール・ショウ一座」が「もっとも早く日本のラジオで本格的なニュー・オルリンズ・ジャズを演奏した(84)」バンドとされているように、確かに日本のジャズ史に本場のジャズバンドが登場したことは重要である。

しかし、ジャズの認知について考える場合、アメリカから日本へジャズバンドをつれてきたのが当時の日本では誰も知らぬ者はない松旭斎天勝だった点に意味があることを本書では指摘したい。また、松旭斎の屋号を名乗る奇術師は天勝だけではなく、松旭斎天華という人物も存在した(85)。天華も天勝と同じように、「女流魔術師として名声あるばかりでなしに、歌劇女優としても天分ある(86)」と評され、天勝に劣らず人気があったことがうかがえる。

一九二八年の八月一日から七日まで京都の夷谷座でおこなわれた公演では、演目の「ヴォダビル」で「チヤレストン[87]」（チャールストン）というジャズで踊るダンスを披露していることからも、人気が高い松旭斎一門がジャズの認知に少なからず影響を与えていたといえる[88]。

3　新聞・雑誌小説に見るジャズ

新聞小説のなかのジャズ

当時、人気があった雑誌や新聞に掲載された通俗小説にも、ジャズの演奏などを描写している作品がある。ここでは映画の手法と同様に、小説からジャズの認知過程を探っていく。ここで留意したいのは、あくまでジャズがどうやって広まっていったのかをひもとく史料として利用したことである。だから、各作家がジャズをどう見ていたのかついては掘り下げないで、可能な限り多くの作品を取り上げてジャズの認知や広がりをみていきたい。

社交ダンスの流行の影響から、ダンスホールやジャズの場面を取り入れた作品が、文学の世界にも現れるようになっていく。例えば、谷崎潤一郎が「東京朝日新聞」に一九二三年一月から四月まで連載した「肉塊」では、主人公の吉之助が「クリツフホテル」で開かれた舞踏会を訪れ、「吉之助の声は俄に耳を衝いて来るジヤズ・バンドの音楽に打ち消された[89]」と「ジャズ・バンド」の描写がある。また、谷崎の代表作の一つである「痴人の愛」は、主人公の河合が、モダンガールで奔放な妻ナオミに振り回され、身を持ち崩していく姿を描いたものである。作中河合は、ナオミと銀座のカフェ「エル・ドラドオ」が催す夜会でダンスをしようと仕掛けていく。このなかでカフェの夜会の様子を描いた描写があるので次に紹介する。

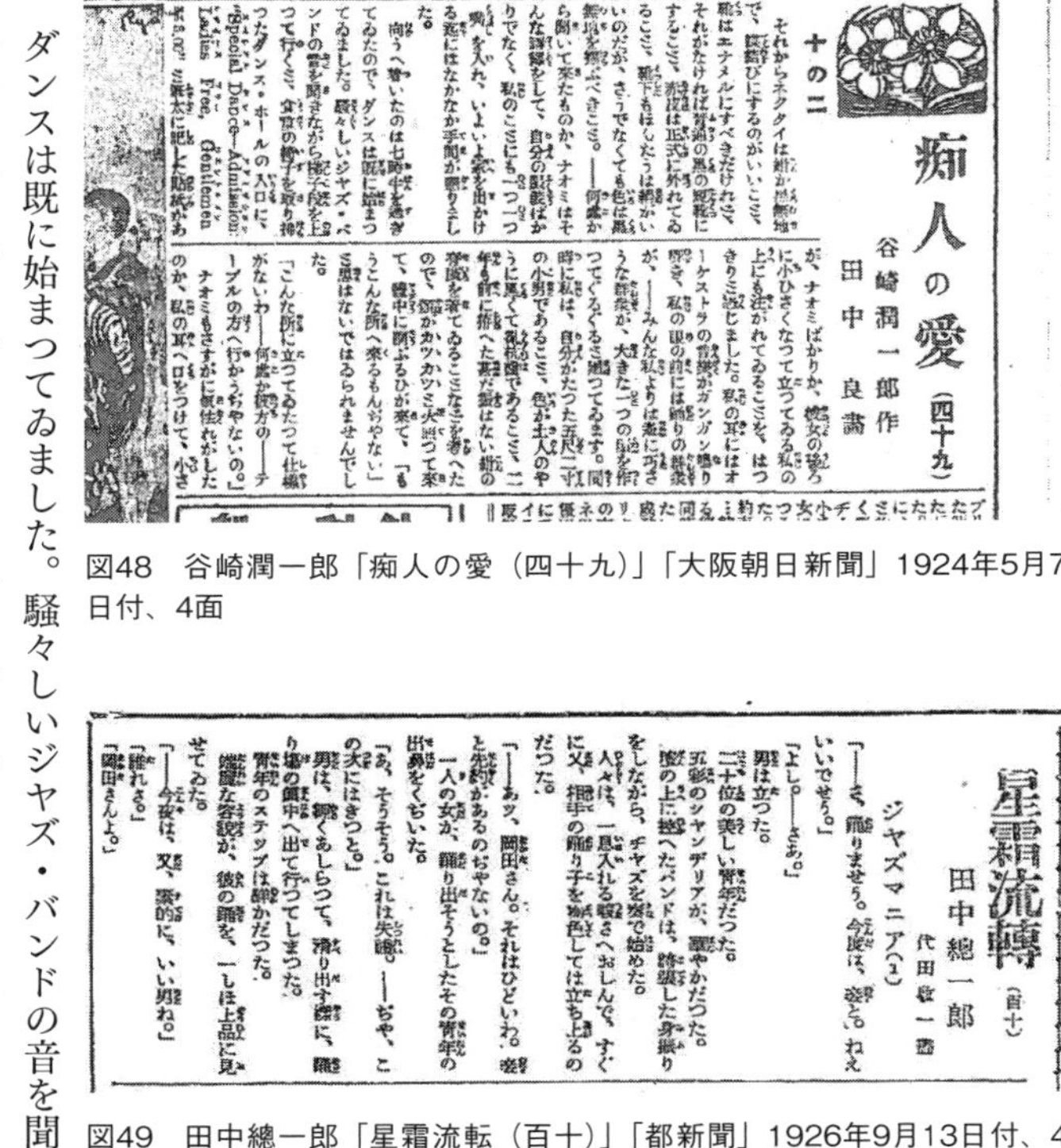

大正十三年五月七日（水曜日）（第三種郵便物認可）（四）

痴人の愛（四十九）
谷崎潤一郎作
田中良畫

十の二

それからネクタイは紺か紫無地で、蝶結びにするのがいいこと、靴はエナメルにすべきだけれど、それがなければ普通の黒の短靴にすること、赤皮は正式に外れてゐること、靴下もほんたうは絹がいいのだが、さうでなくても色は黒無地を撰ぶべきこと。――何處から聞いて來たものか、ナオミはそんな講釈をして、自分の服装ばかりでなく、私のことにも一つ一つ嘴を入れ、いよいよ家を出かける迄にはなかなか手間が掛りました。

向うへ着いたのは七時半を過ぎてゐたので、ダンスは既に始まつてゐました。騒々しいジャズ・バンドの音を聞きながら梯子段を上つて行くと、食堂の椅子を取り払つたダンス・ホールの入口に、“Special Dance―Admission: Ladies Free, Gentlemen ¥3.00”と紙に記した貼紙があ

が、ナオミばかりか、彼女の後ろに小ひさくなつて立つてゐる私の上にも注がれてゐることを、はつきりと感じました。私の耳にはオーケストラの音楽がガンガン鳴り響き、私の眼の前には踊りの群衆が、――みんな私よりは遥に巧さうな群衆が、大きな一つの輪を作つてぐるぐる廻つてゐます。同時に私は、自分がたつた五尺二寸の小男であること、色が土人のやうに黒くて乱杭歯であること、二年も前に拵へた野暮な紺の背広を着てゐることなどを考へたので、顔がカツカツと火照つて来て、體中に顫ふるひが来て、「もうこんな所へ来るもんぢやない」と思はないではゐられませんでした。

「こんな所に立つてゐたつて仕樣がないわ――何處か彼方の――テーブルの方へ行かうぢやないの。」

ナオミもさすがに気後れがしたのか、私の耳へ口をつけて、小さ

図48　谷崎潤一郎「痴人の愛（四十九）」「大阪朝日新聞」1924年5月7日付、4面

星霜流轉（百十）
田中總一郎
代田收一畫

ジヤズマニア（1）

「――さ、踊りませう。今度は、きつと。ねえいいでせう。」

「よし。――さあ。」

男は立つた。

二十位の美しい青年だつた。

五彩のシヤンデリアが、華やかだつた。

壇の上に並んだバンドは、陶酔した身振りをしながら、ヂヤズを奏で始めた。

人々は、一息入れる暇さへおしんで、すぐに又、相手の踊り子を物色しては立ち上るのだつた。

「――あッ、岡田さん。それはひどいわ。私と先約があるのぢやないの。」

一人の女が、踊り出さうとしたその青年の出鼻をくぢいた。

「あ、さうさう。これは失敬。――ぢや、この次にはきつと。」

男は、軽くあしらつて、滑り出す様に、踊り場の眞中へ出て行つてしまつた。

青年のステツプは鮮かだつた。

端麗な容貌が、彼の踊を、一しほ上品に見せてゐた。

「――今夜は、又、素的に、いい男ね。」

「誰れさ。」

「岡田さんよ。」

図49　田中總一郎「星霜流転（百十）」「都新聞」1926年9月13日付、4面

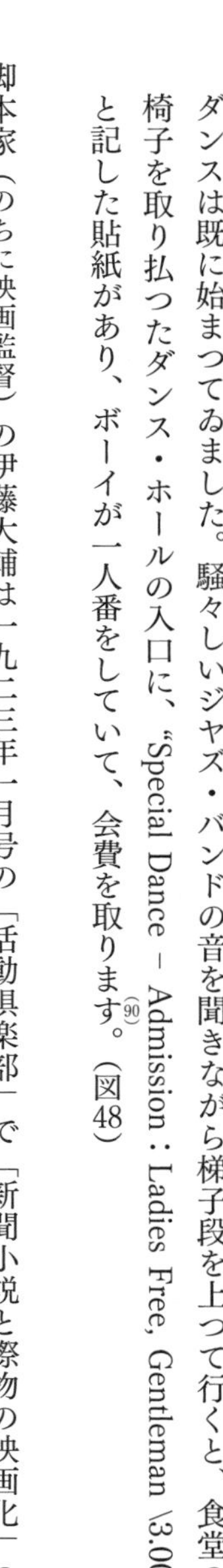

ダンスは既に始まつてゐました。騒々しいジャズ・バンドの音を聞きながら梯子段を上つて行くと、食堂の椅子を取り払つたダンス・ホールの入口に、“Special Dance – Admission：Ladies Free, Gentleman \3.00”と記した貼紙があり、ボーイが一人番をしていて、会費を取ります。(90)（図48）

脚本家（のちに映画監督）の伊藤大輔は一九二三年一月号の「活動倶楽部」で「新聞小説と際物の映画化」の

中で新聞小説について「新聞紙上の続き物として広く読者の興味を惹いてゆくやうに書かれ」、かつ「一般向きの大甘な筋」をもち、「新聞に連載されてゐる故、たとへそれを読者が読むにせよ、読まぬにせよ広く一般の人々がその「題名」を知つてゐるので、その事が何よりの広告代用を」[91]する効果があると述べる。つまり、新聞小説に選ばれるものは通俗的で多くの人が目を通す可能性が高く、新聞での連載は流行文化の認知という点でも一定の効果があった。

谷崎以外にも、吉井勇が一九二四年一月から七月まで「東京朝日新聞」に連載していた「魔笛」の「魔女の群（一）」で、「海の方に向つたダンスホールの方からは、人の心を唆るやうな、蓄音機でやつているジヤツヅの曲が、むしろ棄鉢に響いて来る」[92]という描写や、二六年九月十三日から十七日にかけて「都新聞」に連載された田中總一郎の短篇小説「星霜流転」では、「ジャズマニア」という副題を付けて物語を展開している箇所もあり[93]（図49）、この場面の背景も、主にダンスホールが舞台となっている。

単純にダンスが流行していたという点や、ダンスホールに通う文士も少なくなかったことから[94]、ダンスの場面が作品に反映したと考えられるが、どちらにしても、「広く読者の興味を惹いてゆく」ためにダンスホールは小説の筋立てにとっても重要な要素だったといえる。

雑誌小説のなかのジャズ

こうした作品は、通俗小説が掲載される女性雑誌にも同様に見られる。

一九二三年から二四年十二月まで「婦人公論」に長期連載された谷崎の「神と人との間」は、前述の「肉塊」や「痴人の愛」などと同時期に書かれたものである。ここにも「騒々しいジャズ・バンドも、きらびやかな踊りの群も、全く自分とは関係のない、何だか斯う、遠くの方にチラチラしてゐる星の光か波頭のやうで、格別邪魔にはならなかつた[95]」といった描写がある。[96]

一方、「主婦之友」一九二八年四月号の岡田三郎の長篇小説「残光夢」では、これまでとはジャズの用い方が異なっている。「舗道いっぱいに行きかはす人人の群れは、その光と色の交響楽に絶対的調和を保ちながら、（略）この夜の銀座をば明い輝かしい一大総合芸術にまで作りあげてゐた。その柔和な外観を裏ぎつて、内部にはジヤズ以下の躁狂劇も演ぜられてゐるのである」[97]。ここでは銀座の喧噪とその裏面に潜むものについて「ジヤズ以下」という表現をしている。岡田はジャズを「低級」な音楽としたうえで、優劣を示す価値基準として使用する。ジャズにはいい印象がないという前提が一般化していなければ、こうした表現はできないと考えられ、こうした描写も認知の一つの目安といえるだろう。

もちろん、単に音楽としての描写もある。同誌同年七月号の広津和郎の長篇小説「薄暮の都会」では「誰かが片隅の蓄音器にジャズをかけた。そこで、その賑かなアメリカ音楽にいぶしかけられた人々は、まだ飯も食はない中から浮々して、ダンスを始めた」[98]という箇所も確認できる[99]。

次に、青年を対象とした雑誌についても見ていこう。

当時の人気雑誌「新青年」は、「映画、演芸、スポーツなど、さまざまな話題に溢れた」[100]内容で、「地方の青年読者層の開拓」[101]を目指して創刊された雑誌だった[102]。創刊当初は「青年修養談や海外渡航奨励の記事が主」[103]だったが、大正末期から国内外の探偵小説の掲載が増えはじめ[104]、探偵小説中にも、ジャズを描写する作品が散見される。

例えば、「新青年」一九二六年五月号に掲載された水谷準の作品「月光の部屋」には、「盛り場のあたりの空に、人いきれがほの白い光となつて立ち昇り、ジヤズバンドのフオクスツロトは、遠く近く、微風の中を漫歩して居ます」[105]というように、盛り場の音楽としてジャズが描かれている。同様の描写は、橋爪健の「阿片と恋」[106]、城昌彦「都会の神秘」[107]や妹尾アキ夫「人肉の腸詰」[108]、甲賀三郎「原稿料の袋」[109]などの作品でも確認できる。

また、同誌には日本の作家のものだけでなく、外国の作品の翻訳小説も掲載されていたが、これらにも同じ傾向が確認できる。一九二八年新年号に掲載されたイギリスの著名な作家アガサ・クリスティの「リンクスの殺人事件」には、「朝から晩までしつきりなしにジヤズをやつたり」[110]とあり、デンマークの作家S・A・ドウーゼの「夜の謎」にも「やかましくジャズをやつてゐるのです」[111]といった訳もある。これらの作品からはアメリカだけではなく、イギリスやデンマークなどヨーロッパでのジャズの流行ぶりもうかがうことができる。「やかましい」などの表現は、翻訳者が意訳して付け足した可能性も十分にありえるが、そうだとしても、やはり騒々しい音楽として捉えられていることがわかる。

あるいは、雑誌「探偵文芸」一九二六年三月号に掲載された本田緒生の「謎」という作品では、「雪は総ゆる空間を占領していた。天と地との間の総ゆる物も人も唯一つに抱き込んで、すき間もなく白い線と円とのジャズバンドを見せていた[112]」という一節がある。これは「主婦之友」の岡田の「残光夢」と同様にダンスホールの音楽ではなく、地平線と降り積もった雪が交ざりあう情景を、ジャズバンドのさまざまな楽器の音が交ざりあうさまに例えた表現として使う。こういう応用的な表現もまた、ジャズバンドの存在が知られていなければなかなか描写しにくいものといえるが、探偵雑誌という性質からは青年層には認知があるからこうした描写もできたと考えたほうがいいだろう。

4　ラジオとジャズ

ラジオの登場とその役割

一九二五年三月、東京放送局（ＪＯＡＫ）のラジオ放送が開始された[113]。ラジオは、大正末期に誕生した最先端のメディアだった。開局当時、東京放送局の総裁・後藤新平は「放送事業の職能」の一つに「文化の機会均等[114]」を挙げたが、文化の均一的な普及のためにラジオは必要不可欠だったといえる。

『ラヂオ年鑑 昭和7年』所収の「慰安放送論」では、「高価で手の届かない娯楽、地理上の不便が、不可抗的に、その娯楽を味はさせることの出来ない場合、広く大衆的に、また全国的に、安価でそれ等を振り撒くラヂオの音波は、社会の芸術教育としても、どれほど重大な役割をつとめるか知れたものではない[115]」と意義づけているように、娯楽文化の伝播でもラジオは大きな役割を果たす。なかでも音楽放送は「慰安放送として中枢を占」[116]めていて、和楽や洋楽が放送された[117]。現在でもラジオから新しい音楽を知るケースは多々あるが、当時も同様だった。

ラジオの登場によって「聞かうと思はなかつた新しい音楽や珍しい音曲に接する事が」できるようになり、「地方に於ては全く知られなかつた都会的音楽で、都会では最早飽きられ、怠屈となつてゐたやうなものが、辺僻な田舎に於て大に歓迎を受け」、その一方で「地方音楽が都会に流行を見る」といった「音楽の交換」をも可能にした[118]。

これは「ラヂオと云ふ新武器に依つて開拓された新現象[119]」だったのである。『ラヂオ年鑑 昭和6年』では、「手近な一例」として「ジャズの世界的流行[120]」を挙げていて、のちに二村定一の唄うジャズソング「私の青空」がラジオをきっかけにヒットしたことを考えると、ラジオの登場は日本でのジャズの認知に大きく貢献したといえる。

ラジオの開局当初から、新聞（一般紙）にはラジオの番組欄があった。当初は曲目の掲載だけだったが、次第に曲目の解説や批評も掲載するようになっていく。東京放送局開局年にはラジオの専門新聞である「日刊ラヂオ新聞[121]」も発行された。同紙によって当時のラジオ放送の詳細を知ることができる。一般紙・専門紙のラジオ番組欄を用いながら、聴き手（リスナー）にどのようにジャズが受け入れられていったかを見ていきたい。

音楽番組でのジャズ放送——放送の解説傾向と評価

ジャズは主に洋楽として類別され、東京放送局開局の二カ月後には放送された。一九二五年五月三日には外国人アマチュアジャズバンドのキルドヰル・シヤズ・バンドが出演し、その後も慶應義塾大学の出身者を中心に結成されたコスモポリタン・ノヴエルテイー・オーケストラや東京放送局専属のバンド・アタゴオーケストラなどがラジオで演奏をおこなっている。外国の観光船が日本に立ち寄った際は、同乗の外国人ジャズバンドがラジオに出演することもあった[122]（図50・51）。

放送初期のジャズのラジオ放送では、新聞のラジオ欄にジャズの解説が載ることが多かった。一九二六年十一月二十七日付朝刊の「読売新聞」では、ジャズを次のように記している。

英國皇太子にあやかつて

印袢纏を着込んだジャッヅバンドの一行

中央が指揮者スピンドラー氏（きのふ帝國ホテルで）

図50　「英国皇太子にあやかつて」「読売新聞」1926年1月6日付、9面。写真にはメンバーとサックス、ヴァイオリン、クラリネット、バンジョーなどの楽器が見られる

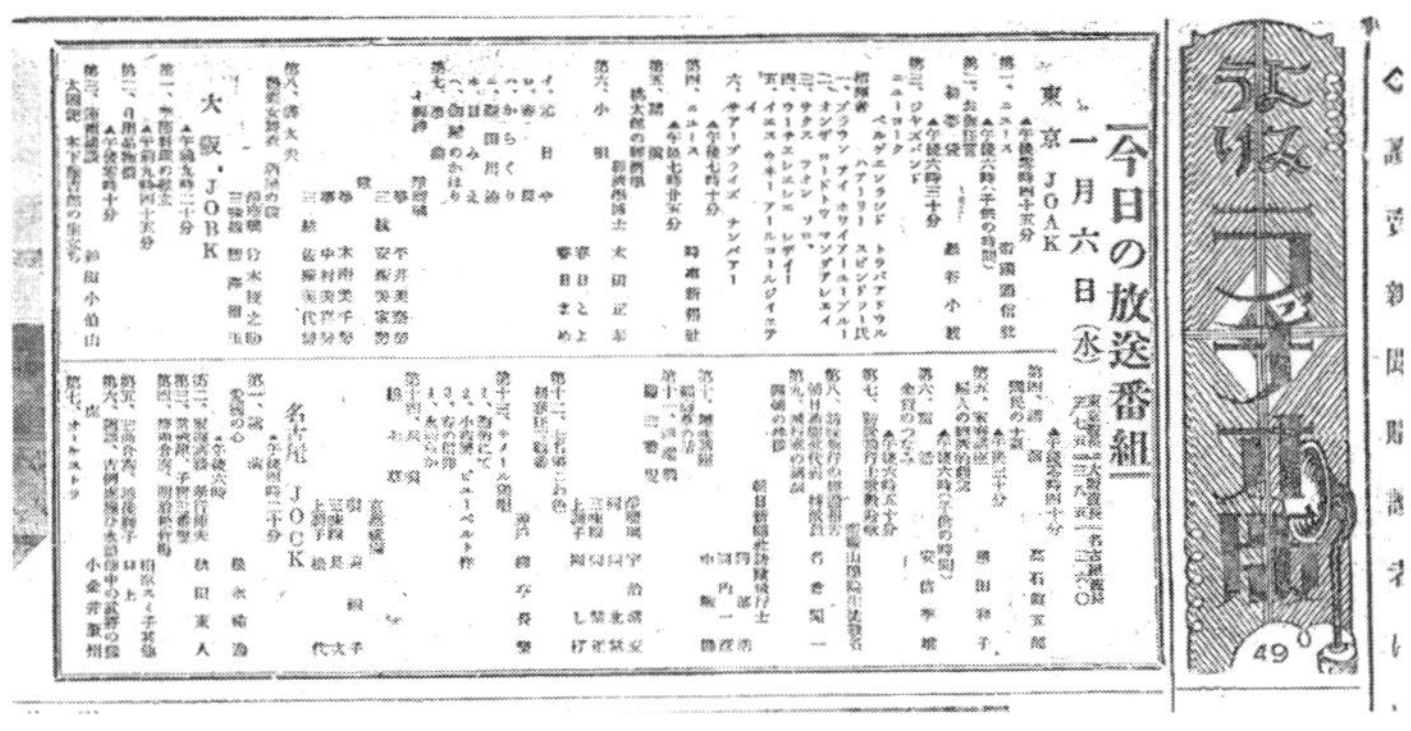

今日の放送番組

一月六日（水）

東京 JOAK

大阪 JOBK

名古屋 JOCK

図51　「今日の放送番組」、同紙、9面

ジヤズは今より廿五年前にアメリカに表はれた新しい形式の音楽、元来ジヤズと言ふ言葉はその語源はアフリカだといふ事です（略）一口にジヤズと云いますがロープロージヤズとハイブロージヤズの二種類があつてロープロージヤズとはアフリカ土人が酒宴のとき色々の簡単な楽器を用ひ奇妙なヂエスチユアーで馬鹿騒ぎをするといつた様なことを真似て演奏するジヤズで何れかといへば卑しいものです、之れに反してハイブロージヤズはステーヂなどでオーケストラ式に演奏されるノーブルなものであります[123]

右の解説が書かれた「廿五年前」なら一九〇一年頃で（アメリカでの初のジャズレコードの発売は一九一七年）、記事には根拠も示されていないことから信憑性に欠ける部分もあるが、ジャズの歴史や語源について解説し、さらにパフォーマンスが多い演奏が下品に映り、オーケストラ式のものは上品だと記事は紹介している。

時期は前後するが同じように、同紙の一九二五年十一月十六日付朝刊では、「事はまだ新しいつひ先達ての事、アメリカのさる州にいたニグロでチヤアレス君といふ隠れたる音楽の天才手当り次第に（御当人にはさうではなかつたんだらうが）物を引つぱたいては音楽をやつた（略）これ即ちジヤヅバンドの然り[124]」と紹介していて、同記事では黒人の「チヤアレス君」がさまざまな物を叩いてジャズが生まれたという流れになっている。どちらの記事も出自の説明に違いがあるが、ジャズという音楽そのものの解説という点では共通した傾向が見られる[125]。

これらの点からも、ジャズはまだ幅広い層に認知されていない段階であることがわかるが、新聞による解説は、不特定多数の読者にとってジャズがどのような音楽であるかを知るきっかけになっただろう。

また、新聞のラジオ欄では放送に対し、さまざまな感想も寄せられている。例えば、一九二六年七月二十四日のラジオでは、「川開ジヤズ」としてパレース・オーケストラが演奏を放送していて[126]、この放送に対し「都新聞」の「〔都ラヂオ〕短波長」というラジオ番組への投稿欄では、「川開きヂヤツヅつてありあ何ですかァ、あれは普通のオーケストス〔ラ：引用者注〕、バンドではないでせうか、ヂヤツヅなんてチヤンチヤラおかしい次第、あんな平凡なものをヂヤツヅなんて思はれたらヂヤツヅ党災難です、（ヂヤツヅ礼讃党員[127]）」と評価している。批判というよりは、パレース・オーケストラの編成ないし演奏がジャズとは程遠いというクレームだろう。

ほかにも、一九二六年十一月二十七日のノヴエルテイー・オーケストラの放送に対し、「読売新聞」に次のような批評も載せられている。

ジヤツズ音楽は決して高尚なものではない卑俗なものである、それを高尚なものにしやうなんて考へるのが、そもそも間違つているやつぱりジヤツズはジヤツズらしく奇妙な間の抜けた音を立てるグロテスクなところに面白味があるんじやないかと思ふ。放送されたノヴエルテイ・オーケストラの人々は大きな理想だか抱負をお持ち合せのやうだが一寸私にとつては受けとれない。（略）どうせ低級なものだから低級らしくやることである。[128]

この記事も、オーケストラには「奇妙な間の抜けた音」つまり、ジャズ楽器が編成に入っておらず、ジャズの楽曲をオーケストラの編成で演奏していたことへの苦言だといえる。両記事とも放送されたジャズに違和感を覚えたという内容で、聴取者のほうが放送局よりもジャズ音楽を知っている印象さえ受ける。このように、ジャズに対するさまざまな批判や感想が新聞に寄せられるようになってきていることが見て取れる。[129]

感想や批評だけでなく、「日刊ラヂオ新聞」には読者から放送の希望を募集する「私の希望」という欄が設けられ、そこにはジャズ放送に対する要望もみられる。例えば、「プレシデント、ジエフアソン、タフト、マツキンレー等等有名なジヤズバンドを乗せた外国船が入港した折に其のジヤズを放送する事（横浜人）[130]」「アタゴ オーケストラのジヤヅ等は夜間に願ひます、昼間は聞けない人も居ますから（アイノコ生）[131]」など放送の時間帯や出演バンドを指定している者まで現れている。

他方、同新聞の「ラヂオ問答」という読者のラジオに関する疑問への回答欄では、次のようなやりとりもある。

問　ダイアル目盛にて京城より約十度少なき個所にて、毎晩十二時頃までジヤヅミユージツクの様なものをやつて居る所がありますが、何処でせうか（京都ＪＫＡ生）[132]
答　多分上海Ｋ・Ｒ・Ｃ局でせう

ラジオから聞こえてきた音楽がはたしてジャズだったかは定かではないが、周波数を合わせられれば他国のラジオも聴くことができたことがわかる。

ここで注目すべきは、これらの希望や質問などが一九二七年に集中している点である。同時期の雑誌「ニットータイムス」にも、「次はジヤズの何か出るのですかとても素晴らしいものそしてボカルの入つてゐるのを出して下さい[133]」といったジャズレコードを要求する声があり、同様の傾向があった。[134]二村定一が歌う日本初のジャズソング「私の青空」がヒットするのは、この一年後の二八年。つまり、二七年の段階にはジャズに強い関心が寄せられていたことが新聞からもうかがえるのである。

音楽番組以外に見られるジャズ

ジャズは音楽放送での演奏だけと思いがちだが、例えば、ラジオドラマの背景の音楽としてもジャズを使用していた。一九二七年五月八日付「日刊ラヂオ新聞」には、同日に放送された「喜劇　愉快な失恋者」の内容が書き起こされていて、そこには「ジャズの音、みさ子は堀の事を心配しながらお兼をつれてやつて来る」「ジャズの音――カーテン[135]」といったト書きがあり、劇中にジャズが流れているのがわかる。

同様に、同年六月二十八日放送の「ラヂオコメデー　珍客」のト書きは以下である。

主人「ぢやあジヤズをかけようジヤズを」
男「なんでえ、ジヤズてえのは」

主人「ダンスだ、好いか、始めるぞ[136]」

演出の音楽だけでなく、内容やセリフにもジャズが出てくる。この脚本の男の年齢設定は不明ではあるが、「なんでえ、ジャズてえのは」という口調は年配者をイメージさせる。

また、一九二七年九月十日に放送された『映画物語 蛙の殿様[137]』は、「イソップ物語として有名なもの」で、「ねらい所は子供の中年向き[138]」とされている。番組内容は、映画の粗筋を放送する、いわば絵本の読み聞かせに近いものと思われるが、新聞に掲載されたセリフには「人間共の文化が何であるか、そんなものは何でもないのである、自動車でも活動写真でも、軍縮会議でも、ジャズバンドでも何でもあるのである[139]」とあり、子ども向けの作品に「ジャズバンド」のセリフを使用していることが確認できる[140]。

大礼記念番組でのジャズ

ジャズの認知を知るうえで重要な意味をもつと考えられるのが、一九二八年十一月四日から放送された昭和天皇即位の大礼記念番組である。この番組の放送のために東京・大阪・名古屋以外に札幌・仙台・熊本・広島まで放送網を拡大して全国中継ができるようになった[141]。『ラヂオ年鑑 昭和12年』によると、二七年末の聴取者が三十七万七千二百九十七人だったのに対して、二八年末は五十四万四十三人となっていて、聴取者が一気に増加していることがわかる[142]。

大礼記念番組は二十七日までおこなわれたが、注目すべきは、大礼があった十日に放送された『奉祝児童歌劇国の光[143]』という歌劇である。これは詩人の多田不二が作詞し、当時、ＪＯＡＫ洋楽放送主任だった堀内敬三が作曲、伴奏はＪＯＡＫオーケストラが担当して放送をしている。

同日の「読売新聞」の見出しに「全国の子供さんのお楽しみ[144]」（図52）とあるように、この歌劇は児童を対象とした作品である。その内容は、日本の古代から昭和までの各時代を第一場から第五場までに分けて、「神代の

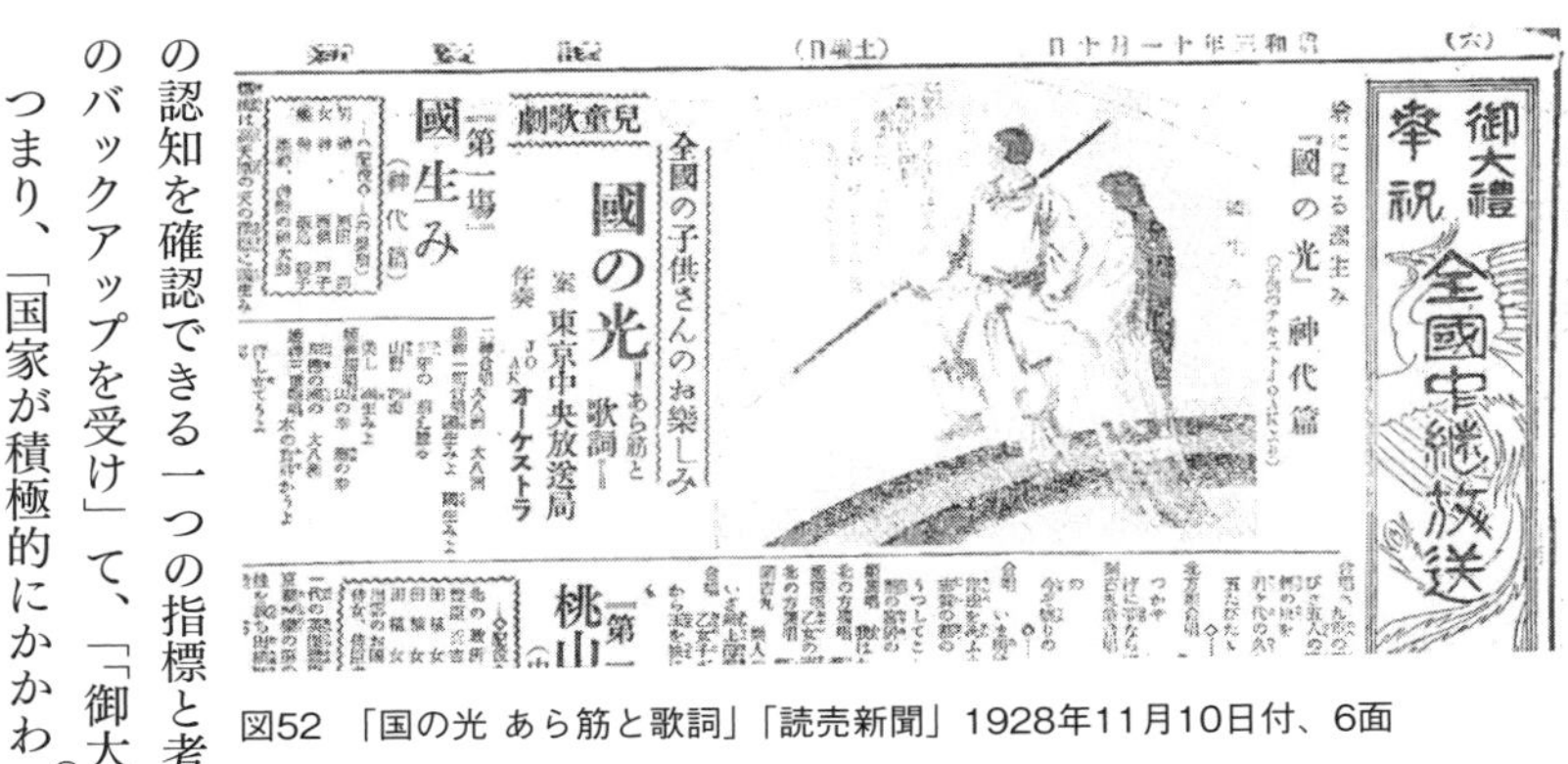
讀賣新聞　（土曜日）　昭和三年十一月十日　（六）

御大禮奉祝　全國中繼放送

繪に見る國生み
「國の光」神代篇

兒童歌劇
國の光―あら筋と歌詞―
全國の子供さんのお樂しみ
案　東京中央放送局
作奏　JOAK オーケストラ

「第一場」
國生み
（神代篇）

図52　「国の光 あら筋と歌詞」「読売新聞」1928年11月10日付、6面

国生み即ち天地創造から現代即ち昭和の今日までの間のいろ〳〵の事柄を通じて我が国体の尊さをたゝへ[145]」たもので、第四場の「明治維新（近代篇）」から第五場の「昭和（現代篇）」に移る際には、「えゝお目が止まれば千客様拍子木の音、同時にごく近代的な軽快なジャズが起る[146]」（図53）という口上が入ってジャズの曲とともに場面が昭和に移る。

最後は「ジャズの味を加へた爽快な行進曲に、奉祝の雑音が交じつてもれ上るやうに響く 全員万歳三唱、君が代[147]」の奏楽で終わり、ジャズから「君が代」に移るという構成になっている。戦時中ではありえない展開だろう。

この番組は中継もされ、「古代篇には多少子供には難かしい言葉があるので余り小さいお子さんには分からないかも知れない、上級生向きといふ場です[148]」とあることから、放送内容を十二歳程度を対象にしたものであると考えられる。児童向けの番組でジャズ風の行進曲を使用したのは、一九三一年に出版された『ラヂオ年鑑 昭和6年』で、ジャズを含めた洋楽が「青少年及び知識階級の間に極めて多くの愛好者を持つてゐる[149]」という分析とも重なる。

前述のように放送は天皇の即位大礼当日であり、知名度が低い音楽を流したとは考えにくい。したがって、この放送は若い世代の全国的なジャズの認知を確認できる一つの指標と考えることができる。加えて、この放送のために「日本放送協会は（略）政府のバックアップを受け」て、「「御大礼放送記念委員会」を設置[150]」し、「番組編成・制作に取り組ん[151]」でいた。つまり、「国家が積極的にかかわっ[152]」た放送にジャズが流れていたことになる[153]。それは放送せざるをえないほど人気が高まっていた証拠であり、ジャズが時代を象徴する音楽だったことを示すことにほかならない。即位当日という厳粛な日であることを考えれば、なおさらそれは強調できるだろう。

しかし、日々の放送では和楽のほうが多くの割合を占めていた。その理由として、放送局が曲目の希望を聴取者から募る場合、聴取者の名義人（家の主）の希望が反映されてしまう点が挙げられる。[154]ラジオを契約している名義人とはつまり、ジャズを聴く若者の親の希望が重視されていたということである。また、「ジャズソング流行歌の独唱では野卑な歌詞で然も露骨なほどが喜ばれ」てはいたが、「如何にファンが期待しても放送局としては程度を越す下劣な歌詞は放送する訳にいか」ず、「思想、教育風紀各方面に対して支障の無いものに限り放送する」[155]といった方針から、ジャズの放送は避けられる傾向にあった。したがって、若い世代は聴きたいものを聴けず、当時のラジオの音楽放送の内容には偏りがあったのである。

ここまで、当時の人気の娯楽に着目しながら、ジャズがどう広まっていったかを見てきた。

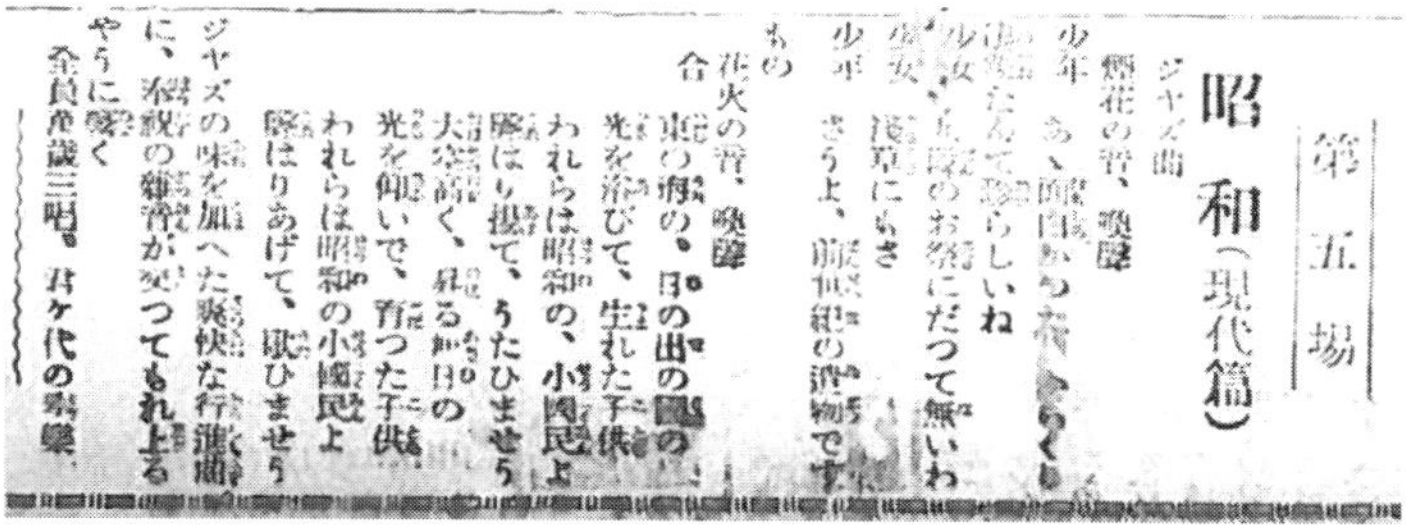

第五場
昭和（現代篇）
ジャズ曲
煙花の音、喚聲
少年　あゝ面白かつた、[illegible]
[illegible]なんて素晴らしいね
少女　[illegible]のお祭にだつて無いわ
少女　浅草にもさ
少年　さうよ、前世紀の遺物です
あの
花火の音、喚聲
合　東の海の、日の出の國の
光を浴びて、生れた子供
われらは昭和の、小國民よ
腕は[illegible]て、うたひませう
大空高く、昇る旭日の
光を仰いで、育つた子供
われらは昭和の小國民よ
聲はりあげて、歌ひませう
ジャズの味を加へた爽快な行進曲に、[illegible]の雑音が交つてもれ上る
やうに響く
全員唱歌三唱、君ケ代の奏樂、

図53　「奉祝歌劇 国の光」「日刊ラヂオ新聞」1928年11月10日付、4面

大正末期、外国映画だけでなく、日本映画にもジャズバンドが出演するようになり、休憩奏楽でジャズ演奏をするようになったことは、間違いなくジャズの認知度を高めたといえるだろう。この時期の映画の現代劇は「アメリカ映画の影響を受けた喜劇的な明るい映画が新興勢力を有つてゐる事を見逃せない。（略）モダン気分と合し、カフエやダンスホールを出さなければ収まりがつかなくなる」[156]とされていて、当時の日本映画の現代劇でダンスホールは欠かせないものになっていた。[157]ダンスホールの場面に伴い、ジャズバンドの場面も描写されていたとすれば、ここで掲げた作品以上に映画にさまざまなジャズバンドが出演していた可

能性が高い。加えて、ジャズに関連する多くの作品に主演したメイ・マレイや、『近代女房改造』でチャールストンダンスを披露した栗島すみ子など、日米とも当時の人気女優が映画に出演していたことも、認知に大きく貢献していたことは想像にかたくない。

しかし、その一方で、こうした映画のダンスシーンや松旭斎天勝一座のダンス、ボードビルのダンスなどは、「ジャズダンス」について「曲線美の極致と云はれる半裸体の妙齢の乙女数名が、光の儘に躍る、ハネル、クネル、飛ぶ。現今欧米歓楽郷の花と云はれる舞踊」と紹介されるが、「若いきれいな女や男が（略）裸踊りを演じる」「卑猥」な側面も持ち合わせていた。[158] 一九二六年八月六日付「都新聞」では、天勝が興行でおこなっている「ジャズダンス」について「曲線美の極致と云はれる半裸体の妙齢の乙女数名が、光の儘に躍る、ハネル、クネル、飛ぶ。現今欧米歓楽郷の花と云はれる舞踊[159]」と紹介されるが、「若いきれいな女や男が（略）裸踊りを演じる」浅草オペラのボードビルや「半裸体の美人の踊り」があるジュリアン・エルティンジ一座も同様といえる。ジャズと結び付きが強い外国の喜劇映画でも「裸体美人がつきもの[160]」とされていて、このような、いかがわしい側面と結び付いていたことも、ジャズが当時、「低級」な音楽として位置づけられていた理由の一つといえる。

それでも、ラジオ放送開始の二カ月後には「低級」なジャズが放送されていた。国家が放送内容を管理していたのだから、一見、矛盾しているようにも思えるが、これについては映画や歌劇、小説などの娯楽の影響から若者の間ではすでにジャズが流行しはじめていて、さまざまな世代を対象とするラジオでは取り上げざるをえなかったと推測できる。[161]

一九二五、二六年のラジオでは、ジャズ音楽そのものを解説する傾向が見られるのも、知らない人はもちろん、若い世代以外にも対応するためといえるだろう。音楽雑誌「月刊楽譜」一九二五年六月号の読者欄でも、「ジャズとは何ぞ[162]」という質問も見られ、ジャズに対する関心が強くなっている様子がうかがえる。

それをふまえると、新聞やレコード雑誌の読者投稿欄にジャズを希望する声が集中した一九二七年は、ジャズへの関心が高まったピークであり、それが翌年二八年の「私の青空[163]」の大ヒットや大礼記念番組の児童歌劇で時代の音として放送されたことにつながったといえる。同年の「中央公論」や「婦人公論」などの雑誌でも、ジャズを主題に取り扱う記事が散見され、ジャズはついに社会現象として捉えられるようになったのである。[164]

また、天皇即位の大礼式当日の「読売新聞」の朝刊には、「高鳴る胸押へて待つ 喜び爆発の瞬間！ 歓喜のジヤヅいよく急調に 湧くゆうべの大礼都」(165)（図54）という見出しも見られる。

この記事は即位前夜の京都の街の様子を書いたもので、「歓喜のジャヅ」は街の喧騒感を表現しているが、多くの人々が新聞に目を通すだろうこの日にジャズを比喩として用いている点は、若者だけでなくそれ以外の世代もジャズがどんな音楽かを把握していたといえる。

一九二八年は「私の青空」のほか、「アラビヤの唄」(166)などのジャズソングも登場し、年末から翌年にかけては「君恋し」(167)がヒットする。二九年以降、ジャズソングは量産され、世は流行小唄全盛の時代へと突入していく(168)。「東京日日新聞」の音楽記者・金子義男が「音楽世界」一九二九年十月号の「楽界諸名士のジャズ感」のなかで、「日本のジャズはやっと第一歩を踏み出してやっと大衆の心をつかんだばかりなのですから」(169)と述べているように、日本人が日本語で歌ったジャズソングが登場したことで「日本のジャズ」という感覚が生まれた。

天皇即位の大礼番組で時代の音楽としてジャズを流したのも、「日本のジャズ」としてジャズを捉えていたからと考えられ、それをふまえると一九二八年は、日本のジャズが確立し、「日本の音」として認識されはじめた一つの画期として捉えることができる。

さて、第5章では一九二八年から三一年という時期に焦点を当て、全国的に認知されはじめたジャズがどのように普及していくのかを追っていきたい。

高鳴る胸押へて待つ
喜び爆發の瞬間！
歡喜のジャヅいよく急調に
湧くゆうべの大禮都

図54　「読売新聞」1928年11月10日付、2面

注

(1) 池園哲太郎『青年と語る』同文館、一九二六年、一四七ページ

(2) 中村舜二『大東京』(大東京刊行会、一九二九年)六七三―六七七ページによると、一九二七年末の東京府の「常設活動写真館は一九五館で、その昭和二年中の入場総人員は、二千八百八十二万五千八百七十六人」でこのうち「一世帯一年の入場平均が約四十回にあた」り「活動写真が民衆娯楽として驚くべき勢力を有つて居る」とし、一方、演劇は活動写真に押されているとしながらも二七年は東京府下三十六カ所の劇場に五百七十四万四千七百九十六人が通っていて、「財界は空前の不景気を喞たれ、民に菜色ありと云はれつゝも帝劇と歌舞伎座は、十円十二円の観覧料を徴発しても、開場前に切符は売り切れ」るほどの盛況ぶりだったとしている。

また、時期は少しずれるが一九二二年度の大阪の娯楽施設の場合、大阪市内の芝居小屋十六座の一日平均入場者数は一万四百九十六人、活動写真三十一館の一日平均の入場者数二万五百四十八人となっている(「大阪市民の娯楽機関を調査」「大阪朝日新聞」一九二三年七月十五日付、三面)。

(3) 東京市社会局が調査した一九二五年の婦人の「閑散時の利用方法」では、「読書」の「読物の大部分は、新聞雑誌」とあり、「新聞」は「東京日日、読売、東京朝日」が上位に挙げられ、「雑誌」は「婦人公論が最も多く、次は婦女界、主婦之友」となっている(東京市社会局編『婦人自立の道』〔「東京市公刊図書」第八号〕、東京市社会局、一九二五年、九八ページ)。

(4) 大阪市『本市に於ける呉服店員の生活と労働』(「社会部報告」七十二号)、大阪市社会部調査課、一九二八年、一四七―一四八ページ

(5) 牧野守「初期キネマ旬報書誌」『キネマ旬報 復刻版』第一巻所収、雄松堂、一九九三年、一二ページ

(6) 岩本憲児「草創期の『キネマ旬報』と映画雑誌の黄金時代」同書所収、一二ページ

(7) 岩本憲児「大正十四年のキネマ旬報」『キネマ旬報 復刻版』第八巻所収、雄松堂、一九九三年、二〇ページ

(8) 「主要外国映画批評」「キネマ旬報」一九二四年十月一日号、キネマ旬報社、二九ページ

(9) 同記事二九ページ

(10) 前掲「主要外国映画批評」、前掲「キネマ旬報」一九二四年十月十一日号、二四ページ
(11) 同記事四ページ
(12) 「主要外国映画批評」「キネマ旬報」一九二五年四月十一日号、キネマ旬報社、三三ページ
(13) 同記事三ページ
(14) 広告「『歓楽の唇』」「キネマ旬報」一九二六年二月一日号、キネマ旬報社。同年三月一日号に掲載された広告でも、「二種の新舞踊 ヂアズダンス」とある。
(15) 一九二五年一月封切り。「キネマ旬報」一九二四年十月二十一日号（キネマ旬報社）に掲載された映画広告では、「ジャズマニア（舞踏王国）と云ふ国の美しいニノン姫は、嫌ひな王子との結婚を逃れるために米国へ渡つて来ました。其処は華かな歓楽の世界でした。踊り狂ふ若人の群、景気の良いジャッヅの響き、酒と煙草と、笑ひと恋と。「この上面白くは出来ない映画」と米国批評家をして叫ばしめた程愉快な、愉快な映画であります」（九ページ）とある。
(16) 「主要外国映画批評」「キネマ旬報」一九二七年十二月一日号、キネマ旬報社、四八ページ
(17) 同記事四八ページ
(18) 「主要日本映画批評」「キネマ旬報」一九二六年十月一日号、キネマ旬報社、一〇一ページ
(19) 今井星果「踊れぬモダンガール」「蒲田」一九二七年十月号、松竹蒲田作品後援会、九〇ページ
(20) 「無駄話四題」「蒲田」一九二七年十二月号、松竹蒲田作品後援会、八一ページ
(21) 同記事八一ページ
(22) 一九二七年にニットーレコードから「バレンシア　チチナ」「テルミー　カラバン」「フー　バルセロナ」の三枚が発売されている。
(23) 「落花集」「ニットータイムス」一九二七年八月号、日東タイムス社、一六ページ
(24) 「落花集」「ニットータイムス」一九二七年十月号、日東タイムス社、一六ページ。ほかにも、「七月新譜のカルトンジヤヅバンドのチチナ、バレンシヤはよく入つて居ました来月のジヤヅバンドはテルミーを吹込んで下さい、此れからも多くさんジヤヅバンドの吹込を御願ひします」（「落花集」「ニットータイムス」一九二七年九月号、日東タイ

ムス社、一五ページ)、「カールトンのジャズレコードは相変わらず宜いです僕はダンス曲の内で一番フーが大好きですあのバンドの中でバイオリンも上手ですがバンジョーはとてもうまいと思ひますダンス曲のファン方そう思ひませんか来月も出されるでせうね待つてます」(「落花集」「ニットータイムス」一九二七年十一月号、日東タイムス社、一四ページ)、「ダンスレコードのテルミーとキャラバンは良く口ずさむ曲でニットーから売出された事を嬉しく思ひます十月新譜にフーにバルセロナが出ました事も重ねえ嬉しく思ひます」(「落花集」「ニットータイムス」一九二七年十二月号、日東タイムス社、一五ページ)などのコメントが寄せられている。

(25)「女学生間に流行する隠語」「婦人公論」一九二八年二月号、中央公論社、一五六ページ

(26)カールトン・ジャズバンド吹き込みによる「チチナとヴァレンシアは非常な好評で特にダンス党の間では素晴しい持て方」とされている(「カルトン吹込 代表的ジャズ テルミーとカラバン」「ニットータイムス」一九二七年九月号、日東タイムス社、一三ページ)。

(27)広告「潮やけ小自棄」「キネマ旬報」一九二七年八月一日号、キネマ旬報社

(28)「都新聞連載『棘の楽園』」「東京朝日新聞」一九二八年七月十三日付、十面

(29)ほかにも、松竹蒲田の牛原虚彦監督、鈴木伝明主演映画『彼と人生』(一九二九年一月封切り)では、「ダンスホールの大セットを、蒲田男女優が総出演」するシーンがあり、加えて、「赤坂ダンスホールのジアズバンド及びダンサー堺千代子も特別出演して賑やかなジアズ気分を漲らせて撮影」したとある(「彼と人生完成 ダンサーも特別出演」「日刊ラヂオ新聞」一九二九年一月二十五日付、七面)。

(30)「日本映画批評」「キネマ旬報」一九二八年六月一日号、キネマ旬報社、八七ページ

(31)「各社近作 日本映画紹介」「キネマ旬報」一九二八年五月一日号、キネマ旬報社、七〇ページ

(32)国際映画通信社編『日本映画事業総覧 昭和三・四年版』国際映画通信社、一九二七年、三一八ページ。一巻が十分程度で八巻であれば八十分の内容ということになる。また、同書同ページでは「映画は大抵一週間で一興行とし、毎週プログラムを取り替えていた」としている。

(33)広告「浅草帝国館」「東京朝日新聞」一九二一年六月十七日付夕刊(十八日発行)、三面。このことは倉田喜弘『日本レコード文化史』(東京書籍、一九七九年)二五〇ページでもふれている。

（34）松竹浅草帝国館では松竹キネマ管弦楽団（島田晴誉・指揮）、溜池葵館では日活シンフォニーオーケストラ（田中豊明・指揮）、新宿松竹館では武蔵野管弦楽団第二部（中野定吉・指揮）といったように映画館ごとに楽団が存在したことが確認できる（「映画広告欄」「都新聞」一九二五年五月二十二日付、六面）。
（35）広告「神田南明座」、同紙六面
（36）広告「松竹浅草帝国館」「都新聞」一九二六年四月一日付、六面。ほかにも、松竹浅草帝国館で『血に燃ゆる大海』『名馬必勝』『美人懸賞』を上映する際、松竹キネマ管弦楽団が「奏楽ジャヅ二曲」として「おもちゃの兵隊さん」「おゝ恋しき貴女よ」を演奏している（広告「松竹浅草帝国館」「都新聞」一九二六年四月二十三日付、六面）。
（37）「松竹浅草帝国館」「都新聞」一九二六年四月一日付の六面で「名物喜劇」とされている。詳細は不明だが、おそらく『珍傑ラリー』は喜劇俳優ラリー・シモンの主演映画で、『ハム君の給仕』は喜劇俳優ロイド・ハミルトン主演の映画だと思われる。
（38）広告「葵館」「都新聞」一九二六年七月二十三日付、六面
（39）『陽気な巴里っ子』（監督：エルンスト・ルビッチ、一九二六年公開、二七年七月封切り）が上映された際、武蔵野館は「ジャヅ音楽大伴奏」とあるように、伴奏でジャズが演奏されているが、芝園館で同映画が上映された際は、新聞の広告には、「花の都ジャヅの浮かれ心地」としているにもかかわらず、前田環の指揮で「チャイコフスキーの名作集」を演奏していることが確認でき、必ずしも上映される映画の内容と奏楽が一致していたわけではないとわかる（広告「芝園館」「東京朝日新聞」一九二七年一月十四日付夕刊〔十三日発行〕、三面）。
（40）「各地主要常設館番組一覧表」「キネマ旬報」一九二八年五月二十一日号、キネマ旬報社、八四ページ。この「番組一覧」に、奏楽のオーケストラが記載された例はない。ほかにも同誌の「番組一覧」によると、五月十二日から十九日にかけての浅草公園の電気館では「十字路（松竹東京）娘頑張れ（松竹蒲田）彼と東京（松竹蒲田）」のほかに「ジャズバンド演奏」が確認できる（「番組一覧」、前掲「キネマ旬報」一九二八年五月二十一日号、八四ページ）。
（41）広告「赤坂溜池葵館」「東京朝日新聞」一九二八年六月八日付夕刊（七日発行）、三面
（42）広告「浅草松竹座」「東京朝日新聞」一九二八年十一月八日付夕刊（七日発行）、四面
（43）「朝日案内」「東京朝日新聞」一九二八年十一月十二日付、八面

(44) 広告「丸の内邦楽座」「東京朝日新聞」一九二八年十二月十四日付夕刊（十三日発行）、三面

(45) 同記事

(46)「読売新聞」一九二六年三月二十七日付五面に掲載された「芝居 松旭斎天勝一座」では、「大交響ジヤズバンドを始めとして曲線美の極地ジヤズ舞踊諷刺スケツチ数種、歌劇、清新なる音楽、独唱、曲芸等に天勝独創の大魔術等二十余種を演じると」あり、さまざまな演目のなかに「歌劇」も含まれていることがわかる。

(47) バラエティーは「ヴオードヴイルと似たものであるが、こちらは曲芸を主とし（略）ダンスの外に此の大きな曲芸を呼び物としてゐる」としている（「商業新用語辞典」、誠文堂新光社編「商店界」一九三一年一月号、誠文堂新光社、一〇七ページ）。

(48) 浅草オペラでのジャズについて、前掲『ジャズで踊って』八三ページでは「ジャズの萌芽らしきものもとり入れられていた」と言及していて、また、増井敬二『浅草オペラ物語――歴史、スター、上演記録のすべて』（芸術現代社、一九九〇年）四〇―四一ページでは、「浅草オペラの音楽」という項を設け、浅草オペラの楽曲などについて言及しているが、浅草オペラの時期は「ジャズもまだ無い時代」としている。

(49) 内山惣十郎『浅草オペラの生活』雄山閣出版、一九六七年、一一五ページ

(50)「緑の部屋」「オペラ――演劇・音楽・舞踊」一九二三年六月号、活動倶楽部社、六〇ページ

(51) 青山一陽「ヤンキーガールから金龍館のボードビルまで」「オペラ――演劇・音楽・舞踊」一九二二年十二月号、活動倶楽部社、五七ページ

(52) 永島不二男「金龍雑感」「歌舞」一九二三年七月号、歌舞雑誌社、二七ページ

(53)「オペラ新聞」「オペラ」一九二三年六月号、活動倶楽部社、四四ページ。なお、「チヨング」の原題は「Ching chong」で、後ろの「chong」から「チヨング」と紹介している可能性が高い。

(54) Jasen, *op.cit.*, p. 175の“SMILES”の項“C.Smith's Orchestra had the hit recording in 1918 with a vocal by Harry MacDonough.”（訳：一九一八年にシー、スミス・オーケストラがハリー・マクドナルド〔ジョン・マクドナルドの仮名〕のボーカルとともに録音しヒットさせた）とある。なお、一九二三年五月十一日、娯楽施設の京都パラダイスでおこなわれた歌舞劇でも、九番目の演目で「チョング」を歌っている。

(55) 広告「ニッポノホンワシ印レコード」『東京朝日新聞』一九二四年十一月二十六日付、四面

(56) 町田金嶺「僕の略図（二）」「ヨシモト」一九三七年四月特集号、吉本興業、三七ページ

(57) 林藤之助「私の見て来た欧米の劇場（二）」「歌劇」一九二四年十月号、歌劇発行所、一三ページ

(58) 「歌劇」一九二六年四月号に掲載された浅草オペラのボードビルの主要メンバーだった高木雅夫の回想では「私は昔、ヂヤツヅ・ホストロや、すてゝこダンスのやうなものをやつた」としている（「バレー『花』の上演に際して」「歌劇」第七十三号大正十五年春季特別号、歌劇発行所、一九二六年、一二ページ）。

(59) 前掲『ニッポン・スウィングタイム』二〇七ページ

(60) 「歌劇」（歌劇発行所）は一九二一年頃から宝塚の機関誌から歌劇を中心に扱う文芸雑誌になっていくが、基本的には読者投稿や寄稿の内容は宝塚に関するものが多くを占めていて、当時の宝塚の事情をよく知ることができる。

(61) 宝塚少女歌劇団の動向を記した「宝塚少女歌劇団日誌」では、「一月卅日午後七時中央公会堂に開催のジユリアン、エルテンジ一座の米国劇団見学」（「宝塚少女歌劇団日誌」「歌劇」第八号、阪神急行電鉄、一九二〇年、六二ページ）とあり、また、同年八月六日午後七時から大阪中央公会堂で開催された「カリホルニア大学グリークラブ及ヂヤスバンド音楽会」も見学している（「宝塚少女歌劇団日誌」「歌劇」第十号、阪神急行電鉄、一九二〇年、八八ページ）。

(62) 『復刻版　歌劇　執筆者索引・解説』（雄松堂出版、一九九九年）所収の津金澤聰廣「大正・昭和戦前期の総合芸術雑誌『歌劇』（一九一八―一九四〇年）の執筆者群と読者層」八ページによると、大菊福左衛門は小林一三のペンネームとされている。

(63) 大菊福左衛門「倦怠的歌劇」、前掲「歌劇」第十号、二四ページ

(64) 「雑誌『歌劇』愛読者大会」「歌劇」第三十三号、歌劇発行所、一九二二年、三八―三九ページ

(65) 「東天紅」久松一声作、竹内平吉作曲

(66) 「高声低声」「歌劇」第四十一号、歌劇発行所、一九二三年、八六ページ

(67) 宝塚花組公演でも、「最後の喜歌劇「エミリーの嘆き」は面白かつた。（略）第二場に移る間奏楽で、いつぞや帝劇で見たことのある河合ダンスと同じジャズをやられた」とあり、ここでも演目内でのジャズが確認できる（園池公功

「花組東京市村座公演批評 東京へ来た宝塚花組」「歌劇」第六十二号、歌劇発行所、一九二五年、四三ページ)。
(68) 例えば、大関柊郎「外国の大劇場を見て思ったこと」(「歌劇」第五十三号大劇場落成特別号、歌劇発行所、一九二四年、二一―二三ページ)、林藤之助「私の見て来た欧米の劇場(二)」(前掲「歌劇」一九二四年十月号、一〇―一五ページ)、同「ヴォードビルと其舞台装置――私の観て来た欧米の劇場(七)」(「歌劇」一九二五年三月号、歌劇発行所、一九二五年、二一―二四ページ)などが挙げられる。
(69) 平山蘆江「演芸知恵袋」「東京パック社」一九一五年八月号、東京パック社、一一ページ
(70) 「座員の義に報いた 情けの松旭斎天勝」、金星堂編『感動実話集』第八巻所収、金星堂、一九三五年、一七四ページ
(71) 「帝劇の天勝一座」「読売新聞」一九二五年六月二十九日付、五面
(72) 「芝居ト遊芸 松旭斎天勝」「都新聞」一九二五年六月八日付、九面
(73) 「芝居ト遊芸 松旭斎天勝」「都新聞」一九二五年六月十三日付、七面
(74) 「けふの放送」「東京朝日新聞」一九二五年六月十七日付、七面
(75) 広告「新帰朝 天勝嬢」「都新聞」一九二五年六月二十九日付、五面
(76) 同記事、五面
(77) 松旭斎天勝「米国帰朝土産話の内」「帝劇」一九二五年七月号、帝国劇場文芸部、一一ページ
(78) 小山内薫「文芸 ワラィエチィ」「都新聞」一九二五年八月十五日付、五面
(79) ほかにも、「先月の二十二日から十月四日まで大阪にいた、天勝一座で支那の剣戯を見たが、桁外れの馬鹿らしさが捨て難かつた、(略)ジヤヅも良かった」といった評価もみられる(「編集後記」「婦人公論」一九二五年七月号、中央公論社、八三ページ)。
(80) 広告「ニツポノホンワシ印レコード」「東京朝日新聞」一九二五年十一月二十六日付夕刊(二十五日発行)、一面。なお、ニツポノホンワシ印レコードから、一九二五年十一月には「セントルイスブルース、メドレー」(「ニツポノホンワシ印レコード十一月新譜売出し」「都新聞」一九二五年十月二十七日付、九面)、十二月には「都新聞」一九二五年十一月二十六日付九面の「ニツポノホンワシ印レコード十二月新譜売出し」では、「ホンコンドリームガール、ザ

ツツ マイ ガール」、二六年一月には「ニッポノホン ワシ印レコード一月新譜売出し」「コーペン ハーゲン、ハードハーティドハンナ」（「都新聞」一九二五年十二月二十三日付、三面）を発売していることが確認できる。

（81）「久振りで天勝帰京」「読売新聞」一九二六年三月二十五日付、五面

（82）広告「特別記念興行 天勝一座」「読売新聞」一九二六年八月四日付、五面。「都新聞」一九二六年七月二十九日付九面では、「異国情緒揃ひ天勝一座 布哇のジヤヅ 支那人の剣劇」の見出しも見られる。

（83）三浦俊太郎「国民性と時代を基礎として新音楽の出現を待ちつゝ」「音楽グラフ」一九二六年十二月号、培風館、一四ページ

（84）前掲『ニッポン・スウィングタイム』三四、三五ページ

（85）石田天海『石田天海――奇術五十年』（「人間の記録」、日本図書センター、一九九八年）三六ページでは、当時の一座を紹介していて、その際、天勝の二番目に書かれていたことから天勝の一番弟子と推測できる。

（86）「〔演芸欄〕」「京都日出新聞」一九一八年一月八日付夕刊（七日発行）、二面

（87）「演芸 夷谷座」「京都日出新聞」一九二八年八月五日付夕刊（四日発行）、二面

（88）「読売新聞」一九三〇年八月一日付朝刊四面の「モダン語消化欄」で「ヴオドヴイル」について「二三年前までは各種の演芸を取まぜた寄席式のものはみなヴオドヴイルと云はれてゐたが今日ではみなレヴユウの名称に取つて代られてしまつた」とし、また「ヴァリエテ」についても「現在ではレヴユウと殆ど同一に考えられてゐる」としている。ボードビルやバラエティーの名称が変更されたものがレビューとするのは早計だが、日本でレビューが流行するにあたり、これらがその「基礎」となっていたことは間違いない。

（89）谷崎潤一郎「肉塊（三三）」「東京朝日新聞」一九二三年二月二日付、七面

（90）谷崎潤一郎「痴人の愛（四九）」「大阪朝日新聞」一九二四年五月七日付、四面

（91）伊藤大輔「新聞小説と際物の映画化」「活動倶楽部」一九二三年一月号、活動倶楽部社、八九ページ

（92）「魔笛（一三一）」「東京朝日新聞」一九二四年五月十三日付、七面。翌日十四日の「魔笛（一三二）」でも、「ダンスホールの方から聴こ江て来る棄鉢なジヤヅの曲に唆のかされて」とある。

（93）田中總一郎「星霜流転（百十）」「都新聞」一九二六年九月十三日付、四面。なお、「ジヤズマニア」は「ジヤズマ

ニア（一）」から「ジヤズマニア（五）」まであり、「都新聞」一九二六年九月十三日付四面では、「壇の上に控へたバンドは、誇張した身振りをしながら、ヂヤズを奏で始めた」という文章もある。

（94）齋藤美枝『鶴見花月園秘話――東洋一の遊園地を創った平岡廣高 鶴見ゆかりの人物誌』（鶴見区文化協会、二〇〇七年）二八八ページでは「谷崎潤一郎、久米正雄、佐藤春夫なども花月園のダンスホールにしばしば足を運んでいる」としている。

（95）谷崎潤一郎「神と人との間」「婦人公論」一九二四年二月号、中央公論社、七五ページ

（96）また、戯曲だが、吉井勇の「晴子の夢」という作品でも、第二場の病室の場面から第三場のホテルの舞踏場に移す際に、「看護婦の声と同時に、舞台が急に真つ暗になる。と、遠くの方で拍手の響や笑ひ声が聴こえ、やがて急にジヤツヅバンドの響が起る。と同時に舞台がだんだんと明るくなる」というト書きがある（吉井勇「晴子の夢」「女性」一九二四年七月号、プラトン社、八四ページ）。

（97）岡田三郎「残光夢（四）」「主婦之友」一九二八年四月号、主婦之友社、一九ページ

（98）広津和郎「薄暮の都会（七）」「主婦之友」一九二八年七月号、主婦之友社、三〇ページ

（99）なお、時期は少しずれるが、広津が一九三〇年八月号から一九三二年七月号まで「婦人公論」（中央公論社）に連載した「女給」でも「ジヤズの音」や「チヤールストン」とある。

（100）ミステリー文学資料館編『「新青年」傑作選』（光文社文庫、「幻の探偵雑誌」第十巻）、光文社、二〇〇二年、七ページ

（101）同書七ページ

（102）一九二八年七月号の映画雑誌「マキノプロダクション」（映画世界社）の亀良唐造「改革期のマキノに」のなかで、「現在雑誌「新青年」の売行高評を見ても、如何に現代一般が、興味を置いてゐるかゞ判然たるものである」とあるように、人気雑誌だったことがうかがえる。また、前掲『証言』三一ページのレコード評論家・藁科雅美へのインタビューでは「新青年」は「大変売れたもの」として回想していて、人気だったことがわかる。

（103）堀啓子『日本ミステリー小説史――黒岩涙香から松本清張へ』（中公新書）、中央公論新社、二〇一四年、一七八ページ

(104) 同書一七八ページでは、「ミステリー愛好家のバイブル」と位置づけられている。
(105) 水谷準「月光の部屋」「新青年」一九二六年五月号、博文館、四二ページ
(106) 同作品内に「百畳近い大広間で、(略) 男女の群が喘ぐやうなジャズバンドの調べに連れて参差陸離と踊り乱れてゐるではないか」とある (橋爪健「阿片と恋」「新青年」一九二六年八月号、博文館、三三ページ)。
(107) 同作品内に「ジャズやシンミーに踊り興じる」とある (城昌彦「都会の神秘」「新青年」一九二六年五月号、博文館、一〇〇ページ)。
(108) 同作品内に「明るい元町通は浴衣の人に埋もれていた。(略) どこからか蓄音器のジャズバンドが響いて来る」とある (妹尾アキ夫「人肉の腸詰」「新青年」一九二七年九月号、博文館、六六ページ)。
(109) 同作品内に「喚くやうな蓄音機のジャズ」とある (甲賀三郎「原稿料の袋」「新青年」一九二八年新年号、博文館、七五ページ)。
(110) アガサ・クリスティ「リンクスの殺人事件 (英)」延原謙訳、前掲「新青年」一九二八年新年号、四〇九ページ
(111) S・A・ドウーゼ「夜の謎 (丁)」斎藤俊訳、「新青年」一九二七年七月号、博文館、二五六ページ
(112) ミステリー文学資料館編『「探偵文芸」傑作選』(〔光文社文庫、「幻の探偵雑誌」第五巻〕、光文社　二〇〇一年) 所収の本田緒生「謎」(「探偵文芸」一九二六年三月号、奎運社) 二三七ページ。
(113) この時点では仮放送の段階で、七月から本放送が始まる。なお、同年同月に名古屋中央放送局 (JOCK)、翌一九二六年十二月に大阪中央放送局 (JOBK) が本放送を開始する。本文中でもふれるが、二八年十一月には全国中継網も完成する。
聴取者数は、各年に発行された日本放送協会編『ラヂオ年鑑』(日本放送協会) を参照すると、一九二五年末までに十九万四千五百七十二人。二八年末までに五十四万七十五人、三〇年末までに七十三万四千七百九十二人、三五年末までに二百三十万四千四百七十九万人に及んでいる。
(114) そのほかに、家庭生活の革新、教育の社会化、経済機能の敏活が挙げられる。
(115) 日本放送協会編『ラヂオ年鑑 昭和7年』日本放送出版協会、一九三二年、一五一ページ
(116) 日本放送協会編『ラヂオ年鑑 昭和6年』誠文堂、一九三一年、二六三ページ。なお、「日本放送協会関東支部」が、

一九二六年十二月に開催された「実演電気展覧会」の入場者にラジオの趣味と嗜好を調査した際、その結果は「娯楽七割講演二割二分報道八分」であり娯楽を求める声が大きかったことがわかる（「求める物は娯楽」「日刊ラヂオ新聞」一九二七年一月十一日付、一面）。

(117) 義太夫、謡曲、長唄、箏曲、小唄、常磐津、歌沢などが和楽で、管弦楽、室内楽、声楽、ジャズバンド、ハーモニカ、バイオリンなどが洋楽である。

(118) 前掲『ラヂオ年鑑 昭和6年』二五八ページ

(119) 同書二五八ページ

(120) 同書二五八ページ

(121) 一九二五年創刊。定価三銭、発行所は日刊ラヂオ新聞社で八ページ程度から成る。内容はその日放送される各局のラジオのプログラムとその番組解説、ラジオ研究というラジオの回路の解説、番組批評、公演の案内などで構成される。

(122) 「英国皇太子にあやかつて」「読売新聞」一九二六年一月六日付、九面。一九二六年一月六日のＪＯＡＫの放送では、ニューヨーク・ベルゲエランド・トラバトオルの一団が演奏をおこなっている。

(123) 「アフリカ生れのアメリカ育ちジヤズバンドは合いの子だ」「読売新聞」一九二六年十一月二十七日付、九面

(124) 前掲「［よみうりラヂオ版］今夕放送されるバンジヨー、ピアノ合奏 演奏者はサムユル商会の店員 聞き手を踊らす新楽器」

(125) 「川開ジヤズ」（「読売新聞」一九二六年七月二十四日付、九面）や、同紙一九二六年四月二十四日付十面の「ピストルを打つ放し物を叩つ壊してアツと言わせるジヤズ」でも同様の傾向がみられる。

(126) 「川開きジヤズ パレースオーケストラ 夜八時二十分頃」「都新聞」一九二六年七月二十四日付、八面。演奏曲目は次のとおりになっている。「（一）行進曲「空中の女王」（二）フオツクス・トロツト「カリフオルニア」（三）フオツクス・トロツト「マンダレー」（四）ワルツ「断腸の調べ」（五）フオツクス・トロツト「スワニー・バタフライ」（六）ワルツ「フラフラ夢の娘」（七）フオツクス・トロツト「アラビアナ」（八）ワルツ「夢を夢見る人」（九）フオツクス・トロツト「オー・マペール」」（「けふの放送」「東京朝日新聞」一九二六年七月二十四日付、五面）

(127)「短波長」「都新聞」一九二六年七月二十七日付、七面
(128) 梅津勝方「[よみうりラジオ版]ジャッズ音楽私論 ノヴエルテイーの放送を聞き」「読売新聞」一九二六年十一月二十九日付夕刊（二十八日発行）、十四面。なお、梅津は同時期に音楽雑誌「楽星」（岡田日栄堂）への執筆、マリピエロ著の『管弦楽』を翻訳し、一九二七年に出版している音楽・舞踊評論家の梅津勝男という人物がいて、同一人物の可能性が高い。
(129) 前掲「註文帖」「都新聞」八面では「ヂヤヅ あれは是非止めて欲しい、あんな酔ぱらひの馬鹿囃子同様なものが、少数の物好者の為に無遠慮にやられるとは、我国の家庭にとつて甚だ以て迷惑である」といった批判が見られる。
(130)「私の希望」「日刊ラヂオ新聞」一九二七年三月十一日付、二面
(131)「私の希望」「日刊ラヂオ新聞」一九二七年三月十七日付、二面。ほかにも、「オーケストラ及びジヤヅバンドの夕べをＢＫに放送して載きたまい（大阪Ｔ生）」という希望も見られる（「私の希望」「日刊ラヂオ新聞」一九二七年二月十九日付、三面）。
(132)「ラヂオ問答」「日刊ラヂオ新聞」一九二七年三月十四日付、六面
(133) 前掲「落花集」、前掲「ニットータイムス」一九二七年八月号、一六ページ
(134) 本章第１節で検討したカールトンバンドに対する投書も同年である。
(135)「喜劇 愉快な失恋者（堤正弘作心座一派出演）」「日刊ラヂオ新聞」一九二七年五月八日付、三面
(136)「ラヂオコメデー珍客（作並指揮小山内薫、放送効果和田精）」「日刊ラヂオ新聞」一九二七年六月二十八日付、五面
(137)「本日のプログラム」「日刊ラヂオ新聞」一九二七年九月十日付、一面。おそらく、映画の内容筋をラジオ放送したものと思われるが、一九二七年九月から十二月までの「キネマ旬報」（キネマ旬報社）の「封切外国映画索引」では、同名の映画は確認できなかったため、タイトルが変更された可能性がある。
(138)「映画物語 蛙の殿様 松井翠声 伴奏指揮 波多野福太郎」「日刊ラヂオ新聞」一九二七年九月十日付、三面
(139) 同記事
(140)「キネマ旬報」では、千代紙細工映画の『きりぬき浦島』（製作者：大藤信郎、一九二九年七月封切り）という作品

が紹介されていて、同映画は浦島太郎の物語を千代紙細工で製作したもので、現代でのアニメを彷彿させる作品といえる。その点から、おそらく子ども向けと考えられるが、同誌の紹介文中には「いつも大好評を頂きます千代紙映画、おなじみ団五兵衛主演『きりぬき浦島』特にレヴュウと肩書きついたもので海底の魚族共のチャールストンやブラックボトムが見もの」とあり、ジャズで踊るダンスのチャールストンやブラックボトムが作品中に出てきていることが確認できる（「ニホンものの画報」「キネマ旬報」一九二八年八月十一日号、キネマ旬報社、九八ページ）。

(141) 竹山昭子『ラジオの時代――ラジオは茶の間の主役だった』（世界思想社、二〇〇二年）二一七ページでは、「この全国中継放送網の完成によって、ラジオはマスメディアとして大きく飛躍した」と位置づけている。

(142) 日本放送協会編『ラヂオ年鑑 昭和12年』（日本放送出版協会、一九三七年）二三三ページによると、三十七万七千二百九十七人（一九二七年末）から五十四万四十三人（一九二八年末）に増加していることがわかる。

(143) 「本日のプログラム」「都新聞」一九二八年十一月十日付、八面

(144) 「国の光 あら筋と歌詞」「読売新聞」一九二八年十一月十日付、六面

(145) 「古代から昭和まで賑かに唱はん「国の光」美しい女優に可愛い男女子役」「読売新聞」一九二八年十一月十日付、六面

(146) 「奉祝歌劇 国の光」「日刊ラヂオ新聞」一九二八年十一月十日付、四面

(147) 同記事四面

(148) 前掲「古代から昭和まで賑かに唱はん「国の光」美しい女優に可愛い男女子役」

(149) 前掲『ラヂオ年鑑 昭和6年』二六九ページ

(150) 前掲『ラジオの時代』一二一ページ

(151) 同書一二二ページ

(152) 同書一一七ページ

(153) 「読売新聞」では、多田がＪＯＡＫ社会教育課に属していて、東京中央放送局が案を企画していることが確認できる（前掲「古代から昭和まで賑かに唱はん「国の光」美しい女優に可愛い男女子役」）。

(154) 堀内敬三「洋楽放送の進むべき道」「調査月報」一九二八年五月号、日本放送協会、六六ページ。「曲目に関する希

望の統計は老人連の標準が主」としている。
(155) 大塚正則「最近の洋楽放送に就いて（三）」「調査時報」一九三二年二月十五日号、日本放送協会、一〇ページ
(156) 羽田義郎「日本映画の諸傾向」、「演劇研究」第四巻第七号、演劇研究社、一九二八年、一六ページ
(157) 映画監督である牛原虚彦も「近頃は、どの映画も、どの映画も、ダンスと云ふとフオツクス、トロツトばかりの感がする」と言及している（牛原虚彦「感激時代」「蒲田」一九二八年五月号、蒲田雑誌社、六八ページ）。
(158) 前掲「楽壇に見る各国気質（上）」二面では、ジャズの流行に伴い「「シミーダンス」と言われてゐる極めて卑猥な舞踊が行われて」いるとしている。
(159) 松旭斎天勝「舞踊と魔奇術」「都新聞」一九二六年八月六日付、五面
(160) 赤鬼太郎「目下英米で評判の裸体映画」、前掲「活動雑誌」一九二〇年五月号、一〇八ページ
(161) 一九二四年十一月二十九日の逓信大臣による「放送無線電話施設許可命令書」では、第六条に「施設者ハ放送ノ「プログラム」ヲ遅クモ当該放送の前日迄に所轄逓信局長ニ届出ツヘシ」とあり、放送内容は国が管理していたことが確認できる。
(162)「質疑応答」「月刊楽譜」一九二五年六月号、山野楽器店、五九ページ。また、この回答のなかで門馬は「近くジャズ音楽号を出すことになつてゐます」としているが、刊行には至っていない。
(163)『私の青空』（一九二八年）、日蓄、コロムビア、ビクターから発売。フレッド・フィッシャー（作詞・作曲）、堀内敬三（訳詞）。
(164) 例えば、前掲「ジャッズ音楽」、池上壽郎「新しい二つのジャズダンス」（「婦人公論」一九二八年七月号、中央公論社）、前掲「ジャズの片影」などが挙げられる。
(165)「高鳴る胸押へて待つ 喜び爆発の瞬間！ 歓喜のジヤヅいよ〱急調に 湧くゆうべの大礼都」「読売新聞」一九二八年十一月十日付、二面
(166)『アラビヤの唄』（一九二八年）、日蓄、コロムビア、ビクターから発売。フレッド・フィッシャー（作詞・作曲）、堀内敬三（訳詞）。二村定一、天野喜久代（歌唱）。A面は「私の青空」である。
(167) 一九二八年十二月発売。詞は時雨音羽、曲は佐々紅華が担当、歌唱は二村定一である。なお、同曲は「レコードの

ために作られた流行歌の草分け」と位置づけられている（前掲『新版 日本流行歌史 上 1868-1937』二五九ページ）。

(168)「読売新聞」一九二九年九月三十日付夕刊（二十九日発行）七面には「小唄全盛の世に金で福々の人達」という見出しもある。

(169)「楽界諸名士のジャズ感」、前掲「音楽世界」一九二九年十月号、五九ページ

第5章　ジャズの定着——モダンの象徴としてのジャズ

はじめに

第一次世界大戦がもたらした好景気によって日本経済は発展した。都市部では交通面が整備され、一般家庭でも水道や電気、ガスが広く使われるようになって国民の生活様式も変化していく。昭和に入ると街はネオンの明かりで華やかになり、カフェに通う男性や断髪で洋装のモダンガールが現れるなど、人々はいわゆるモダンな生活に憧憬を抱くようになった。そしてジャズもまたモダンな音楽であった。舞台や映画だけでなく新聞・雑誌、ラジオなどの各メディアで紹介されて幅広い世代に認知されたジャズは、さまざまな文化に音楽として取り入れられ、普及しはじめる。それと同時に、ジャズがもつイメージは統一化され、次第に表現として利用されるようになる。

本章では、前章で認知が確認できた一九二八年から、序章で述べた三一年のトーキー映画『マダムと女房』をジャズの定着とし（理由については後述する）、そこに至るまでを普及段階として考え、同期間に日本にどれだけジャズが普及していたかをさまざまな事例から検討していきたい。

それを探る一つの手がかりとして、まずジャズの民衆娯楽への影響について検討する。そもそも民衆とは何かだが、一九二四年に出版された加藤久米四郎の『憧憬より自覚へ』では、民衆を「中産階級以下の総称(1)」としている。わかりやすくいえば、あまり裕福ではない層といえるだろう。そうした層の娯楽の代表として、まず寄席演芸が挙げられる。

随筆家としても知られた昆虫学者・三宅恒方による随筆集『新坂町から』では、寄席は「他の多くの娯楽機関に比較すると気安くて愉快である。唯遺憾な事は、中流以上の人士が行かないと云ふ訳ではないが、いまだに是等の大部分の人は寄席を非常に軽蔑し(2)」ている、とあるように、当時、寄席は上流層からは「軽蔑」されるような低級な娯楽であり、中流以下の客層を対象としていたことがわかる。したがって、民衆娯楽に注目することは、幅広い層の人々への普及と認知を明らかにすることが可能といえるだろう。とりわけ、ここでは寄席演芸の筆頭ともいえる落語を取り上げたい。落語とジャズ。一見、縁がなさそうにも思えるが、一九二八年には落語の演目やお囃子にジャズを用いていた。本章ではそれらについて言及したい。

次に、ジャズの普及に伴って表れた、ジャズを利用した言葉の表現にも着目する。詳しくは後述するが、「ジャズる」といった表現が盛んに登場するのも同時期だった。

こうした言葉の表現は、音楽とは異なる文化にも用いられて多分野に影響を及ぼした。非常に特徴的で興味深い現象でもある。そこで、本章第2節では、当時発行された美術・建築・広告雑誌などを中心に雑誌で用いられた文章表現に着目する。ジャズを表現としてどのように用いていたのか、それを明らかにしながら、ジャズが単に一過性の音楽ではなく一つの文化として存在したことを確かめていこう。

1　落語でのジャズの利用

出囃子としてのジャズ

一九二八年十月、ニットーレコードが「ジャズ俚謡」のレコードを売り出した際、「ニットータイムス」では「俚謡そのものに対して時代的色彩観念を符合することは妥当でないかもしれないが、大衆の趣味が傾く処には時代の趨勢として、止むを得ぬ何ものかゞ絶対に存在するものだ」[3]と説明しているように、この時期、ジャズを利用することは「時代的色彩観念」だった。こうした傾向は寄席演芸である落語にも現れる。

人気の民衆娯楽だった落語も、活動写真が盛んになってきたために寄席不振に陥ってしまう。[4]そこで、落語家たちは、落語界を盛り上げるべく、当時流行していたジャズを落語に取り入れる。

戦前・戦後と人気を博した落語家・柳家金語楼[5]もその一人で、同時期、金語楼は寄席の出囃子で「落語ジャズ」を披露している。その様子は一九二九年三月二十日付「東京朝日新聞」夕刊が次のように紹介している。

> 滅びゆく芸術とかなんとかいはれていづれにしても影の薄いのが高座芸術だが、落語界の新人「兵隊さん」の金語楼がこの点に着眼して脳みそをしぼつて考へた揚句に大きな改革を加へた（略）金語楼は行詰まれる高座芸術に近代的な空気をださうといふところから高座の上り下りには特に楽屋でジヤズを奏でて気分をだすことを考へだした　そこで私財を投じてピアノ、ヴアイオリン、シロホンを買ひ入れて専門家を雇つた、この落語ジヤズは前記のほかに大太鼓、小太鼓、つゞみ、タンバリンから尺八、明笛まであつてコンダクターは金語楼御自身今月二十一日からの上野鈴本亭の下席で発表することになつた。[6]（図55）

図55 「金語楼の珍案 落語ジヤズ」「東京朝日新聞」1929年3月20日付夕刊（19日発行）、2面。鼓、太鼓、三味線、フルート、ピアノ、ヴァイオリンなどさまざまな楽器が混在していることがわかる

金語楼の落語ジャズは、洋楽器と和楽器を交えた編成で、なかでも注目すべきは第3章でも紹介した「シロフォン」だろう。おそらく金語楼は、「シロフォン」をジャズ楽器として捉え、編成に加えたと考えられる。ジャズを取り入れた寄席は大盛況だったようで[7]、翌年には、神楽坂演芸場で「金語楼ジャズ一週年紀念興行」も催していて、金語楼を筆頭に桂小春団治、三遊亭圓生、一馬諢太楼などが出演している[8]（図56・57）。

なお、同日の「読売新聞」では「一九三〇年式麗美優ストリングオーケストラ 柳橋と其一党〆の家連中の大熱共演」[9]という広告もみられる。「〆の家」は吉原の芸妓の屋号であり、これは数人の芸妓がオーケストラ風にバイオリンを演奏した演目だろうか、芸妓のオーケストラと寄席という斬新な組み合わせをみても、不振に陥る落語界をどうにか盛り上げようとしている様子が伝わる。

演目のなかのジャズ

こうしたジャズの利用は出囃子だけでなく、演目の内容にも見られる。その例を挙げると、一九二九年に出版された『名作落語全集3 探偵白浪篇』に所収の桂春団治の「盗人の仲裁」という演目では、喧騒な都会で激務に追はれ、末梢神経はいやが上にも過敏になり、宅に帰つて疲れた体や、神経を休ませようと思うと、表は電車、自動車の行進曲で、尚更、神経が興奮する。夜も眠られん。仕方がないので心プラ（心斎橋）を遣つて、カフエーへでも飛込み、コーヒの一碗でも啜つて、落着いた気分に成らうと思うとジヤヅバンドーとかで、追立る様に囃し立てられる。(10)

という冒頭（まくら）から始まり、本題へと移っていく。喧噪的な都会に嫌気がさし、神経を落ち着けようとカフェに入ったものの、ジャズの音で落ち着かない様子を描いている。ほかにも三遊亭金馬がレコードに吹き込んだ「無精風呂」では、

（ボン、ボン、ボン、ボン、ボン、ボン）

「おや、今鳴ったの六時じゃねえかい」

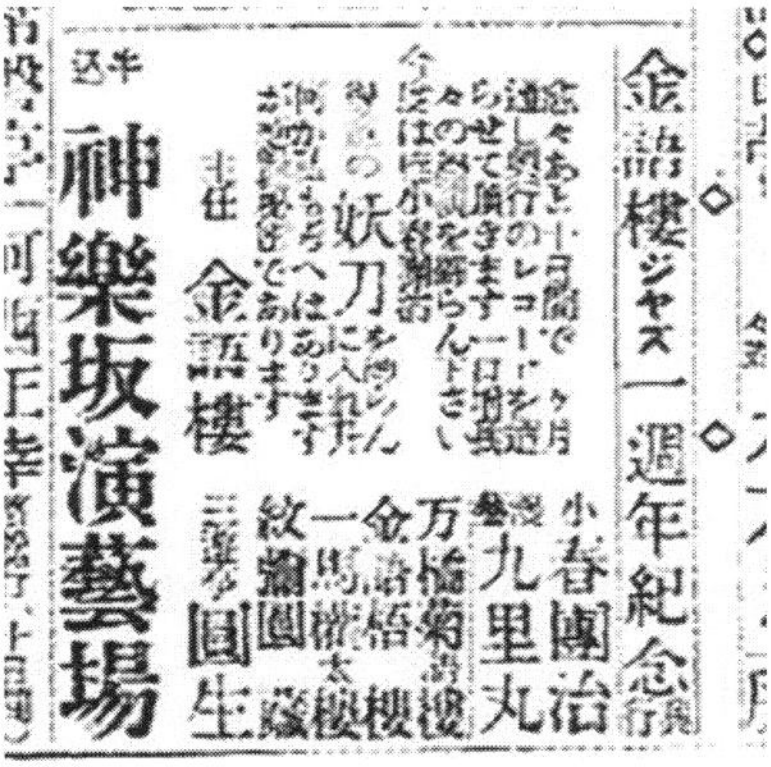
金語楼ジャズ一週年紀念
神樂坂演藝場
小春團治
九里丸
金語楼

図56　「寄席案内」「読売新聞」1930年4月21日付、7面

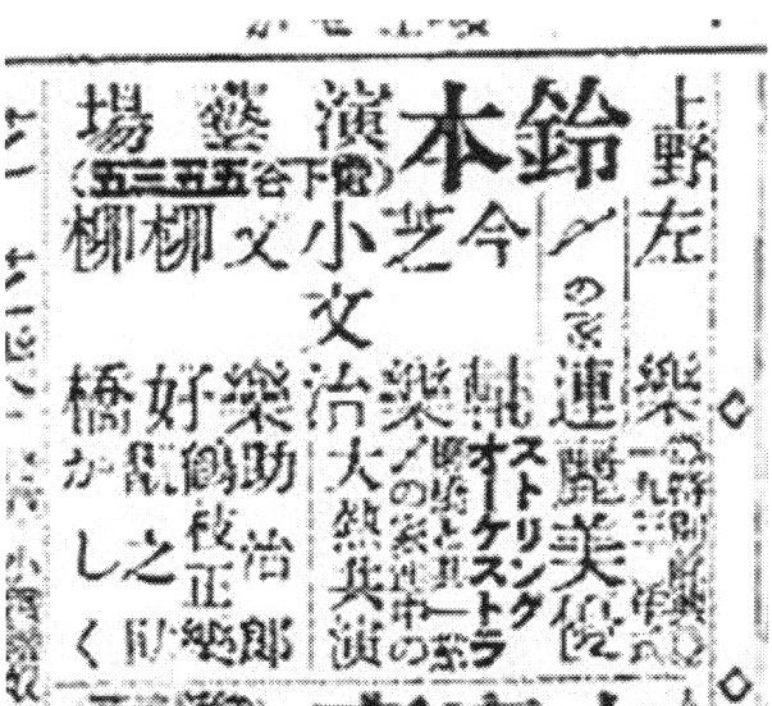
上野
鈴本演藝場
ストリングオーケストラ

図57　同記事

「六時だよ、だから隣のカフェーでジャズが始まったんだ」
(ジャズ音楽[11])

というように、演目の途中でジャズが流れている。[12] 実際に演目の途中でスムーズに伴奏を入れることはなかなか容易ではないため、こうした仕掛けはレコードならではのメリットといえるだろう。ちなみに、金馬には「ジャズ息子」という演目もある。[13]

また、落語は寄席(演芸場)だけではなく、放送が開始されたラジオでも番組の一つとして流れていて、一九二八年二月二十六日放送の『掛合噺 カフエ馬鹿囃子』では、「さうか、そりや丁度いゝ僕につき合い給へ素的に面白い変つたカフエーへ案内するよカフエージヤズバンドてんだそこは[14]」というセリフがある。

ここでは、カフェの店名として「ジャズバンド」を使い、「素的」ではあるが「面白い変つた」というように、物珍しい様子もうかがえる。ジャズは民衆娯楽に入れられて、よりさまざまな層に広まることになった。[15] こうした過程を経て、ジャズ音楽に対するイメージや特色が定まりはじめ、次第に表現として用いられるようになる。

2 建築・絵画・広告でのジャズの利用

一九三〇年十月十日付の「中央大学新聞」の記事に、「体は「オールド」で仕方がないにしても、せめて、気だけは「ベビー」のまゝでありたい。その若い元気で、大にジヤズラン。ジヤズり。ジヤズル。ジヤズレで行きたいと思ふ[16]」とあるように、一九三〇年頃から「ジャズる」[17]という言葉も登場する。名詞を動詞化して使用する「〇〇る」は現代でも若者言葉としてあるが、同様の現象がこの時代でも起きていたということである。

ジャズの特性を動詞として扱っている点は、ジャズという音楽がどのような音楽か理解しているからこそであり、加えて、流行していなければ、こうした言葉は生まれないため、流行の度合を測る一つの目安といえる。

また、一九三一年に出版された『モダン新語辞典』所収の「付録 男女学生隠語集」では「ジヤズさん」という項目もあって、「ジヤズバンドのやうに、ペチヤクチヤ喋る喧しい人[18]」と説明されている。学生の隠語なので、「ジャズる」同様に若者言葉として使用されていたのだろう。

こうした「ジャズる」や「ジャズさん」という造語にも代表されるように、ジャズの特色を利用した表現は次第にさまざまな分野でも散見されはじめる。ここでは、建築、商業、美術といった音楽とは異なる方面に現れた表現に注目し、ジャズのどのような部分が表現として当てはめられていったのか見ていくことにしよう。それは、ジャズが広範囲の人々に認知されていたことを明らかにすることになるし、同時にジャズが日本に定着していたことの証明につながる。

図58　里見勝蔵『静物』「美術新論」1929年10月号、美術新論社、巻頭口絵

芸術作品での表現

一九二九年九月に開催された東京府美術館の二科展に出品した洋画家・里見勝蔵が描いた西洋画『静物』に対し（図58）、洋画家・鈴木千久馬は雑誌「美術新論」一九二九年十月号で、同作品を次のように評している。

里見の諸作であるが、成る程ルオールの様な静けさはない。（略）情操的な都会詩、それは哀調を含んだものであつて、音楽で言へばジヤズと言つた様な気分が此の諸作に出て居るが、兎に角斯うした質朴な作は多少の欠点も是認して好感がもてるのである、質朴性はフオーヴの精神に於て可成重要な指命をもつてゐるのである。[19]

図59　川西英『曲馬』「中央美術」1928年6月号、日本美術学院、99ページ

「フォーヴの精神」とは、二十世紀初頭におこった画風フォービスムのことを指している。フォービスムは色彩や[20]「感動自体の端的表現、リズムへの関心[21]」が特色で、ここでは里見が描くフォービスム的特色を「ジャズ」の特色と重ねていることがわかる。

時期は前後するが、一九二八年二月に開かれた「第三回一九三〇年協会評展」に出品された里見の西洋画『女』に対しても、「ジヤヅの如く凄まじい色彩の音楽を奏でゝ居る[22]」という講評があり、フォービスムの特色である「凄まじい色彩」に対し、「ジヤヅ」という表現を当てはめている。

こうした表現は里見の作品だけではなく、雑誌「中央美術」一九二八年六月号に掲載された「国展・春陽会の版画」のなかでも、版画家・前川千帆が川西英の『曲馬』に対して、「川西氏の曲馬の強烈な色調の前に立てば、心にジヤズを聞き小供の心を呼び覚される[23]」とコメントしている。前川が、作品の「強烈な色調」にジャズの雰囲気を感じているのがわかる（図59）。

ほかにも、先に述べた二科展に出展された野間仁根の作品について（図60）、洋画家の矢部友衛は、「ジヤズは野間氏が代表してゐる。思想的にも芸術的表出にも甚だ無計画である。只単に陽気に、酒と香りとで華やかにハネ上がつてゐれば幸福で居られるジヤズダンスの高度な反映である[24]」としているように、野間もまた色彩に特色をもった画家だったことから、絵画に描かれた鮮烈な色彩に、ジャズがもつ「無計画」という自由さや「陽気さ」などの特色を重ねていると推測できる。

一方、色彩表現に対してジャズの音楽性を当てはめるケース以外にも、美術雑誌「みづゑ」一九三一年八月号の「美術界 展覧会」では、同年六月の「留加会第二回展」に出品された大河原元の西洋画『風景』に対して「これ迄のジヤズ的構図と比べて堅実な描写になつて居る」[25]と評していて、ここでは作品の構図に対してジャズという表現を用いている。残念ながら講評のなかには構図についての詳しい説明がなくて、どの点が「ジャズ的」なのか明らかではないが、少なくとも「堅実」ではない、奔放な描写だったと想像できる。

建築での表現

絵画など美術作品と同様に、建築に対してもジャズに仮託した表現の利用はみられる。例えば、当時、日本を代表する百貨店だった白木屋は一九二三年に関東大震災によって大きな被害を受け、三一年に新たに再建された。その際、再建された白木屋の建物について、美術家である濱田増治は次のようにコメントしている。(図61)

> 今回に於いては、私は線のリズムに於いて異常の快感を味つたものである若し形容を許すならば、各部のマッスの相関的構成に於いて低音を味はい、構築に用ひられた線のリズムによつて高音の足勇躍を感ぜしめられ、夜間の照明に於いて、殊に外部より透し見た階段の屈折と光りと線の交錯とは、すばらしいジヤヅに惹き入れられるものがあつた[26]

濱田は建造物の「線のリズム」、つまり造形の表現としてジ

図60　野間仁根『友達』「美術新論」1929年10月号、美術新論社、巻頭口絵

図61　『建築写真類聚』第8期第2輯、洪洋社、1935年、1ページ。1931年当時の白木屋

図62　「セメント界彙報」1929年12月号（セメント界彙報発行所）の巻頭写真。竣工時の京都南座

ャズを用いている。建築でもジャズの特色は重なったのである。

また、現在も京都に残る著名な劇場・南座についても同様の表現を使っている。南座は一九二九年に建て替えられて木造から鉄骨鉄筋コンクリート（図62）になった。改築された南座に対して、建築雑誌「新建築」一九三〇年三月号（新建築社）に掲載された「京都南座を観る」では、

> 古典音楽に対してジャズが其の存在理由を明かにした如く、南座の建築も存在理由を明らかに持つて居るわけである、南座は建築に於けるジャズである。（略）日本造りに稍洋風を加味した六階造りの賑かな建築である。[27]

とあるように、白木屋と同様、建築の造形に表れた「賑か」さをジャズと表現している。

他方、関東大震災後の復興に際しては、都会に「マッチ箱の変形」「積木細工も及ばぬ奇形[28]」と揶揄されるような、統一性がない建築が乱立することになった。こうした状況に対して「建築的ジャズ[29]」という表現も使われ、また、そのような一風変わった建築物が乱立する理由について、雑誌「建築新潮」一九二九年五月号の「中流商店建築の様態」では、「最近東京市内の市街地」の「極めて目新しき建築様態を」した「小売商店及びカフェ、レストラント等」では「人目を惹きつけ」る「宣伝的機能」と「刺激的意匠がその店の性質を表示していること[30]」が重要だとしている（図63）。目を引くような目新しさをもつ造形が、宣伝にもつながると考えたといえるだろう。

さらに、同誌では、「ジャヅ音楽の流行は種々の方面のセンチメントに影響してゐるが、それがまた小建築にも影響してゐないとは言はれない[31]」と指摘し、ジャズの流行は「極めて目新しき建築様態を」した建造物の「宣伝的機能」や「刺激的意匠」に少なからず影響を与えているという大変興味深い考察をしている。

デザインや広告としてのジャズ

図63　「中流商店建築の様態」「建築新潮」1929年5月号、洪洋社、4ページ。東京・神田の奥田毛皮店の外観写真

ここまで芸術作品や建築にジャズの特色を重ねた表現を見てきたが、言葉だけでなくデザインとして利用されることもあった。言わばジャズの図案化ともいえるが、想像がつきにくいだろうから具体的な例をあげよう。

商業雑誌「広告界」一九二八年二月号では、「アメリカで最近流行を極めてゐますジャズとitを模様化して、これを衣裳柄に染出してこの模様を着て婦人が得意になつて歩いているそうです」とし、「ジヤズバント（ママ）を、漫画的に図案化した[32]」生地（図64）を紹介している。ここでは、漫画化したジャズバンドを図柄にしているが、さらに抽象的な事例も存在する。

例えば、女性雑誌「主婦之友」一九二九年五月号では、懸賞として一般から浴衣図案を募集した際の当選者を発表していて、考案には「英字を取り扱ったもの、トランプ、風船、ラヂオ、飛行機、（略）ジャズ、コクテール、ピヤノ、麻雀、等等、モダン的都会的享楽図案[33]」が集まり、デザインのなかに「ジャズ」が含まれていることが確認できる。三等賞には、「ジャズの夕」（図65）という香川県高松市天神前に住む女性の作品が選ばれた。当選者は「常々から考へてゐました。浴衣に対する私の美意識を、この図案をかりて、満たしたのであります。題は図案が出来上がりましたとき、それから受けた感じでございます[34]」と図柄を説明している。

掲載された図柄は、「Jazz」や「ジャズ」などの文字が直接入った単純なものではなく、紺色の下地に小さいコの字型の線が施されたものであり、柄の印象から名前を付けた様子がうかがえる。つまりそれは、デザインの印象からジャズを着想できるほどイメージが人々に備わっていることを示すことにもなる。

図64　室田久良三「漫的な包紙のおすゝめ」「広告界」1928年2月号、商店界社、74ページ

加えて、同年十月号の「主婦之友」に掲載された「主婦之友伊勢崎銘仙」にも、品番（十七）の着物に「ジャズ」という商品名を付け（図66）、着物を「二十歳前後」の「明るい感じのお嬢様」を対象に販売している[35]。

基本的には購買欲をそそるような商品名と商品のイメージに合う名前をつけるはずであり、販売する品物の名前には知名度が低い言葉や意味のない言葉をあてることは考えがたい。そのうえで、着物の柄に対して「ジャズ」という名称をつけることは、やはり人々の間で共有できる〝ジャズらしい〟イメージが存在したと考えられる。こうした感覚的なイメージの共有も定着を示す一つの証明になるだろう。

また、ジャズという言葉や音楽の演奏は宣伝的な機能をもっていて、それはさまざまな場面で用いられた。その例として、「広告界」一九二九年十月号には、広告のキャッチコピーの考案を紹介する欄があり、調味料の広告案には「味のジャズ、香りのコーラス」[36]としている。

第4章第1節で映画広告の宣伝文を紹介したが、この時期になるとジャズは効果的な宣伝文句にもなっていて、人を引き付ける単語として使われた。

ジャズの音楽演奏もまた広告として宣伝的な役割を果たしていて、「広告界」一九二七年八月号に掲載された記事では、「音楽を利用して街道をねり歩き、又、店頭にて広告をしようと云ふ方法」を「広告音楽」と称し、この方法は「新聞雑誌程多人数に行き渡らないが部分的の広告としては決して他の広告方法に劣らぬ程有効なもの[37]」、つまり、集客に音楽の

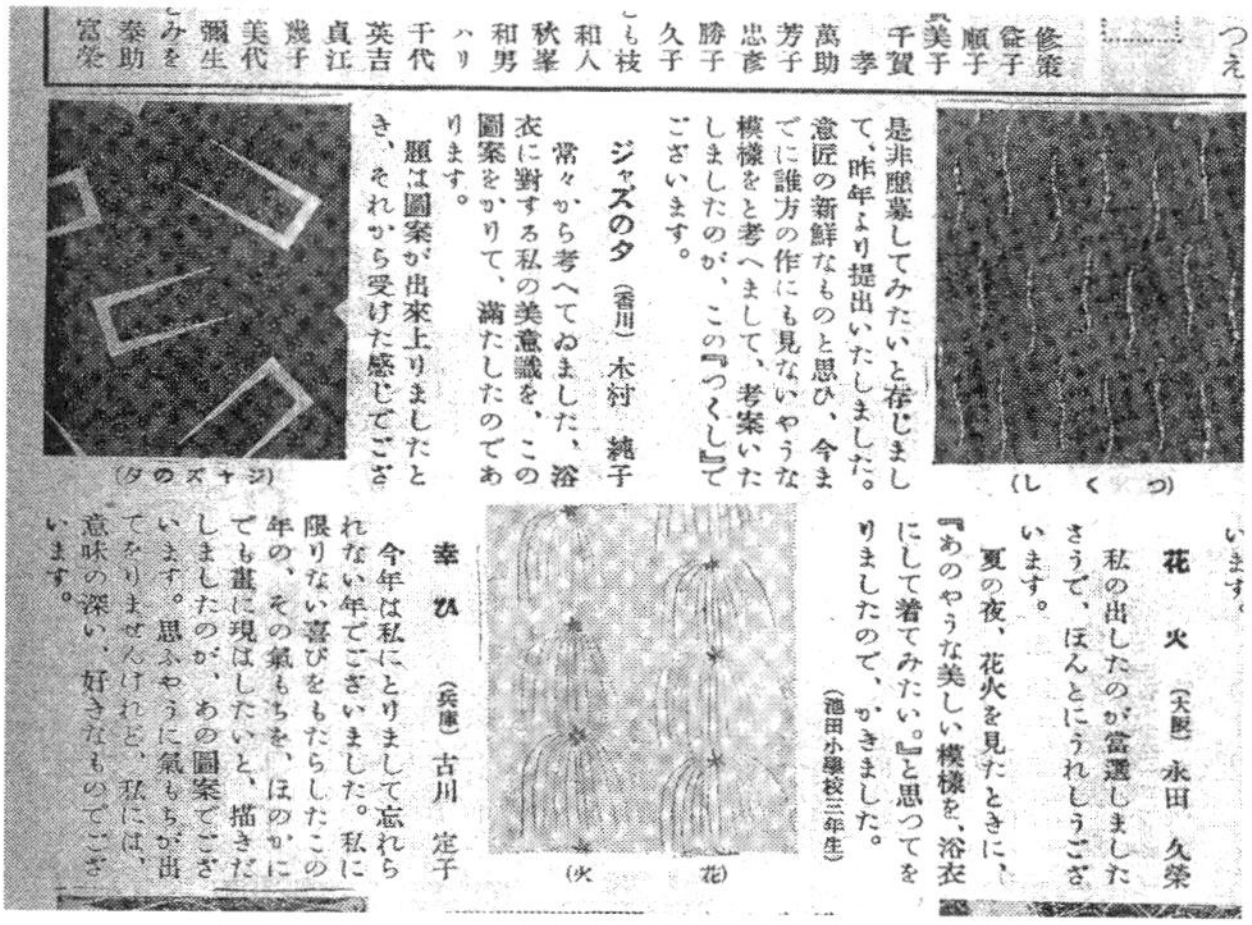

つえ　修策　益子　順子　美子　千賀　孝　萬助　芳子　忠彦　勝子　久子　も枝　和人　秋峯　和男　ハリ　千代　英吉　貞江　幾子　美代　彌生　みを　泰助　富榮

（つ　く　し）

是非應募してみたいと存じまして、昨年より提出いたしました。意匠の新鮮なものと思ひ、今までに誰方の作にも見ないやうな模樣をと考へまして、考案いたしましたのが、この『つくし』でございます。

ジャズの夕　（香川）木村　純子

常々から考へてゐました、浴衣に對する私の美意識を、この圖案をかりて、滿たしたのであります。

題は圖案が出來上りましたとき、それから受けた感じでござ

（ジャズの夕）

いますく

花　火　（大阪）永田　久榮

私の出したのが當選しましたさうで、ほんとにうれしうございます。

夏の夜、花火を見たときに、『あのやうな美しい模樣を、浴衣にして着てみたい。』と思ってをりましたので、かきました。

（池田小學校三年生）

（花　火）

幸　ひ　（兵庫）古川　定子

今年は私にとりまして忘れられない年でございました。私に限りない喜びをもたらしたこの年の、その氣もちを、ほのかにでも畫に現はしたいと、描きだしましたのが、あの圖案でございます。思ふやうに氣もちが出てをりませんけれど、私には、意味の深い、好きなものでございます。

図65　浴衣図案「ジャズの夕」「主婦之友」1929年5月号、主婦之友社、469ページ

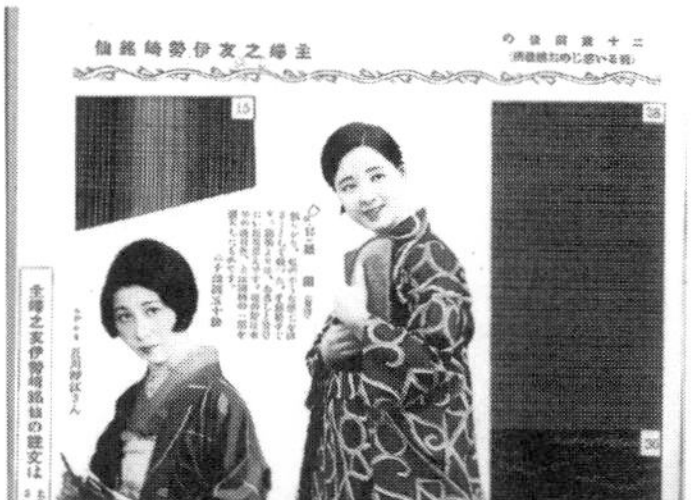

図66 「主婦之友」1929年10月号、主婦之友社。商品名「ジャズ」の着物が見られる

言葉を使用することが効果的な方法であると紹介している。

記事で取り上げた音楽の種類のなかには、「純様式音楽広告法」「和式音楽広告」のほかに「ジヤツヅ音楽広告法」も入っていて、ジャズに集客力があることを示している。[38] 落語で寄席の客入不振の打開策としてジャズを用いたのも合点がいく。

さらに、大阪のカフェを数店紹介した「商店界」一九二九年八月号の「大阪名物カフエー行脚」によると、道頓堀の「ミユジツクホール一番」は、「客呼び策の余興」に専属の部員による「ジヤズソング、一番オペラ、サロンオーケストラ等を毎日やつて」いて、「道頓堀赤玉食堂」でも、「六人のメンバーよりなるヒリツピン人ジヤズバンド及び十人のメンバーによつてなる日本人ジヤズバンド」を「自家広告」[39] として紹介している。このように、ジャズという言葉と同様に、ジャズ演奏が人々を引き付ける要因となり、集客の手段として役割を果たしていたことがわかる。

ジャズの普及に伴い、次第にジャズという音楽がもつ特徴のイメージが人々のなかで定まり、表現としても利用されることになったわけだが、では、どのような特徴が美術や建築などの表現になったのか。こうした美術や造形でのジャズのイメージ利用について音楽評論家の牛山充は、音楽雑誌「音楽新潮」一九二八年十月号の「ジャズ音楽是非（下）」の「ジャズ式絵画と彫刻」で次のように述べている。

ジャズ式の絵画や彫刻も初めの中こそ奇異の目を以つて見られたが、近頃は随所に於て触目されるやうになつたので、今では普通のものとしか見えない。（略）今春上野で開催された博覧会では建築に迄ジャズ応用のものが見られた程である。銘仙や中形浴衣にもジャズの影響が見られるやうになつた。（略）画家でジャズ熱にかゝつてゐる人は、或る色を強調しようとすると形の端正などは犠牲にして顧みない。輪郭の中或る一部分が重要であると思へば、風刺画家のジャズ精神と同様にそれを誇張して思ひきつたことをする。（略）過激な現代彫刻家の立像彫刻にも同様の誇張がいくらでもある。[40]

ここで述べる絵画、建築、浴衣などへの利用は本章第2節とも一致していて、牛山はこうしたジャズの表現を「強調」や「誇張」としていて、それは荒々しい筆遣いと激しい色彩が特徴のフォービズム（の絵画）とも共通するものである。

堀内敬三がジャズについて「フォックストロットなどをリズムを誇張して奏するもの」[41]と説明しているように、牛山が言う「強調」「誇張」はジャズの特色であるリズムを指していると考えられる。音楽に限らず美術と建築の表現や宣伝広告など、どんな分野にでも自由に入り込むことができる特徴のあるリズムこそ「ジャズ万能」[42]と言われるゆえんだったといえる。

一九二八年以降にジャズソングが量産されるようになり、「音楽世界」一九二九年六月号では、ジャズの流行ぶりを次のように伝えている。

街には「ジヤズ ジヤズ」とジヤズ流行で上は最高学府出身の紳士が「何とかムーンはいゝ」とか何とか大いにジヤズ通を振り回すし、下は酒屋の小僧さんが、時代後れの「砂漠に日がおちて」なんぞはもう歌はないで銀座節で、何々行進曲だ、君恋しだ、と流行に乗つて、自転車に乗つて、歌つて歩いている。[43]

「最高学府出身の紳士」から「酒屋の小僧さん」まで幅広くジャズソングを歌い、どの世代が支持していたのかも垣間見える。言い換えれば、上流／下流などに関係なく受け入れられ、「学府」や「小僧」という記述から、若者が聴くような音楽だったことがわかる。

また、「夕刊大阪新聞」に連載の「露店経済」での紹介には、露店で「ジヤズ笛」なるおもちゃを売っていることがわかり、「近頃大変な勢ひで大阪へ押し寄せて来たセルロイド製のジヤズの笛。大阪の到る処で見受けられる。東京での流行は大したもので警視庁が失業者救済の為めに使つた程で品物は一時売切れを呈するの状態で

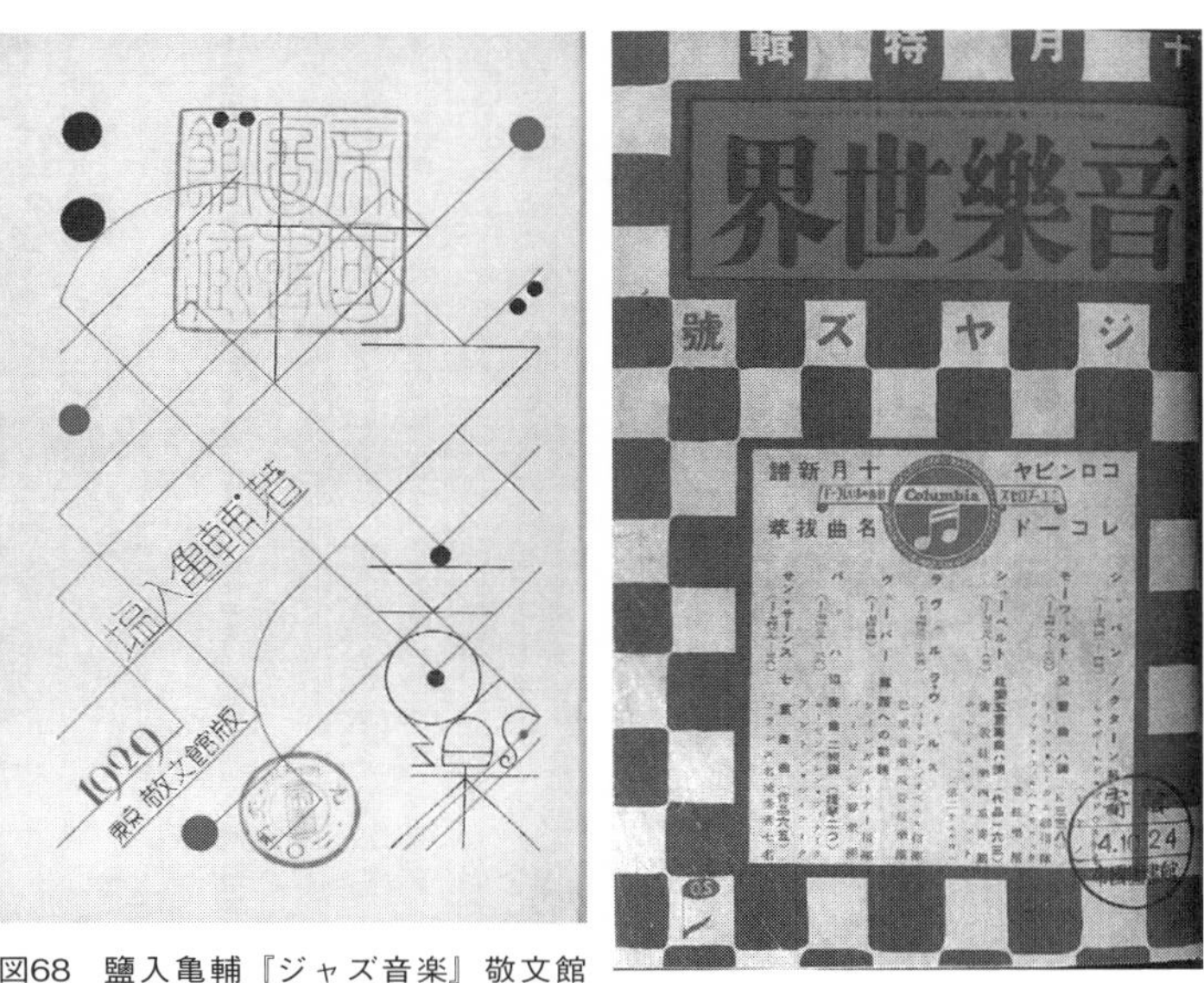

図67 「音楽世界」1929年10月号、音楽世界社、表紙

図68 鹽入亀輔『ジャズ音楽』敬文館1929年、扉

あつた。それに付け込んで模造品が盛んに製造される！との報が伝はると同時に大阪でもどんどん売拡められて来た」と記事では紹介する。残念ながらどういう音色の笛かまでの記述はないが、おもちゃが売られるほどの流行ぶりで、かつ商品としての売れ行きも絶好調であることが伝わる。(44)

このような背景から、「音楽世界」一九二九年十月号はジャズの特集を組んでいて（図67）、同年には敬文館から鹽入亀輔の『ジャズ音楽』が発刊されたことなど、社会のジャズへの関心の高さが頂点に達したことを証明する（図68・69）。

音楽界の一年の動向をまとめた『音楽舞踊年鑑 楽人自由日記 昭和6年版』の「ジヤズ音楽は依然流行」の項では、「堀内敬三氏や増澤健美氏、湯山光三郎氏の作品も歓迎された、兎に角此年度の作曲界は新人の天下であった(45)」としているように、一九三〇年には日本にジャズの作曲家も登場した。加えて、同年の「主婦之友」には「銀屏風 ジャズには遠い百合を活け(46)」や「ジャズバンド踊り疲れて乳が張り(47)」という川柳までも登場し、ジャズがより身近な音楽になってきていることがわかる。

ここまで見てきたように、多種多様な分野の雑誌でのジャズを用いた表現は、ジャズのイメージが社会で共有

図69　広告「鹽入亀輔『ジャズ音楽』」「音楽世界」1929年12月号、音楽世界社

されているからこそ成立するものであり、言い換えればそれはジャズのイメージが形成されたことを示している。

したがって、一九三一年に封切られた日本初のトーキー映画『マダムと女房』の題材としてジャズが選択された（図70）ことは、三一年の日本社会にジャズが日本の大衆文化として定着していたことを雄弁に物語っているのである

3　「モダン」の象徴――ジャズ

本章冒頭でも述べたように、一九二〇年代から三〇年代（大正末期・昭和戦前初期）の文化を紹介するとき、モダンという言葉が一つのキーワードとして現れる。当時を象徴するモダンガールをはじめ、ネオン、カフェ、ジャズなど、これらは当時モダン、つまり新しいものとして見なされた。

一九二七年出版の『現代新語辞典これさへあれば』によると、「モダン」は「現代的」「近代的[48]」と説明していて、現代と変わらず「新しい」とい

図70　広告「帝国劇場」「読売新聞」1931年7月29日付、2面。副題に「隣の雑音」とある

う意味をもっている。[49] 確かに、「モダン」は「新しい」と解釈されるが、現代の「新しい」と一九二〇年代から三〇年代の「新しい」という感覚は明らかに違うはずである。では、当時、いったい何が「新しい」とされたのだろうか。

こうしたモダンな文化が登場した社会背景に目を向けてみると、第一次世界大戦以後の生活の合理化の推進にはじまり、[50] 世界恐慌や昭和恐慌では、不況の打開策として経済大国であるアメリカを意識した産業合理化を推進した。一九二九年に日刊東京新聞社から出版された桝本卯平『百貨店をどう見るか』で、「日本には、今猫も杓子も合理化ばやり[51]」と指摘しているように、同時期には合理化の流行が存在した。

つまり、モダンな文化は、こうした合理化の流行のなかから現れた文化だった。モダンとされる文化は一見、目新しいだけで事物や現象には一貫性がないようにも見えるが、注意深く検討すると、それぞれ合理性という共通点で結ばれている。例えば、洋服は動きやすさの追求、[52] ネオンは宣伝広告として、[53] カフェは女性と知り合う手間が省けるという点、[54] アパートは一つの建物のなかに複数の部屋があり、かつ風呂やトイレも設備されている点から構造上でも機能面でも合理的といえる。[55]

このように社会全体が合理化を求めた時期であり、当時の人々にとって「新しい」を意味するモダンは「合理的」という意味を表していた。それは、総合雑誌「モダン日本」一九三〇年十一月号の「モダンライフ座談会」で菊池寛が「モダンライフは要するに生活の合理化[56]」と発言をしていて、「モダン」を「合理的」と解釈していたことからも裏づけられる。

では、ジャズはどうだろうか。実はジャズもまた、あらゆる点で「合理的」な側面をもつ音楽だった。その側面について、本書では楽団編成の合理的側面、流行音楽としての合理的側面、音楽的性質の合理的側面という三つの点を指摘したい。

まず、楽団編成の合理的側面については、先ほどふれた鹽入亀輔『ジヤズ音楽』で次のように述べている。

> ジヤズバンドの編成は普通のオーケストラと非常に異るものである。オーケストラにあつて、高音部から低音部までの音を充実させる為めには多数の人数を要するが、ジヤズバンドにあつては最大のものでも二十名内外、普通は十名以下で、総ての音を充実させることが出来る。その点非常にジヤズバンドはその編成において合理的である。(57)

確かにジャズバンドの場合、クラシックのオーケストラとは編成が異なり、クラシックに比べて少人数での演奏が可能である。それを可能にしているのは、第3章で取り上げたジャズ楽器にほかならない。鹽入は「ジヤズのもたらした合理化、能率化、そしてその為に使はれた新しい楽器の出現は確かに、今日の我々の感覚を打つ」(58)とも言及していて、ジャズ楽器を合理的な楽器として捉えていた。特にドラムにはその特徴がよく現れていて、同書ではドラムを次のように説明している。

> 打楽器はジヤズのリズムに欠くことの出来ないものである。最も一般的に使用されてゐるものは、ジヤズにだけ使用する特殊の打楽器を大太鼓を中心に組合せたドラム・セットで（略）大太鼓、小太鼓、ウッドブロック、トムトム（支那太鼓）、シムバルで一対になつてゐる（略）此れは皆一人で受け持つのである。(59)

クラシックのオーケストラの編成を考えてみるとわかりやすいが、クラシックのオーケストラの場合、大太鼓、

図71　広告「谷孫六『宣伝時代相』」「読売新聞」1931年2月23日付、1面

小太鼓、シンバルには各一人ずつ奏者が配置される。しかし、ドラムの場合、スネア、ハイハット、ライドシンバル、フロアタムなど一人でその役割を果たせる。確かに合理的な楽器といえる。サックスもまた「バリトン・サクソフォーン一挺の音量はチエロの九挺乃至十挺に匹敵」し、「又、アルト・サクソフォーン一挺は十二挺乃至十六挺のヴァイオリンに、テノール・サクソフォーン一挺は八挺のヴィオラに匹敵する」(60)とされていて、バンジョーも同様に音量の大きい楽器である。

こうした点から、少人数の編成であってもシンフォニーオーケストラに匹敵する音量が出せるとされた。つまり、従来のクラシックのオーケストラにはなかった合理的な楽器が集合するバンドがジャズバンドだったのである。

次に、流行音楽のジャズを利用すれば、効率のいい集客ができるという合理的側面である。

一九三〇年に四六書院が出版した『芸妓通』によると、「今日花柳界の繁栄を期するには、先づ何より芸妓のモダン化が第一の必要条件」(61)とし、売り上げを伸ばすために芸妓はジャズを修得することが必須とされた。「ジヤズやダンスを売り物にしなくてはやつていけない」(62)世の中だったことがうかがえる。

他方で、同時期は「宣伝時代」とも呼ばれていた(63)(図71)。「広告の渦巻であると云つても敢へて過大な申し方ではないと思はれる程、現代社会は一面広告の社会」(64)とされているように、大不況であるからこそ、どのようにしてお金を生み出すのかを考えて、より多くの集客ができるようなあらゆる宣伝が考案されていたのである。

その結果、本章で検討した金語楼の落語ジャズや「ジヤッヅ音楽広告法」、カフェでのジャズ演奏、前章の映画館のアトラクションとしてのジャズ演奏などにつながったといえる。流行しているジャズを集客の手段として

用いることは大変効果があり、その点で「合理的」だったといえる。また、こうした手段が若者以外にもジャズが広まる一つの要因になったことは想像にかたくない。

そして、音楽的性質上の合理的側面は、作曲家・小松平五郎が「新青年」一九二九年五月号に掲載した「大衆音楽の方向」で、「ジャズの持つ独特のリヅムや特異の芳香を一寸失敬して一躍現代作曲家の大家になつた作曲家も居るのであります」[65]と述べているように、ジャズの特色である「独特のリヅムや特異の芳香」つまり、シンコペーションや独特な音（ジャズ楽器）を作曲に用いれば、たちまち流行音楽のジャズにすることができた。同時にそれは大量生産が可能であることを意味し、流行歌の黄金期へと導く一つのきっかけになる。建築、美術、小説などに見られた文章としての利用も「ジャズ万能」[66]ゆえであったからで、あらゆる場面で使えるという点で合理的な言葉という解釈もできる。

このように、ジャズには合理的な側面が見られ、この「合理性」こそ、ジャズがモダンの象徴として位置づけられたゆえんだった。

世界恐慌・昭和恐慌など大不況のさなか、社会は合理性を求めることで活路を見いだそうとした。ジャズがそうした背景に迎合した音楽だったことも、日本に定着した要因の一つと考えられる。

「ジヤズ音楽がこゝへ突然出現してからは、レコード音楽即ち音楽趣味の傾向が二つに分かれて仕舞つた」[67]とあるように、ジャズの台頭は、これまで絶対的だった西洋音楽の価値観をあいまいにしはじめた[68]。ジャズソングの大量生産は「音楽洪水の時代」[69]を生み出すことになり、「近い過去に於いて之程小唄音楽が栄へ、音楽の実在を確率せしめた時代はない」[70]とまでいわれるようになる。しかし、それと同時に芸術音楽や大衆音楽とは何かを問う論争も雑誌で散見されはじめる[71]。

それを考えると、この時期は音楽がより身近にはなったが、「音楽」そのものに対する理解や概念も変化していて、その背景に合理化の流行が大きな要因としてあって、それが影響を与えていたからだと指摘できる。

本章で検討したジャズの利用は、一九三〇年代以降さらに拡大してあらゆる場面に用いられることになる。次章では、三〇年代の娯楽文化のなかでジャズがもつ合理性がどのように開花していったのかをたどろう。

注

(1) 加藤久米四郎『憧憬より自覚へ――地方青年に檄す』成文舎出版部、一九二四年、七一ページ
(2) 三宅恒方『新坂町から』実業之日本社、一九二二年、三六ページ。同書では「寄席芸人の多くは中流以下の娯楽に適する様な極めて幼稚な且つ淫靡な話してお茶を濁してゐる」とも述べている。
(3)「我等のジャズ俚謡 佐渡おけさ節」「ニットータイムス」一九二八年十月号、日東タイムス社、一〇ページ
(4) 同時期の娯楽の盛衰について「寄席が衰へて、映画の常設館が盛んになつて来た」としている(中村武羅夫「カッフエー雑感」「女性」一九二八年五月号、プラトン社、九八ページ)。
(5)「読売新聞」一九二九年十月十六日付十面に掲載された「七種演芸と新人放送者の推挙」という投票で、落語部門でいちばん票を得ているのが柳家金語楼だった。
(6)「金語楼の珍案 落語ジャズ」「東京朝日新聞」一九二九年三月二十日付夕刊(十九日発行)、二面
(7)「金語楼派は平素から例の兵隊実演やらヂヤズやら寸劇其他、形でみせる浅草には持つて来いの強味もあ」ると、「ヂャズ」が「強み」としている(「寄席の色物はどう変るか力強き万歳の存在」「読売新聞」一九三一年三月十六日夕刊〔十五日発行〕、三面)。
(8)「寄席案内」「読売新聞」一九三〇年四月二十一日付、七面
(9) のちに吉本興業の下で「〆の家ジャズバンド」を結成している。
(10) 今村信雄編『名作落語全集3 探偵白浪篇』騒人社書局、一九二九年、八八ページ
(11) 都家歌六『落語レコード八十年史』下、国書刊行会、一九八七年、二六三ページ
(12) 一九三〇年七月にニットーレコードが発売した。ほかにも、ダンスホールやカフェをテーマにした演目をレコードに吹き込んでいて、それらもジャズを扱っている可能性は高い。

（13）日本音声保存から発売された都家歌六、岡田則夫監修のCD『昭和戦前面白落語全集 東京篇』第五巻には三代目三遊亭金馬による「ジャズ息子」の音源を収録している。

（14）「掛合噺 カフエ馬鹿囃子 青柳燕之助、橘ノラヂオ、柳亭左喬」「日刊ラヂオ新聞」一九二八年二月二十六日付、四面。「日刊ラヂオ新聞」では、放送された落語の内容を活字化して掲載している。

（15）同時期には、「日本の代表的喜劇団」と言われる志賀廼家淡海一座も「文無しジャズバンド」という演目を上演している。

（16）増子懐永「ナンセンス三題話 小生―演習―温泉」「中央大学新聞」一九三〇年十月十日付、四面

（17）前掲『近代用語の辞典集成』第二十二巻所収の前掲『モダン語辞典』七八ページによると、「ジャズる」は「ジャズの日本語動詞化」で「ジャズの如く、ジャズに浮れて、ふらふらする、与太を飛ばす、騒々しくやつちやふ、生活する、何でもかまはない出鱈目に踊る具合に暮らしちやふ」と説明している。

（18）『日本世相語資料事典 昭和戦前編』第一巻（日本図書センター、二〇〇六年）所収の小山湖南「付録 男女学生隠語集」（『モダン新語辞典 和英併用』金竜堂、一九三一年）六ページ。

（19）鈴木千久馬「二科を評す」「美術新論」一九二九年十月号、美術新論社、三七ページ

（20）フォービスムは「チューブからしぼり出したままの、いわゆる純粋色による荒いタッチ、形体の単純化や大胆な変形」を特色としている（末永照和監修『カラー版 20世紀の美術』美術出版社、二〇〇〇年、六ページ）。

（21）田辺信太郎「千九百二十年以後の絵画傾向」「みづゑ」一九三〇年四月号、春鳥会、一八一ページ

（22）田口省吾「展覧会記 一九三〇年協会評」「中央美術」一九二八年三月号、日本美術学院、一一九ページ

（23）前川千帆「国展・春陽会の版画」「中央美術」一九二八年六月号、日本美術学院、一〇〇―一〇一ページ

（24）矢部友衛「二科本年度の一般的傾向」、アトリエ出版社編「アトリエ」一九二九年十月号、婦人画報社、四三ページ

（25）「美術界 展覧会」「みづゑ」一九三一年八月号、春鳥会、一〇三ページ

（26）濱田増治「百貨店建築としての石本氏の作品 白木屋の建築」、アトリエ出版社編「アトリエ」一九二九年一月号、婦人画報社、四〇ページ

(27)「京都南座を見る」「新建築」一九三〇年三月号、新建築社、二六ページ
(28)滿壽志「趣味の変遷」「建築画報」一九二九年九月号、建築画報社、一一ページ
(29)同論文一一ページ。同様の表現は「建築画報」一九三〇年三月号(建築画報社)八ページにもある。
(30)「中流商店建築の様態」「建築新潮」一九二九年五月号、洪洋社、四ページ
(31)同記事五ページ
(32)室田久良三「漫的な包紙のおすゝめ」「広告界――意匠と考案」一九二八年二月号、商店界社、七四ページ
(33)「浴衣地図案当選者発表」「主婦之友」一九二九年五月号、主婦之友社、二六七ページ。なお、応募総数は一万七千六百九十二票だった。
(34)同記事二六九ページ。入賞は全員で十人である。
(35)「主婦之伊勢崎銘仙」「主婦之友」一九二九年十月号、主婦之友社。なお、同ページの着物の紹介文には、「感じの明るい、生き生きした柄です。学校通ひのお嬢さまものに仕立てれば、さぞや似合はしいいお召物ができませう」とあり、着物は十四円八十銭で販売している。
(36)商店界同人「広告文案集」「広告界――意匠と考案」一九二九年十月号、商店界社、七九ページ。ほかにも、パーラー(喫茶店)の広告案では、「ジャズの世の中と申します、然し乍ら、しんみりとおちついた気分は誰しも味ひ度いものです、弊店のパーラーは、専ら静寂をモットウとして、ゆっくりくつろいで頂だける様努めて居ります(略)ジャズで疲れたなら××パーラーでお憩ひ下さい」とある(広告研究所案「広告文案集」「広告界――意匠と考案」一九三〇年十月号、商店界社、八五ページ)。
(37)「で・すてんしる」「広告界――意匠と考案」一九二七年八月号、商店界社、五五ページ
(38)ジャズの商品としての人気について「電気蓄音器から奏する心も浮き立つジャズの音の方がどれだけ通行人の購買心を増加せしめるかわからない」としている(YHO生「科学時代のジンタ」「十字屋タイムス」一九三〇年四月号、十字屋楽器店、一九ページ)。
(39)大阪記者「大阪名物カフエー行脚」、誠文堂新光社編「商店界」一九二九年八月号、誠文堂新光社、二四ページ
(40)牛山充「ジャズ音楽是非」下、「音楽新潮」一九二八年十月号、音楽新潮発行所、三二―三三ページ

(41)「音楽評論」一九二六年一月新年号の読者からの「問 fox-trot 及び Jazz に就いて簡単明瞭なる御説明をお願ひ致します」という投稿への回答（「質疑応答」「音楽評論」一九二六年四月号、白眉出版社、二八ページ）。
(42)高見河伯「流行歌に現れた世相」「北海道帝国大学新聞」一九二九年五月二十日付、四面
(43)内田元「ぼうふりのねごと」「音楽世界」一九二九年六月号、音楽世界社、三九ページ
(44)「露店経済」（「大阪新聞」夕刊）、南博／林喜代弘編『見世物・縁日』（「近代庶民生活誌」第十七巻、三一書房、一九九四年）所収、一二八ページ。同記事は「夕刊大阪新聞」に一九二九年六月十二日から三十日まで十九回連載され、「露店業のしたたかな商法」を解説している。ちなみに、ジャズ笛の値段は「一個二三十銭」となっている。
(45)加藤長江編、白井嶺南監修『音楽舞踊年鑑――楽人自由日記 昭和6年版』交蘭社、一九三〇年、三三ページ。また、同書は一九三〇年の音楽界の動向を記したもので、一九三一年版と題して出版したもの。
(46)「川柳井上剣花坊選」「主婦之友」一九三〇年七月号、主婦之友社、四一七ページ
(47)「川柳井上剣花坊選」「主婦之友」一九三〇年十月号、主婦之友社、四九七ページ
(48)文化出版社編『現代語新辞典これさへあれば』文化出版社、一九二七年、一一六ページ。また、現代新語研究会編『いろは引現代語大辞典』（大文館書店、一九三一年）四一一ページでも、「近代。現代。近代人。当世人」と説明されている。
(49)金田一京助／山田明雄／柴田武／酒井憲二／倉持保男／山田忠雄編『新明解国語辞典 第5版』（三省堂、一九九七年）一二八五ページの「モダン」の項でも「現代的。当世風」とある。
(50)例えば、一九二〇年に文部省が外郭団体として作った生活改善同盟は、衣食住から社交にいたるまでの日常生活全般の「標準化」を目的として生活全般にかかわる改善をおこなった（柏木博『芸術の複製技術時代――日常のデザイン』〔「岩波近代日本の美術」第九巻〕、岩波書店、一九九六年、三八ページ）。
(51)桝本卯平『百貨店をどう見るか』日刊東京新聞社、一九二九年、五五ページ
(52)メイ・ウシヤマ『近代美しき粧ひ』（岡田文祥堂、一九二八年）六四―六五ページによると「我が国でも断髪になさる方が漸次増して参りましたのは、徒に欧米に模倣するといふ意味でなく、真実此の方が、活動的でもあり、手数も比較的かゝらず、経済的逼迫の猛烈な時代に適応したものである」とある。

(53)ネオンサインの特色は、「その色彩は優美な自然色を持ち到底電灯の比ではなく且つこの光線の透視力は絶大で(略)照明広告としての効果も多く、且つガラス管によつて自在に各種の字体が描ける」とある(「モダン語消化欄(十七)ネオン・サイン」「読売新聞」一九三〇年八月十三日付、四面)。

(54)酒井真人『カフエ通』(〔通叢書〕、四六書院、一九三〇年)一一二―一一三ページでは、カフェの魅力について次の三つの要素を挙げている。「即ち手つ取り早く享楽されること、次いで経済的に異性に接しられる、更に芸妓や女郎より遥かに女給は頭脳の点に於て、向上して近代的であるから、例へば時事問題に触れても、それにバツを合せて行く丈の才能を有してゐる」。「手つ取り早く享楽され」かつ「経済的に異性に接しられる」点で合理的といえる。

(55)「読売新聞」一九二九年二月十八日付夕刊(十七日発行)三面に「新時代を表象するアパートの生活」とあるように、アパートで暮らすことは先端的だった。

(56)「モダンライフ座談会」「モダン日本」一九三〇年十一月号、文藝春秋社、四〇ページ

(57)前掲『ジヤズ音楽』一四四ページ。同書一四五ページでは、「ジャズ」バンドの編成で「高音部にはヴアイオリンとトラムペツトを持ち、　中音と低音とにサクソフオーンの三部を持ち、(略)バンヂヨウ、及びピアノが和音を受持つてゐる」としている。

(58)鹽入亀輔「モダーニズムの音楽・ジャズ」、前掲「音楽世界」一九二九年十月号、二八ページ

(59)前掲『ジヤズ音楽』一二〇、一二二ページ

(60)前掲「モダーニズムの音楽・ジャズ」二八―二九ページ

(61)花園歌子『芸妓通』(通叢書)、四六書院、一九三〇年、三七ページ

(62)酒井潔『日本歓楽郷案内』竹酔書房、一九三一年、一六六ページ

(63)谷孫六広告「『宣伝時代相』」「読売新聞」一九三一年二月二十三日付、一面

(64)中村生「宣伝広告の一考察」「保険銀行時報」一九三〇年一月一日号、保険銀行時報社、三七ページ

(65)小松平五郎「大衆音楽の方向」「新青年」一九三〇年五月号、博文館、一二六ページ

(66)高見河伯「流行歌に表れた世相」「北海道帝国大学新聞」一九二九年五月二十日付、四面

(67)K「楽界雑話」「音楽世界」一九二九年五月号、音楽世界社、九二ページ

(68) 国民交響管弦楽団指揮者である小松平五郎は「何故にバッハが上等で、ジヤヅが下等なのか。何故に、日本の人々は上等な音楽ばかり食べなければならないのか」と現状の音楽の在り方に対し、苦言を呈している（「雑感交々」「音楽世界」一九二九年一月号、音楽世界社、七〇ページ）。

(69) 金森保次郎『音楽の鑑賞教育』教育実際社、一九三一年、八ページ

(70) 黒澤隆朝「ジャズ亡国論」、前掲「音楽世界」一九二九年十月号、一四ページ

(71) 例えば、堀内敬三「大衆音楽検討」（「月刊楽譜」一九三〇年五月号、山野楽器店）、田口明「大衆の一人として」（「音楽世界」一九三二年十一月号、音楽世界社）などが挙げられ、「月刊楽譜」一九三〇年五月号については「大衆音楽号」として特集が組まれている。

第6章　一九三〇年代の娯楽文化とジャズ

はじめに

ジャズは単なる流行音楽という域を超え、大衆文化として日本社会に根づきはじめた。これまで以上にさまざまな分野がジャズを取り入れ、珍しかったジャズは当たり前の存在になっていく。よく耳にするスイングジャズが登場するのもこの年代であり、ジャズが進化する時代でもある。ほかの娯楽文化もまたそれぞれ独自の進化を遂げていて、戦前も大きな盛り上がりを見せた時期といえるだろう。その進化する過程のなかでジャズはどのような音楽だったのだろうか。

第4章では一九二〇年代の人気娯楽に焦点を当て、ジャズが世の中に認知されるまでを検討した。本章では、レコード、カフェ・喫茶店、ダンスホール、ラジオ、レビュー、漫才など二〇年代では見られなかった娯楽文化も取り上げ、これらを中心に定着したジャズがその後、どのように展開していったのか、発展期として見ていく。

一九三〇年代になると、映画はトーキーになり、ダンスホールも栄え、とりわけラジオはレビューやダンスホールの音楽を中継したり、映画の主題歌を流したりとこれまで以上に相補的な関係性になる。そうした部分にも注目しながら、消費経済の進展に伴い社会が変わりつつあるなかでジャズという音楽はどのようにして娯楽文化のなかに溶け込んでいったのか見ていこう。

なお、映画も代表的娯楽だが、それは、一九三〇年代後半から流行するアトラクション（実演・添え物）との関係性から次章で取り上げることにする。

一九三〇年代は日本のジャズ黄金期ということもあり、淡谷のり子、東海林太郎、灰田勝彦、ディック・ミネ、川畑文子、リキー・宮川などの流行歌手、古賀政男、服部良一などの作曲家が脚光を浴び、井田一郎、谷口又士、菊池滋弥、南里文雄といった演奏者、ジャズバンドもまた大活躍する時期である。こうした黄金期を彩ったさまざまな歌手、作曲家、演奏者からは、あらゆる名曲が生み出され、こうして日本のジャズの歴史は作られていく。

ただし、本書の冒頭で述べたとおり、ジャズの広がりを見ていくことに焦点を当てた論稿の性格上、特定の人物や楽団、楽曲についての詳細な解説は他書に譲り、本章では必要な部分だけに適宜ふれていく。なお、本章では一九三一年から三七年を対象として考察する。この三七年という設定は日中戦争勃発の影響から、輸入映画の統制やレコードに二〇パーセント増税（後述する）が課されるなど、それに伴う環境の変化があったからである。

一九三七年以降、次第に戦時色は強まっていくが、三〇年代がどんな時代であり社会だったかを知ることは、戦時下でジャズがなぜ目の敵にされたのか、その手がかりを探るきっかけになるのではないか。

では、一九三〇年代にジャズの影響はどこまで広がり、どれだけ社会に影響を与えた音楽になったのかを明らかにしていこう。

1　一九三〇年代の音楽文化

流行歌の時代

一九二八年以降ジャズソングは量産されていく。また、二九年には、西条八十作詞、中山晋平作曲の「東京行進曲」が発表された。同名映画の主題歌で、当時人気があった大衆雑誌「キング」（大日本雄弁会講談社）連載の菊池寛の小説を映画化したものである。この楽曲の注目すべき点は売り出し方にあり、「映画化に際しそのテーマソングを（略）レコードに吹込み東京市内外のカフェーバー千五百軒にこれを散布[1]」するという宣伝方法によって大ヒットする。[2]こうした宣伝方法も、前章でふれた宣伝時代という社会背景から企画したものだろう。また、この「映画と流行歌のタイアップ[3]」という手法は模倣に模倣されたので、以降は「映画でも主題歌がなければもてない世の中[4]」になった。

大正期の流行歌は「花柳界や芝居小屋や或は学生の間や、或いは陋巷の艶歌師」などによって生み出されていたが、[5]昭和期（一九二〇年代後半）になるとタイアップというレコード会社による企画から流行歌が生み出されることになり、流通の仕方も大きく変化する。

レコード会社からは「毎月何十種何百種といふ新作の流行歌が、レコード会社の企画によつて紹介宣伝される」ため、「線香花火のような瞬時の愛玩歌[6]」といわれるほど、はやり廃りも激しかった。この点は現代でもあまり変わらないといえる。

一九二九年九月三十日付夕刊七面の「読売新聞」に「緊縮の世に成金の唄ひ手」という見出しがあるように[7]、不景気のさなかジャズソングを含め流行歌は非常にもうかった。こうした背景もあり、「レコード会社は売れる歌手、演奏者を求め[8]」、数多くの歌手や演奏者を世に輩出していく。それに伴って、レコードは大量生産され、世の中は流行歌の時代へと突入していくのである(9)。

一九三〇年代のレコード事情とレコードファン

毎月おびただしいレコードが発売されるようになれば、いわゆるレコードファンも現れる。そうしたファンを対象にした音楽喫茶が登場するのも一九三〇年代だった。当時のレコード流通事情の前に、再生装置の蓄音機についても少しふれておく。

蓄音機は一八七七年にトーマス・エジソンが発明し、八七年にエミール・ベルリナーの改良によって円盤式蓄音機が誕生する。日本には八九年に輸入され、一九一〇年には日本蓄音器商会が発足し、同年に国産第一号のレコードが発売されている。大きな変化が起こるのは二八年で、朝顔型のホーンがついた蓄音機から、内部にスピーカーを取り付けた電気蓄音機が発売されたことだ（図72）。

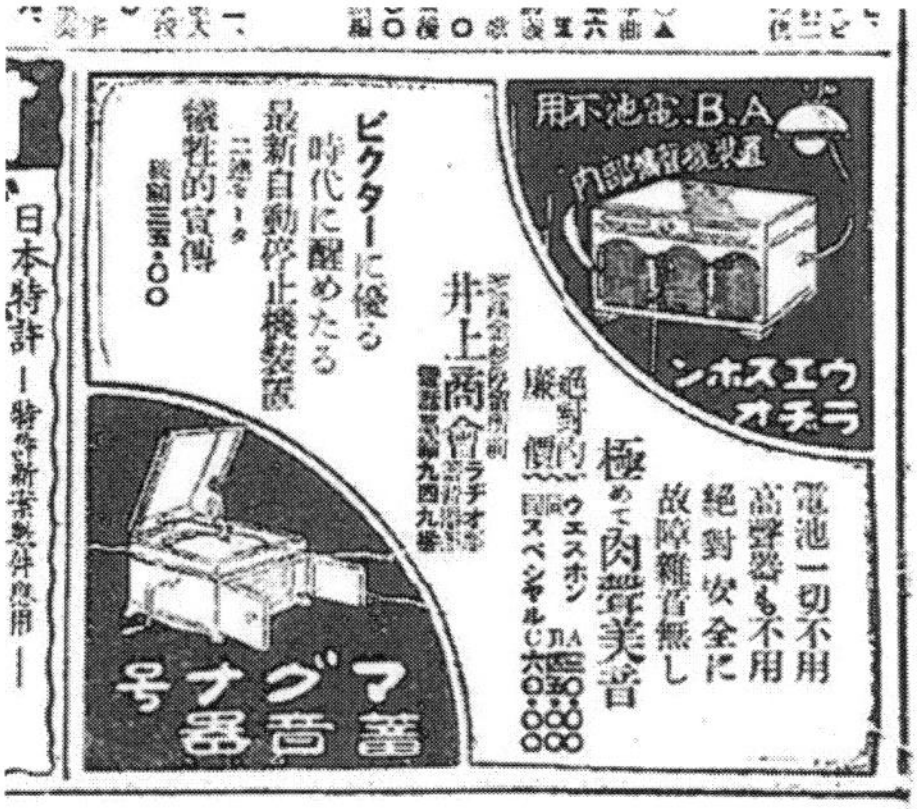

図72　広告「マグナ号蓄音機 ウエスホンラヂオ」「読売新聞」1929年3月17日付、9面

電気蓄音機で何がどう変わったのか、その特徴は、これまでのラッパ吹き込みから、電気吹き込みでのレコード録音になって、スピーカーから出てくる音が断然によくなった点である。

また、一九二七年にはコロムビア、ポリドール、ビクターなどの外国資本レコード会社も日本市場に参入してきたから、販売されるレコードが飛躍的に増えた(10)。こうした科学技術の進歩や企業のマーケット拡大も流行歌の時代を作った一つの要因といえるだろう。

さて、前述の外国資本レコード会社の参入によって、これまで「一枚三円もしていた」レコードは「一円五十銭(11)」になって従前よりも安価で入手することができるようになった。しかし、それ

図73　広告「デュエット」「Ginza」1937年5月号、銀座社、11ページ

図74　広告「ロイ喫茶室」、同誌16ページ

でも、当時その値段は「好きな日本酒六合乃至ビール四五本を犠牲にせざるを得ない⑿」ほど高価だった。レコードの購買者は、「一つは一般大衆であり、一つは所謂レコードファン」であり、「一般大衆の多くは流行歌と浪花節とを愛好する人々」で、レコードファンは主に外国物の名曲レコードを買っていた⒀。『音楽年鑑 昭和12年度版』によると、一九三六年は「通俗音楽、或はダンス音楽の需要が多くな」り、「この方面の特集、予約物が多い⒁」とされていることから、ダンスのレコードファンもいたことがわかる。

レコードファンは学生が大部分であり⒂、前述したようにレコードに、「金一円五十銭也を投ずることは、安月給取りや学生にとつては、かなりの負担⒃」だった。そのため、中古レコード店もすでにあって、「学生やサラリーマンを有難がらせ⒄」る存在だった。中古レコード店は東京都内だと「学生街たる神田に一番多く、山ノ手では牛込神楽坂、下町には銀座裏等にもあるがその他至るところの盛り場の夜店には必ず一軒ぐらゐお店を出しており⒅」と、正規のレコード店だけでなく、中古屋レコード店も音楽の普及に貢献していたといえる。また、店に集まるレコードについて「音楽世界」一九三〇年七月号の「中古レコード商売往来」では、「最近になるとジャズのレコードが又矢鱈によく集まつて来、よく売れましたが、この方は早いのになると新譜が出て間もなく売り物に出るのが可成りあ⒆」ったとある。こうした現象は、レコードが氾濫する時代ならではあり、氾濫しているからこそ中古レコード店のような商売も成立していたといえるだろう。

このような背景から、所有レコードを売りにする喫茶店も登場し、音楽喫茶が繁盛することになる。横浜の野毛にある「ちぐさ」は現在でも残るジャズ喫茶として有名だが、ちぐさもまた一九三三年の創業である。「読売新聞」一九三六年三月二十日付夕刊三面に掲載された「茶房の一輪」という記事は、新橋にある喫茶店デュエット（図73）を紹介して「ジャズ・レコードでは日本一[20]」としていて、ジャズや店の蓄音機を売りにするような喫茶店も存在したことがわかる（図74）。

同様に、音楽を体験する場としてカフェの存在も大きく（図75）、一九三五年には都下に一万千軒ものカフェがあったとされる[21]。「ジャズのレコードにボックスの椅子[22]」というように、カフェでもレコードは必需品で、レコード係も存在した[23]。しかし、その一方でカフェの音楽は「店内の雰囲気を混濁[24]」させ、「エロサーヴィス」を誘発する問題の種とされていて[25]、ジャズが軽佻浮薄とされる理由が垣間見える。

図75　「カフェー・キツネ」『建築写真類聚』第8期第3輯所収、洪洋社、1931年、15ページ

2　娯楽文化に展開されたジャズ

ダンス文化とジャズ

一九二六年、昭和に入ると、「社交ダンスはすでに一部の人々の独占域を脱し、漸次大衆的に普及してきた[26]」とされるように、ダンス文化は都会人の「生活になじみ得るもの[27]」になる。その後、ダンスホールは雨後のタケノコのように建設され、

図76　広告「帝都舞踏場」「THE MODERN DANCE」1935年10月号、日本舞踏教師協会。1階はダンスフロアー、2階に演奏場所がある構造になっている

図78　広告「銀座ダンスホール」「The Dance」1932年12月号、ダンス社。銀座ダンスホールでは回転するステージがあったことがわかる

図77　広告「和泉橋舞踏場」「THE MODERN DANCE」1933年4月号、日本舞踏教師協会。ウッドベース、ギター、ピアノを演奏するメンバーに加えて、中央で歌う女性は淡谷のり子である

二八年の段階で東京都内に「十六七ヶ所」あった(28)。

一九二八年と三一年の警視庁による取締規則(29)で舞踏場の新設は制限され、三一年までには東京都内八カ所（帝都ホール、日米ホール、国華ホール、和泉橋ホール、フロリダ・ホール、新橋ホール、ユニオン・ホール、銀座ホール）（図76・77・78）になってしまうものの、公設の舞踏場以外にも帝国ホテル、交詢社、ジャパン、芝園倶楽部など取締規則の制限の対象にならなかったホールも多く、ダンスができる場所は相当数あった(30)（図79）。

当時のダンスホール事情を見てみると、一九三一年五月十二日付朝刊七面の「東京朝日新聞」記事「学生は踊る 春の夕のホールに七割位は金ボタン」という見出しからもわかるように、客は主に学生だった。都内八カ所のダンスホールでは、昼はレコードで踊り、夜はジャズバンドやタンゴバンドが伴奏をした。生演奏の分、料金も上がり、例えば和泉橋ホールでは、十五時から十八時までは一回十銭だが、十八時から二十三時までが一回二十銭と倍の値段になる。一曲三分で一時間踊ると四円になるため、安くはない。それでも、ダンス熱はますます盛んになり、ダンス雑誌「THE MODERN DANCE」では一九三二年の舞踏界の状況を「その流行振りたるや真に素晴らしい有様で、昨今は東京市内だけでも新ファンが毎月五千人は降らぬと云ふ状態[31]」と伝えている。

それに伴い、「ダンスマガジン」（横浜発行）、「ダンス新聞」（大阪発行）、「八洲ダンス・ニュース」（金沢市の八洲ダンス研究倶楽部の機関紙とされる）、「ＴＯＡ・ＦＡＮ」（大連の東亜会館ダンスホール発行）、「社交ダンス」（東京発行）など、各地のダンス研究雑誌や団体機関紙が発行されていた（図80・81・82）。ダンスのステップはもちろんのこと、ダンスレコードやダンス界の批評などが掲載され、「東京各ダンスホールのバンドを評す」といったダンスホール専属バンドに関する詳細も載っている[32]。掲載された情報を頼りにダンスホールに通った客も少なくなかったのではないだろうか。

図79　広告「フタマ舞踏靴店」「The Dance」1933年4月号、ダンス社

また、一九三一年には「Jazz」（伶人社）（図83）、翌三二年には「ジャズタイムス」（ジャズタイムス社）（図84）も発行されていて、これらの雑誌でもダンスホールの批評についてページを割いている点からも、ダンスとジャズの結び付きの強さがわかる。

図80　前掲「モダンダンス」1935年10月号、表紙

図82　「社交ダンス」1934年4月合併号、東京発行、表紙

図81　「The Dance」1933年11月号、ダンス社、表紙

ホール専属のダンスバンドは基本的には日本人で構成されているが、フィリピン人など外国人が参加する場合もあった。各ダンスホールでアメリカのジャズバンドを招聘することもあり、一九三三年十月に銀座ダンスホールにジエリウツド・ジヤズバンドが出演し、(33) 三五年九月には、フロリダ・ダンスホールでA・L・キング・アンド・ヒズフロリダ・リズム・エイセスという総勢十一人の黒人ジャズバンドが演奏を披露している。(34)

社交ダンス熱と取り締まり

ダンスの流行はやむことなく、一九三三年には地方にもダンスホールが新設されている。例えば、市川ダンスホール（千葉県）、熱海ホール（静岡県）、浦和ダンスパレス（埼玉県）、桐生ダンスホール（群馬県）などが挙げられ、これらに加え、熱海ホール（静岡県）、別府ダンスホール（大分）といった温泉地でもダンスホールが建設されている[35]（図85）。ちなみに、同年に発売されたダンス雑誌「The Dance」では「組立ダンスフローア」の広告が掲載され、百貨店や楽器店で販売されていたことがわかる[36]（図86）。

図83　「Jazz」1935年10号、伶人社

図84　「ジャズタイムス」1933年11月号、ジヤズタイムス社、表紙

　このようにダンスはますます盛んになっていくが、「最近特殊飲食店〔カフェやバーのこと：引用者注〕やダンスホールに学生生徒又は未成年者の出入りするもの」がきわめて多く、「学生の本分を閑却して不良の徒輩と交遊を結び、（略）、往々にして目に余るやうな事端を醸す事例も少なくない実情[37]」から、一九三四年十月十日から都内ホールでの学生と未成年者の出入りが禁止になる[38]。ダンス熱の過熱に伴い、賭博や有閑マダムとダンス教師との情痴、暴行といった事件も多発し[39]、学生のダンスホール通いは社会問題にまで発展する。

　しかし、それにも懲りず、都内の学生たちは取締規則がない郊外のホールへ出かけたり[40]、学生服から着替えて

図85　広告「鶴水園ホテル」「THE MODERN DANCE」1935年1月号、日本舞踏教師協会、46ページ。「ダンスマニアの御宿泊所と謂へば誰方も鶴水園ホテルを指されます」とある

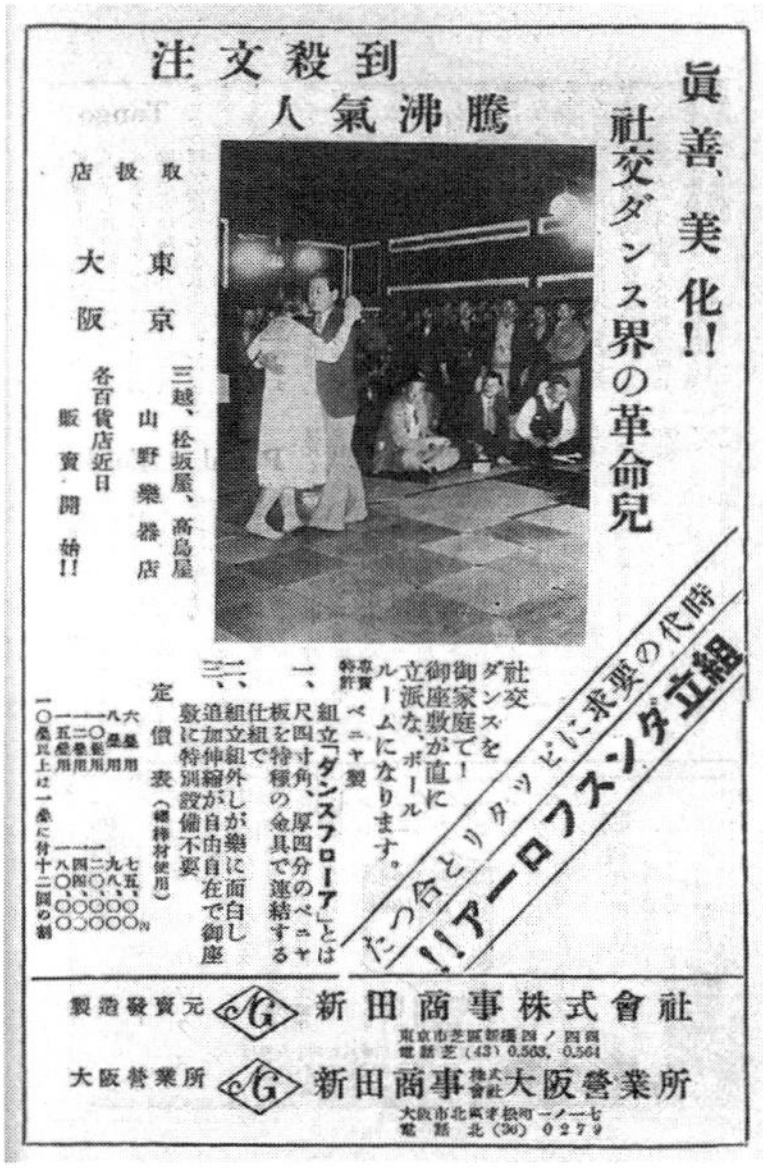

ホールに入店するなど悪知恵をはたらかせた。また、それを利用してダンスホールの隣に貸服屋ができる(41)など、学生のダンスホール通いを助長するような商売も現れる。つまり、それほどまでに若者にダンス文化が浸透していたのである。

図86　広告「組立てダンスフローア」「The Dance」1933年7月号、ダンス社、写真ページ

ただし、ダンスホールは「悪の温床」(42)とも報道しているように、一般的なイメージはやはり悪く、そこで流れるジャズのイメージも当然よくない。大人にとっては相変わらず不健全な音楽として認識されていたといえる。

レビューとジャズ

レビューもまた一九三〇年代には欠かせない娯楽文化の一つで、「舞踊・独唱・音楽・喜劇・軽業・美人行列等」(43)で構成されたショーのことを言い、「矢継ぎ早に変わ」(44)る場面展開がその特徴である。もともと、「映画と映画の間に行はれる音楽入りの余興」(45)であり、第7章で取り上げるアトラクションの一つだった。(46)

画期となったのは一九二七年に公演された宝塚少女歌劇の『モン・パリ』とされ、二八年の東京歌舞伎座公演での新聞広告を見ると「幕無し十六場登場人員二百五十名　大道具大仕掛艶麗　無比の大乱舞」とある。この形式は「日本で初めての珍しい形式(47)」とされていて、注目すべきはレビューの特徴である「幕無し十六場」という形式と舞台に「二百五十名」が出てくる点で、「幕無し十六場」については簡単に模倣することが可能だが、これだけの人数を動員できるのは宝塚少女歌劇ならではであり、かなりセンセーショナルな劇だったと推測できる。宝塚少女歌劇団（一九三四年には東京にも進出）をはじめとして代表的なレビュー団には、東京松竹楽劇部（一九二二年創設、三三年に松竹少女歌劇団に改称）、大阪松竹楽劇部（一九二二年に創設、三四年に大阪松竹歌劇団に改称）も挙げられ、前述のような豪華なステージでオペレッタ的レビューを披露して「主として女学生階級の少女(48)」に人気を博していた。

その一方で、浅草には、一九三〇年代後半に大人気だった喜劇俳優・榎本健一（エノケン）や二村定一などが在籍したカジノ・フォーリーという「極めて安価」で、「テンポの速い演出」を特徴としたレビュー団が誕生し(49)、「インテリ、学生層」に支持を受けた(50)。カジノ・フォーリー誕生は一つの契機になり（図87）、同様の団体、いわゆるインチキ・レビューが次々と出現し(51)、「浅草の三十余館悉くが、映画館も色物席も、一時はレヴュウを上演しないわけにはいかな」くなるほどの人気になった(52)。

図87　「カジノフォーリー」1930年4月号、カジノフォーリー文藝部、表紙

しかし、これら団体のレビューには脚線美がつきもので、「情欲的、ジャズ的なものが児童に及ぼす悪影響は計り知(53)」れないという理由から、警視庁は一九二九年に取締規則を設けて児童の入場を禁止し、翌三〇

図88　朝日新聞社編「映画と演芸」1933年5月臨時増刊レヴュウ号、朝日新聞社、表紙

年には「極端なエロレヴュー」に対し取締標準を興行主に申し渡している(54)。取り締まりはエロを持ち味としたレビュー団の横行の結果ともいえるが、換言すれば流行の証明でもあった（図88）。

このように、レビューは大きく分けて「少女歌劇によるオペレッタ式レヴュウ」とカジノ・フォーリーのような「群小レヴュウ劇団によるヴォードヴィル式レヴュウ(55)」が存在し、どちらも一九三〇年代から四〇年代前半（昭和戦前期）では人気の娯楽だった(56)。そして、そのレビューの魅力要素は「ジャズ音楽と、集団舞踊と、華麗なる舞台と衣装、喜劇的分子、エロティシズム、スピードの六つ(57)」とされているように、レビューにとってジャズは重要な要素の一つだったのである。

少女歌劇、エノケン一座とジャズ

宝塚少女歌劇とジャズの関係性については第4章ですでにふれたが、昭和に入るとジャズを大々的に取り入れていくようになる。一例を挙げると、一九三二年四月の雪組公演『フーピーガール』は「ヂャズ音楽に依るレビユウ」（図89）で、作者の宇津秀夫は「ヂャズによるオペレッタやヂャズに依るレヴュウを目標にして仕事をしている(58)」と述べているように、この作品でも「学生の朗らかに春の陽気さを盛つた「フレツシュマン・フレデイ」の歌を中心に騒いで、アメリカ好みの明るい色ピンク色を用ひ、ヂャズの楽器を紹介する(59)」という場面がある。

劇中の音楽も「欧州のものを少しも用ひずアメリカン・ヂャズの本当の面白さを極端に生かした」としている。

作曲の「関真次、星野申二、川崎一郎」は「宝塚のヂャズ・マンとして権威をうたはれてゐる」人物で、宝塚にジャズを作曲する人物がいたことがわかる。[60]

また、同年九月二九日に大阪JOBKから放送された『ラヂオ・レビュー』では、花組の『ブーケ・ダムール』を中継放送しているが、その劇中主題歌として「恋はジャズバンド」があり、同日の「東京朝日新聞」では「聞く人のこころをそそる、美しい曲」[61]と評している。

当然、同様の状況は宝塚少女歌劇に限ったことだけではなく、一九三三年十一月の松竹少女歌劇の公演では『ジャズ東京』（図90）や『ジャズ日本』（一九三四年十一月公演）といった「民謡を近代的にジ

図89　「宝塚の絵巻」、同誌写真ページ

図90　広告「松竹少女歌劇の浅草松竹座へ　ジャズ東京　タンゴローザ」「読売新聞」1933年11月18日付、3面

図91　広告「松竹少女歌劇お名残公演 ジャズ日本 巴里モンテカルロ」「読売新聞」1934年11月19日付夕刊（18日発行）、6面

ャズ化」した作品を上演し、多様なジャンルの音楽をジャズにアレンジし、公演で披露していたことがうかがえる(62)（図91）。

その一方で、一九三六年に刊行された『児童百科大辞典27 音楽・舞踊・体育』の「日本のレヴュー」の項目によると「宝塚少女歌劇団、東西両松竹楽劇部、エノケン・レヴュー団の三つが、現在日本のレヴュー界の王座を三分(63)」していて、エノケンの人気ぶりがうかがえる。

エノケン一座もまた音楽的要素を多分に含んだレビュー(64)で、例えば、一九三五年十二月三十一日から浅草松竹座で上演された正月興行の出し物『七つの幸福曲』は「タンゴ、ワルツ、ブルース、ワン・ステップ、ボレロ、ルンバ、フオツクス・トロットの七つのダンス・ミュージックにそれぞれ一般にひろく知られてゐる曲を一つづゝ持つて来てそれを一篇のレヴユウにまとめたもの(65)」となっている。「タンゴ、ワルツ、ブルース、ワン・ステップ」とあるが、これらはダンスのステップであり、当時はダンスのステップで音楽が分かれていた。そもそもダンス音楽であり、当然といえば当然だが、その点は現代と異なる点だろう。ここでは七曲が選曲され、ブルースではエノケンが主演で「セントルイスブルース」を披露している(66)。「キネマ旬報」の批評によると「アイディアだけで内容がちつとも練れていない(67)」と不評ではあるが、さまざまなジャンルの音楽が披露されていることは注目すべきで、レビューを通して最先端の外国の流行歌にふれていることが確認できる。

加えて、一九三六年二月から上演の『流行歌六大学』(図92)は「ジャズ音楽と流行歌を音楽的基調とした歌謡劇」となっていて、その内容は弱気な会社員が溌剌とした社長令嬢に恋をするという「軽喜劇風のアメリカ映画を偲ばせ[68]」る作品だった。「他愛ない」ストーリーと評されながらも、同公演は「六十日間の続演に及」ぶほどの人気を呼び、三六年段階での「最大のヒットレヴュウ[69]」とされている。アメリカ映画のような内容が大衆に受け、また、レビューとジャズとの相性のよさもうかがえる。

海外レビュー団の来日

日本でのレビュー流行もさることながら、海外からもレビュー団は来日していた。一九三四年は日本劇場にはマーカス・ショウ、帝国劇場には「ジーグフエルト・フォーリーズの錚々メンバアから成るRKOレヴユウ団[70]」などが公演している。とりわけ、アメリカのマーカス・ショウは、吉本興業が提携契約して招聘したレビュー団で(図93)、「来朝レヴユウ団としては最初の大きさ[71]」とされ、「歌姫四十五名アクロバットほか男優卅名総勢七十五名」の団員によるショーを上演している[72]。観客は、大がかりな舞台、迫力あるパフォーマンスに驚いたにちがいない。「マーカス・シヨウのわがレヴユウ界に及ぼす影響は、相当に大きい」と評されているように、実際に吉本興業でも翌年から吉本ショーを展開している[73](これについては次章で述べる)。

翌一九三五年にも、正月興行でアメリカからパンテージ・ショウ・レビュー団を日本劇場が招聘していた(図94)。広告によれば、「若しあなたが

図92　広告「あさくさ松竹座」「読売新聞」1936年2月29日付夕刊（28日発行）、3面

図93　広告「マーカス・シヨオ」「読売新聞」1934年2月26日付夕刊（25日発行）、7面

図94　広告「パンテージ・ショウ」「読売新聞」1934年12月26日付夕刊（25日発行）、4面

スピードアップされた絢爛豪華なレヴユウが御覧になりたいとのお思し召しなら、また小粋なヤンキーイズムの伊達な流行小唄を御愛好なさるなら

あるひは本場生粋のジヤズに陶酔なさらうとの御心組なら、いや〳〵柔膚の躍動にのる流線美に御堪能なさらうとの仰せなら、……ちよつと御考へ下さいまし」(74)というように、マーカス・ショーに劣らず豪華なレビュー団が来日していて、広告文だけでも音楽満載のステージであることが伝わる。前評判ではあるが、「アメリカン・ホツテスト・バンドのジヤズもたいしたもの」(75)と紹介されていて、専属のジャズバンドもいたようである。こうした海外のレビュー団が来日したことで、日本の興行界だけではなく音楽文化にも影響を与えたことは容易に想像できる。なお、この年は東北の飢饉が問題になったが、パンテージ・ショウ・レビュー団は凶作にあえぐ人々のために東北救済の義援興行もおこなってラジオ中継もされている。(76)

漫才とジャズ

一九三一年頃になると落語に代わって漫才が台頭するようになる。一九三一年三月十六日付夕刊三面の「読売新聞」では「寄席の色物はどう変るか力強き万歳の存在」という見出しで、「金語楼派は平素から例の兵隊実演やらヂヤズやら寸劇其他、形でみせる浅草には持つて来いの強味もあ」るが「力強き存在は万歳で、（略）落語家連中も圧倒されている形[77]」と報じられている。ここでも金語楼のジャズが話題になっているあたり、落語ジャズは相当なインパクトがあったことがうかがえる。金語楼など一部の落語家の新しい試みもむなしく、時代は漫才へと推移していくことになる。

それまでの漫才は頭の殴り合いをして笑いをとるような下品な演芸として認知されていて[78]、演芸場に通う客層も限られていた。しかし、一九三〇年頃から横山エンタツ・花菱アチャコらのしゃべくり漫才（話芸だけの漫才）というスタイルが登場したことによって、下品と「軽蔑して居た蒼白きインテリ階級も[79]」劇場へと通いはじめるようになる。幅広い客層からの支持を得たことで「今は漫才のご時世で、立物の劇場と言へば浅草の劇場、ほとんど漫才の這いつてゐない劇場はない[80]」とまで言われるようなる。

演目のなかのジャズ

「民衆娯楽の王座[81]」とされた漫才だが、漫才もまた落語と同様に、演目のなかでジャズを利用している。例えば、杉浦エノスケと横山エンタツの漫才コンビ、エノスケ・エンタツの「恋の学問」という演目（ネタ）では、次のようなやりとりがある。

エノスケ「カフエーの空気は全く堪らんね。あの赤い灯青い灯」
エンタツ「それから黒い灯」

エノスケ「黒い灯なんて有るか？」
エンタツ「防空演習の時には、電灯に黒い布を覆せる。」
エノスケ「そんな無茶云ふな…ジャズの賑やかな演奏、女給の艶めかしい笑ひ声、思ただけでも嬉しいね[82]」

「防空演習」という部分に、戦前の雰囲気を感じさせるが、カフェの音楽としてジャズをネタに登場させている。また、一九三六年にキングレコードから発売されたアザブラブ・伸の「円満第一課」では次のようだ。

伸「そうか。じゃ、君はそんなに僕を信じていてくれるのかい」
ラブ「そりゃ、一生連れ添う、ジャズバンドですもの」
伸「ジャズバンド!?ちがうよ。ハズバンドだよ[83]」

ここでは場景を表す使い方ではなく、ハズバンドとジャズバンドをかけていて、いわゆるボケとしてジャズが用いられている。ジャズバンドという言葉が世に広まっていなければ、ボケとして成立せず、加えてレコードに吹き込んで発売しているという点を考えても、ジャズの認知を確認することができる[84]。

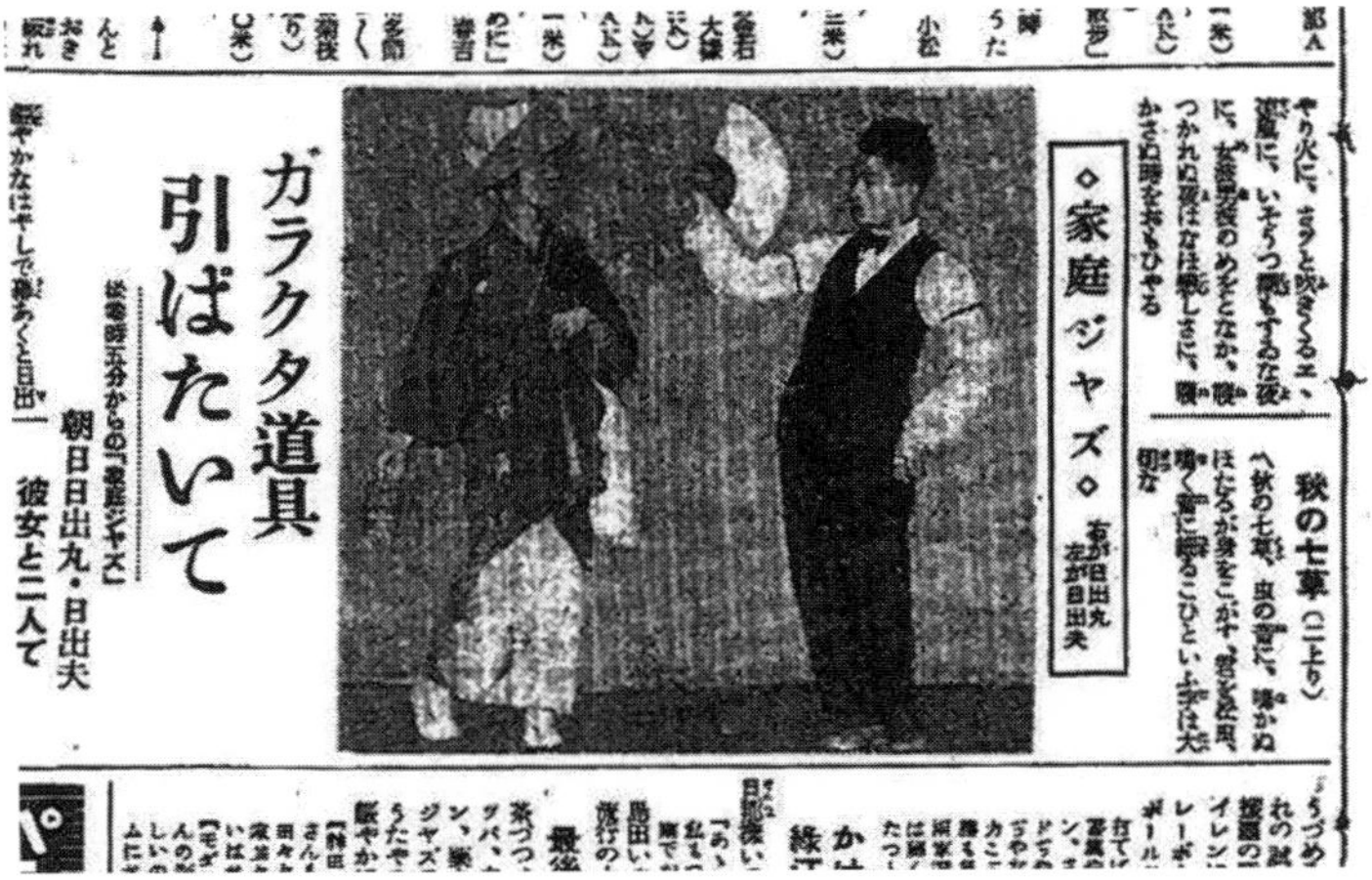
◇家庭ジャズ◇
秋の七草
ガラクタ道具引ぱたいて
朝日日出丸・日出夫
彼女と二人で

図95 「ガラクタ道具引ぱたいて」「東京朝日新聞」1931年10月19日、5面。右が朝日日出丸、左が朝日日出夫

他方、一九三一年十月十九日のＪＯＡＫラジオ放送では、朝日日出丸・日出夫のコンビが「家庭ジャズ」とい

う演目名で漫才を放送していて、「東京朝日新聞」に掲載された演目の内容を見ると、演目の最後に「茶づつ、ビール瓶、自動車のラッパ、自転車のベル、フライパン、薬カン等を持ち出して家庭ジャズのインチキ音楽[85]」を披露している（図95）。

ジャズという言葉だけでなく、ジャズを演奏しているような演出も取り入れる芸人が現れ、ジャズは芸風としても用いられる。

芸風に利用されるジャズ

図96　「ナベカマでジャズル市松・芳子」、吉本興業編「ヨシモト」1936年8月号、吉本興業、口絵ページ。市松の前のテーブル上には釜や太鼓などさまざまな楽器が用意されている

柳家金語楼はジャズ落語だったが、浪花家芳子・市松というコンビの漫才はジャズ漫才と呼ばれるもので、「市松がテーブルの上に鍋、釜、フライパンなど、家庭道具をやたらにならべて、芳子の三味線に合わせて（略）騒音をまき散ら[86]」すという内容だった（図96）。インチキなジャズではあるが、ナベカマジャズは一九三四年九月十一日にラジオで放送されていることが確認でき[87]、「芳子・市松の鍋釜ジャズ」というタイトルで漫才レコードも出ている[88]（図97）。

雑誌の読者欄では「市松・芳子、これはよろしい。芳子の熱演は、特に目立つ。少し鼻声が気にはなるが、市松のチャワンジャズに代る今後の名案なるや期待してゐる」と評されていて、好評である点を考えると、人気のコンビだったといえるだろう[89]。前述の朝日日出丸・日出夫らのコンビ同様、こちらも演奏というよりは、ジャズ風の演出といえるが、「騒音をまき散ら」せばジャズになるという点は、ジャズ音楽がもつイメージである騒音という特徴を芸風に巧みに取り入れているといえる。加えて、「茶づつ、ビール瓶、自動車のラッパ、自転車のベル、フライパン、薬カン等」や「鍋、釜、フライパンなど、家庭道具」の叩けるものを用いている点からはジャズ楽器のドラムセットを連想させ、やはりドラムはジャズの楽器として捉えられていたことがわかる。

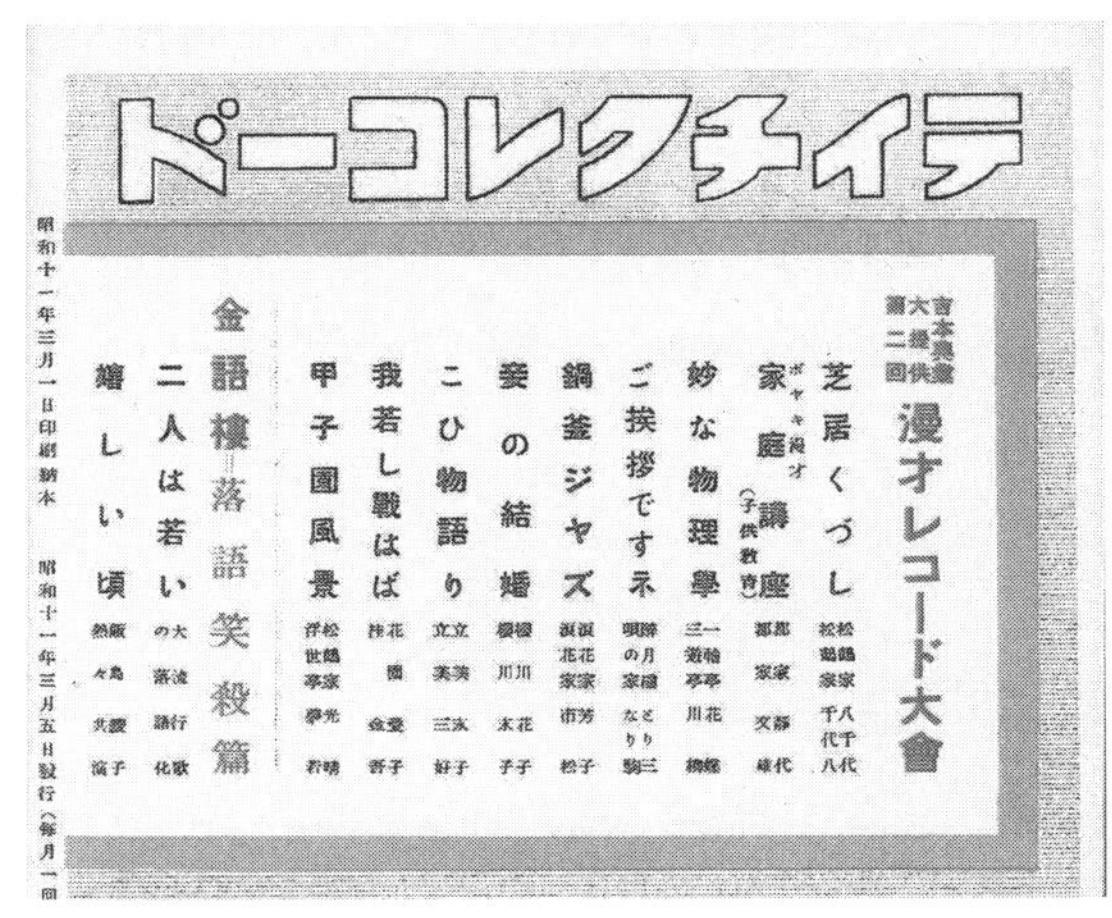

図97　「〔広告、裏表紙〕テイチクレコード」、吉本興業編「ヨシモト」1936年3月号、吉本興業、裏表紙。花家芳子・市松によって「鍋釜ジャズ」が吹き込まれている

図98　「ジャズる静児・幸児」、吉本興業編「ヨシモト」1936年12月号、吉本興業、写真ページ。どちらもバンジョーを演奏している写真だが、その光景に対して「ジヤズる」という言葉が当てられている

ほかにも、森幸児・椿静児のコンビはジャズアックルと呼ばれるジャズ曲芸を芸風としている[90]（図98）。ジャズアックルとは頭に水瓶を乗せ、口にハーモニカ、手にバンジョー、足では別の楽器を鳴らすというもので、アックルとはアクロバットのことである。そのうえ、「アクロバットと楽器弾奏のみの無言の舞台[91]」という内容でかなり奇抜な芸だったことは間違いないといえるが、二人が使用する楽器にバンジョーがあることに注目したい。バンジョーを使用しているからジャズアックルと呼ばれているので、こうした楽器を使用すればジャズになる好例といえる。

「ヨシモト」一九三七年新月号に掲載された九里丸の漫談「牛若丸物語」でも「独唱が絶間絶間に川面に響いて来る。ヴアイオリンが鳴る、サキソホンが聞える、ピアノ、バンジヨー、ドラムのリズムもいと明快なジヤズバンドに聞き惚れている[92]」という描写があるように、演目にジャズを取り入れる傾向はほかの演芸でも同様だった。

誰をも笑わせ楽しませようと、誰もが知っているものを選択し、演目の内容へ反映させていこうと考えたことはすぐわかる。話芸はそのときに流行の物や世相を扱うことが多いから、流行しているジャズを演目として扱うことはいわば必然だったといえるだろう。

3　一九三〇年代のラジオでのジャズ事情

一九二八年に全国に放送網ができて七カ所の放送局が開局したが、その後も放送局は日本各地に開設され、三七年には三十二局、四一年までには全国五十六カ所になった。各地での開局によって地方聴取者も増加し、三三年の聴取者数は内地だけで聴取設備が百五十万を超え、三七年末には三百四十万を超える[93]。

一九三〇年には日本・イギリス・アメリカ交換放送（国際交換放送の嚆矢）が始まって、定期的に海外の番組が日本でも放送されることになった。三六年一月一日のアメリカからの国際放送は、「サンフランシスコの代表的キャバレー・ダンスホールから忘年の乱痴気騒ぎ」、つまり大晦日のダンスホールの様子を中継したものだったから、ジャズが流れていただろうことは想像にかたくない。[94]

同年九月二十一日には「第一回世界コンサート国際放送」の様子がアメリカから放送された。この放送は「全世界の放送局の協力参加の下に（略）各国のお国自慢を世界に向けて紹介」するもので、「土人部落よりのインデイアン土人音楽及びインデイアンを主題とせる管弦楽」や、「カウボーイの歌ふ生粋のカウボーイの唄」ほかには「黒人の宗教音楽合唱並黒人ジャズバンドによる舞踊音楽」を放送している。黒人の宗教音楽であるゴスペル音楽が一九三〇年代から盛んになったという点や同時期に活躍した「ゴスペルの父」であるトーマス・A・ドーシーの『ゴスペル・ソング』には、賛美歌のメロディの影響とブルースのスタイルとリズムが混合」している点などから考慮すると、ここで放送された音楽はゴスペル音楽の可能性が高い。[95][96][97]

また、一九三七年には日本放送協会とアメリカのCBS（コロンビア放送会社）との契約が成立し、同年二月七日にベニー・グッドマンが指揮するグッドマン・ジャズバンドの演奏をニューヨークから中継している。ベニー・グッドマンは「シング・シング・シング」などの楽曲で知られるクラリネット奏者で、同年一月に封切られたパラマウント映画『一九三七年の大放送』（監督：ミッチェル・ライゼン、一九三六年公開）にも出演していることから、日本ではベニー・グッドマンはすでに「お馴染み」の存在だった。同楽団は「目下流行となつてゐるスヰング・スタイルの演奏にかけても最高の技術をもつ」とも評されていて、日中戦争の始まった三七年のラジオはベニー・グッドマンの巧みな演奏も流れているような時代だった。[98][99][100]

放送番組でのジャズの展開

流行歌の時代とあり、日本国内の放送でもジャズソングは流れたが（図99）、第4章で示したように「其歌詞が余りにも低級露骨のものが多い」ため、「放送には慎重なる選択と考慮を要する点から自然減少を免れ」ず、加えて、「室内楽や和洋合奏ジャズ等は依然として喜ばれてゐ」るものの、管弦楽や吹奏楽などが「広く歓迎さ[101]

れる傾向」もあり、「回数を増すことは不可能[102]」な事情もあって、依然として肩身が狭い状況だった。

しかし、放送回数は少ないながらも、コロナ・オーケストラや日本ポリドール・ジャズバンド、コロムビアジャズバンドなど、さまざまなバンドが流行中のジャズ曲を演奏している。例えば、一九三五年三月三十一日のJOAKの放送では、「独唱付きのジャズ」としてベン・サイト・エンド・ヒズ・レデイオ・フエヴオリットが谷口又士の独唱で放送している[103]。バンドはP・C・L管弦楽団という映画会社の専属楽団のトランペット奏者主催のバンドで、独唱する谷口もP・C・Lジャズバンドのバンドマスターである。この放送では、「A列車で行こう」や「キャラバン」などの曲でおなじみのデューク・エリントンやフレッチャー・ヘンダーソンなどの曲を取り上げていて[104]、にぎやかな楽曲がラジオを盛り上げていた。

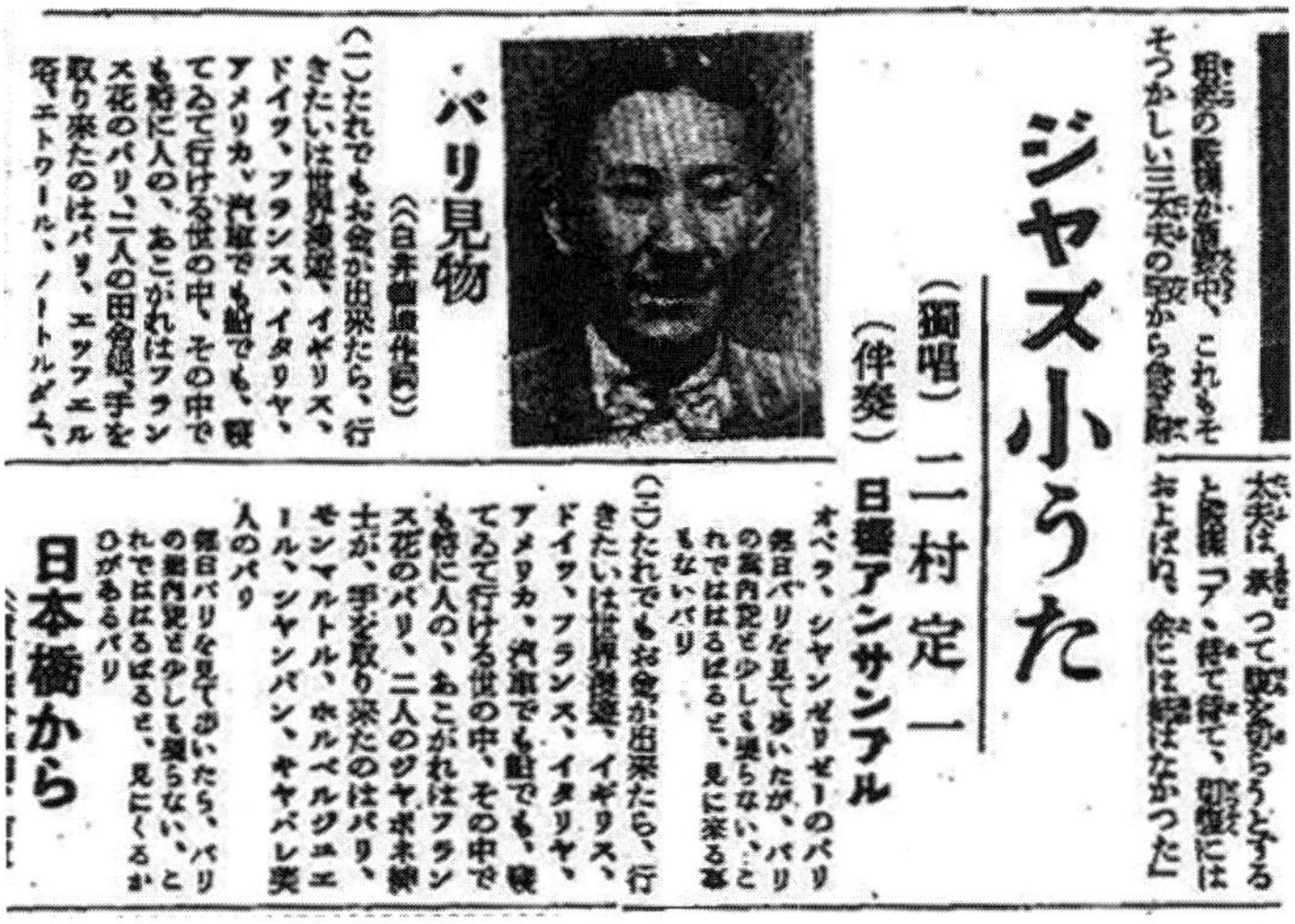

図99　「ジャズ小うた」「東京朝日新聞」1931年12月31日付、5面。写真は二村定一

一九三二年八月七日のJOQK（新潟）の放送では新潟孔雀ジャズバンドによる演奏を放送しているように、地方にもジャズバンドが存在していて、一定程度、ジャズの需要はあったといえる[105]。加えて、同年八月十五日にはJOBK（大阪）で午後九時から龍田丸乗組ジャズバンドの演奏を放送しているが、東京ではこの放送はされておらず、岡山、京都、名古屋、金沢、高知、熊本、福岡、小倉での放送となっている。

一方で、同年八月二十四日のＪＯＨＫ（仙台）では、午後三時三十五分から、加田愛咲による音楽講座『ジャズ音楽の話』を放送しているが、これは仙台―秋田間だけの放送だった。このように、地方局でしか聴けない放送も存在していて、このことは地方の音楽文化の形成に影響を与えているといえる。[106]

また、ダンスの流行に伴ってダンスホール専属のダンスバンドが注目され、専属のダンスバンドの演奏もラジオ放送された。例えば、銀座ホール・オーケストラによる放送[107]や一九三四年四月二十二日のＪＯＡＫの放送ではフロリダ・ダンス・ホールの専属バンドであるタンゴ・アルゼンチン・フロリダ・オーケストラと和泉橋ダンス・ホールのジャズバンド後藤ダンス・アンサンブルの「競演」を放送している。[108]ちなみに、三五年五月三十日にＪＯＡＫが放送したジエリー・リース・マドキヤツプスは横浜ホテル・ニュー・グランド専属のジャズバンドだが、メンバーが全員外国人女性[109]で、珍しいバンドといえるだろう。

ジャズと同様に二村定一、淡谷のり子、東海林太郎、中野忠晴、リキー宮川、ディック・ミネなどによるジャズソングの放送も当時の新聞のラジオ欄から確認できるが、[110]流行歌は映画主題歌という性質もあって『映画レヴュー』という番組では、流行歌手の独唱と映画説明を交互にする放送内容となっている。[111]つまり、流行歌が聴けるのは音楽番組だけではなかった。ちなみに、それはレビューでも同じでレビューを中継する番組のほかに、劇団員がレビューの主題歌を歌う番組も存在した。[112]レビューの主題歌が広まるにあたり、ラジオも大きな要因だったといえるだろう。

そして、一九三四年一月六日のＪＯＡＫの放送では「新日本音楽」とし『三味線ジャズ 新組歌『水十題』』といった番組も放送されている。その内容は「三弦主奏の和洋合奏曲」となっていて、放送では三味線に「箏や尺八や隆笛や大小鼓、それにサクソフオン、クラリネツト、ヴアイオリン、チエロの類」を加えた編成で、江戸小唄調、浄瑠璃調、民謡調などの楽曲が演奏された。[113]

もはや何でもありのようにも思えてくるが、こうした「三味線ジャズ」といった日本音楽にもジャズを取り入れてしまうような状況について「ヨシモト」に掲載された民謡喜劇一座である民謡座と女道楽の吉花菱の座員にインタビューした「座談会」には、次のような記者と座員とのやりとりがある。

記者「近頃は、〔吉花菱の演目に：引用者注〕日本物ばかりの出されてゐますが、此頃のお客様は、ジヤズを方がお好きぢやないですか」

お龍「元々、私達は、長唄を売り物にしてゐまして、新曲浦島なんかも出した時に、「待つてました。」とお客様から、掛け声を頂いた頃と比べますとね」

記者「日本音楽の良さを、もつと知らしたら如何です」

鶴蔵「時代には関〔かな〕ひませんよ(114)」

ここで述べているように、演芸の演目にジャズを取り入れることは「時代」であり、そうした状況を作り出してしまうほどの発展ぶりで、本章で見てきたとおり、一九三〇年代の娯楽文化には必要不可欠な要素だったといえる。これらをふまえて、次章では、映画とアトラクションという娯楽文化への影響に着目しながら日中戦争——太平洋戦争へと発展する過程で、ジャズが識者や大衆にとってどのような音楽だったかを見ていく。

注

(1)「奇抜で効果のあつた映画宣伝」「広告界——意匠と考案」一九三〇年五月号、商店界社、五一ページ

(2)前掲『音楽五十年史』下の一七九ページによると二十五万枚を売り上げたとされている。

(3)前掲『日本流行歌変遷史』二九ページ

(4)茂田光吉「小唄時代」「三田新聞」一九三〇年十月十日付、四面

(5)杉山平助「現代流行歌論（一）大量生産時代 猿真似レコードの洪水」「東京朝日新聞」一九三三年六月十一日付、

九面

(6)前掲『流行歌と世相』七七ページ。こうした現象について、杉山平助は「歌の普及過程が機械化されたため、その伝搬力が迅速なだけに、流行期間が短縮せられる」と考察している(前掲「現代流行歌論(一)大量生産時代 猿真似レコードの洪水」)。

(7)同時期は小唄映画も流行していて、「映画をつくつてから、その小唄をつくり、これを攻め道具に使つて、一にも小唄、二にも小唄と金庫を膨らませるものは、小唄入りの映画と心得るやうになつた」とされているように、映画と小唄のタイアップがもうかることがわかる(前掲「小唄全盛の世に金で福々の人達」)。

(8)大日本音楽協会編『音楽年鑑 昭和15年版』共益商社、一九四〇年、五六ページ

(9)前掲「小唄時代」では、「何と云つても恐ろしい小唄時代」とある。なお、流行歌の定義だが一九三七年に新興音楽出版社から出版された、松村又一『流行歌の作り方』では、流行歌謡について「映画主題歌、レヴュウ主題歌、ヂャズソング、地方小うた、芸者小唄、音頭」(二〇ページ)としていることから、本書でもその定義に準じることにしたい。

(10)外国レコード会社の参入については、生明俊雄『ポピュラー音楽は誰が作るのか——音楽産業の政治学』(勁草書房、二〇〇三年)八五—九五ページや、三井徹監修『ポピュラー音楽とアカデミズム』(音楽之友社、二〇〇五年)所収の三井徹「企画流行歌の誕生期——〈アラビアの唄〉/〈青空〉再考」一〇—一二ページに詳しい。

(11)「蓄音機界近況」「東京朝日新聞」一九二八年四月二十日付、三面

(12)「レコード界打診 純国産品の進出で値下げの気運に 高い〳〵の標準値段からどこまで下がるか」「東京朝日新聞」一九三五年三月十五日付、七面

(13)東京音楽協会編『音楽年鑑 昭和9年版』音楽世界社、一九三四年、二一〇ページ。また、同ページでは、「ベートーヴェンの第九交響曲の如きは各会社のを通計すると少く共五万組は売れて居るし、其他一般の名曲でも五千組とか七千組とかを売るのは珍しくない。一般大衆の多くは流行歌と浪花節とを愛好する人々で、「酒は涙か」や「島の娘」は各々三十万を突破し、これに近い枚数を売つたレコードも大分有る。かう云ふ風にレコードを買ふ人々は各自に相当の購買力があ」るとしている。

(14) 大日本音楽協会編『音楽年鑑 昭和12年度版』共益商社書店、一九三六年、二九ページ
(15) レコードファンの大部分は学生だった（S―A「古レコード屋の一隅より」「音楽世界」一九三〇年七月号、音楽世界社、五〇ページ）。
(16)「純国産品の進出で値下げの気運に」「東京朝日新聞」一九三五年三月十二日付、七面
(17)「もう一つの存在 中古レコード商 その店には新品も飾って面白い商売の裏表」「東京朝日新聞」一九三五年三月十五日付、七面
(18) 同記事
(19) 比良正吉「中古レコード商売往来」、前掲「音楽世界」一九三〇年七月号、五二ページ
(20)「〝ジャズ〟茶房の一輪（一〇）」「読売新聞」一九三六年三月二十日付夕刊（十九日発行）、三面
(21)「カフエーの音楽を浄化」「東京朝日新聞」一九三五年八月十六日付夕刊（十五日発行）、二面
(22)「士と白粉を新市部に嗅ぐ［2］ノーチップ女給さん案外朗らか」「読売新聞」一九三二年九月二十九日付、七面
(23)「〝自活〟の履き違え 木賃宿からカフエー通ひ」「東京朝日新聞」一九三五年五月二十三日付、十一面。これは、家出した女学生が銀座のカフェでレコード係として勤めていたという内容である。
(24) 前掲「カフエーの音楽を浄化」二面
(25)「〝歓楽〟程あり、警視庁の手心 〝生の音楽〟でカフエー浄化」「読売新聞」一九三五年八月十六日付夕刊（十五日発行）、二面
(26) 栗谷豊「舞踏場建築（一）」「THE MODERN DANCE」一九三五年一月号、日本舞踏教師協会、三八ページ
(27) 同論文三八ページ
(28)「ダンス場へ取締規則を適用する 三つの主要骨子立案中」「読売新聞」一九二八年六月九日付、三面
(29)「一八歳以下入場禁止 十日からダンス場取締」（「東京朝日新聞」一九二八年十一月十日付夕刊〔九日発行〕）二面、「ダンス新取締り 警視庁で近く作る」（「東京朝日新聞」一九三一年五月七日付夕刊〔六日発行〕）二面を参照されたい。
(30) 高橋桂一『新社交ダンスと全国舞踏場教授所ダンサー案内（抄）』高瀬書房、一九三三年、一二八ページ

（31）黒川新一「舞踏界の非常時」「THE MODERN DANCE」一九三三年三月号、日本舞踏教師協会、八〇ページ

（32）例えば、奥隆司「東京各ダンスホールのバンドを評す」（「THE MODERN DANCE」一九三四年九月号、日本舞踏教師協会）五〇―五四ページでは、帝都舞踏場、日米ダンスホール、ユニオンダンスホール、和泉橋舞踏場、ボールルームフロリダを評している。

（33）「ギンザ・テイト・ユニオン（舞踏場めぐり二）」「ジャズタイムス」一九三三年十一月号、ジャズタイムス社、一六ページ

（34）「九月一日からフロリダに出るA・L・キング」「JAZZ」一九三五年十月号、伶人社、一八ページ

（35）前掲『音楽年鑑 昭和9年版』二八九ページ。また、同書二九〇ページの「主要ダンス・ホール案内」では、琵琶湖ダンス・ホール（滋賀県）、京都ダンス・ホール（京都府）、都会館東山ダンス・ホール（京都府）、生駒ダンス・ホール（奈良県）、宝塚会館（兵庫県）、ダンスパレス（阪神国道）、パシフィック・ダンス・ホール（神奈川県横浜）、メトロポリタン・ダンス・ホール（神奈川県横浜）といったダンスホールも確認できる。

（36）広告「組立てダンスフローア」「The Dance」一九三三年七月号、ダンス社

（37）佐藤文雄「十日から断行される学生生徒のカフエー、バー、ダンスホールの出入り禁止に就て」「日本警察新聞」一九三四年十月十日付、五面

（38）同記事。「警視庁令特種飲食店取締規則の一部改正が行はれ十月十日よりこれら店舗に学生生徒及未成年者の出入を禁止せられることになつた」とある。

（39）例えば、「ダンス場荒し不良混血児 羅府へ送還か」（「東京朝日新聞」一九三三年一月二十九日付夕刊〔十八日発行〕）二面、「情痴の乱舞場からまたも不良検挙 フロリダ出入の佐藤」（「東京朝日新聞」一九三三年十一月十六日付夕刊〔十五日発行〕）二面、「ホールの悪の華 男女客を誘つては賭博 不良楽師検挙さる」（「東京朝日新聞」一九三六年八月六日付夕刊〔五日発行〕）二面などの記事がそれにあたる。

（40）「新興の川口市に舞踏場設立」「THE MODERN DANCE」一九三四年四月号、日本舞踏教師協会、七七ページ

（41）平山信子「学生の生活に潤ひを与へよ カフエー封じに代る施設」「東京朝日新聞」一九三四年十月八日付、七面。「学生のダンスホール入りが禁止になれば、ホールの隣に貸服屋が出来るといふ抜け目のない世の中です」とある。

(42) 例えば、「読売新聞」一九三六年十月二十四日付七面の見出しは「断乎都会悪の温床 ホールに営業停止 桃色調査実に三千枚」となっている。
(43) 愛之事業社編纂部編『最新百科大辞典』愛之事業社、一九三七年、四三四ページ
(44)「モン・パリ」「東京朝日新聞」一九二八年三月二十九日付、十二面
(45) 岡田宗太郎「レヴユーを罵る」「読売新聞」一九二九年八月十九日付夕刊（十八日発行）、三面
(46) 松竹少女歌劇が一九三九年に興行不振に陥った際に「独立公演全く絶望、当分アトラクションに転落」とされているように、独立公演が上位、アトラクションは下位の位置づけになっている（舞踊ペン倶楽部編纂『舞踊年鑑 昭和15年版』舞踊ペン倶楽部、一九四〇年、四九ページ）。つまり、同じレビューであってもレビューだけの公演とアトラクション（添え物）としてのレビューの二種類が存在した。
(47) 広告「宝塚少女歌劇（花組）」「読売新聞」一九二八年三月二十一日付、七面
(48) 酒井由夫「女子教育とレヴユー禍」「大日」第百四十一号、大日社、一九三六年、二九ページ
(49) 前掲『最新百科大辞典』四三五ページ
(50) 小原国芳編『児童百科大辞典27 音楽・舞踊・体育』児童百科大辞典刊行会、一九三六年、二六五ページ。作家の川端康成はカジノ・フォーリーの先駆性について、「カジノ・フォーリーを顧ることなしには、松竹と宝塚以外のレヴユウを語ることが出来ぬのである。なぜなら、今日のレヴユウの脚本、演技、装置、その他すべてカジノを模倣、継承して、そこに多少の変化はあれ、飛び離れた変革は、まだ見られない」と位置づけている（川端康成「レヴュウ界一束」、朝日新聞社編「映画と演芸」一九三三年五月臨時増刊レヴュウ号、朝日新聞社、四八ページ）。
(51) 前掲『最新百科大辞典』四三五ページ
(52) 前掲「レヴュウ界一束」四八ページ。同ページには「津々浦々にまで東京名物として知られる」ともある。
(53)「新に規則を作つてレヴユーを取締る」「読売新聞」一九二九年五月十日付、七面
(54)「レヴユー団に警告 際限なきエロ的所作の発散に警視庁もあきれて」「東京朝日新聞」一九三〇年十一月五日付夕刊（四日発行）、二面
(55) 前掲『最新百科大辞典』四三五ページ

(56)同時期のレヴューの流行ぶりについて「東京朝日新聞」では「レヴユー及びヴオートビルは忽ち市内の活動常設館を占領してしまつた、各館では、これを上演しないと忽ち客足に影響するので競つて上演してゐる」とある(「新に規則を作つてレビューを取締る 児童の出入を禁止」「東京朝日新聞」一九二九年五月十日付、七面)。

(57)小畑敏一「新時代のアトラクション――その構成の分析と演出の方法」「映画第一線」一九三四年四月号、STS事務所、二七ページ

(58)宇津秀夫「ヂヤズ音楽に依るレヴュウ「フーピーガール」」「歌劇」一九三二年四月号、歌劇発行所、一九三二年、二四ページ

(59)同論文二五ページ

(60)同論文二七ページ

(61)「ラヂオ・レビュー(大阪中継)「ブーケ・ダムール」」「東京朝日新聞」一九三二年九月二十九日付、五面

(62)広告「松竹少女歌劇お名残公演 ジャズ日本 巴里モンテカルロ」「読売新聞」一九三四年十一月十九日付夕刊(十八日発行)、六面

(63)前掲『児童百科大辞典27 音楽・舞踊・体育』二八五ページ

(64)エノケン一座の特徴として「宝塚松竹の少女歌劇を除いたレヴュー団の中では最も音楽舞踊的なスタッフを充実させてゐた」としている(「ワリエテ エノケン」「キネマ旬報」一九三八年二月一日号、キネマ旬報社、八一ページ)。

(65)砯水俊二「ワリエテ欄 エノケンの正月興行」「キネマ旬報」一九三六年一月二十一日号、キネマ旬報社、一〇一ページ

(66)同論文一〇一ページ

(67)同論文一〇一ページ

(68)友田純一郎「ワリエテ欄 エノケンと花月」「キネマ旬報」一九三六年四月二十一日号、キネマ旬報社、一二五ページ

(69)同論文一二五ページ

(70)「世界的レヴュー団やら舞踊家相次ぎ来朝し 丸ノ内興行戦愈々本格となる」「キネマ週報」一九三四年二月二日号、

キネマ週報社、八ページ
(71)「男のゐるおもしろさ マーカス・ショオ」「読売新聞」一九三四年三月四日付、九面
(72)「浅間丸けさ帰る 春を乗せて」「読売新聞」一九三四年二月二十四日付夕刊（二十三日発行）、二面
(73)「マーカス・ショオ 三の替り評判」「読売新聞」一九三四年四月三日付夕刊（二日発行）、三面
(74)広告「パンテージ・ショウ」「読売新聞」一九三四年十二月二十六日付夕刊（二十五日発行）、四面
(75)「流線型の裸女群、けふ賑かに大洋丸で」「東京朝日新聞」一九三四年十二月三十日付、十三面
(76)「東北の救済に一段と燦めき輝く舞台 陸の竜宮日劇より中継放送」「東京朝日新聞」一九三五年一月十五日付、七面
(77)「寄席の色物はどう変るか力強き万歳の存在」「読売新聞」一九三一年三月十六日付夕刊（十五日発行）、三面。また、同紙面では「色物全盛の頃には市内に代償無数な寄席があつて浅草は講談席以外色物は、場違ひ扱ひをされていたものだが、今日でさはそれが反対の状態となり、市内寄席十数軒の中でも入りのあるのは昨今の状態では驚くなかれ三四軒に過ぎず」とも紹介している。
(78)小島貞二編『万歳・万才・漫才』（「大衆芸能資料集成」第七巻、「寄席演芸」第四巻）、三一書房、一九八〇年、二〇九―二一〇ページ
(79)都市ミヤコ「読者の頁 バンザイ!!」、吉本興業編「ヨシモト」一九三五年九月号、吉本興業、七六ページ。また、漫才の観客層について「帝国ホテル演芸場で大会が催された時（略）観衆を見廻すと、禿頭だの、何だの、平常漫才と縁のなささうな連中が多く、いよく〵漫才も新観客層を開拓したなと思つた」とある（佐々木茂索「漫才万々歳」同誌二〇ページ）。
(80)「東京横浜便り」同誌四二ページ
(81)前掲「読者の頁 バンザイ!!」七六ページ
(82)関東万才演芸協会編『東喜代駒・林家染団治尖端エロ万才』日吉堂本店、一九三〇年、二四五ページ。ほかにも、「ヨシモト」初夏新鉀号（吉本興業、一九三七年）一二一―一二三ページに掲載された林田吾郎・樽屋雪江の「カフエー気分」にも、

五郎「一寸かう夜分になつてごらん。ネオンが交叉する」
雪江「ジヤズの巻」
というやりとりがある。

(83) 前掲『万歳・万才・漫才』二六七ページ

(84) 同書二五九ページ所収の浪花家芳子・市松の「脱線流行歌」(一九三六年テイチクレコードから発売)でも同様のやりとりが見られる。
芳子「そうですとも。どちらへ行っても近頃は、ジャズ万能ですな」
市松「ジャズソングとかいうて」
芳子「せんぐり変った歌ができますわねえ」

(85)「ガラクタ道具引ぱたいて」「東京朝日新聞」一九三一年十月十九日、五面

(86) 前掲『万歳・万才・漫才』二一五ページ

(87) 大阪JOBKが午後八時から放送し、同放送は東京でも流れている。

(88) 広告、裏表紙「テイチクレコード」、吉本興業編「ヨシモト」一九三六年三月号、吉本興業。また、一九三八年四月二十八日から帝国劇場でおこなわれた松竹楽劇部第一回公演では、「スヰング・アルバム」が上演、同公演では中川三郎、笠置シズ子らが出演し、紙恭輔楽団が演奏をおこなっている(広告「松竹楽劇団第一回公演スヰング・アルバム」「読売新聞」一九三八年四月二十八日付夕刊〔二十七日発行〕、三面)。

(89) HN生「思ふまゝ」、吉本興業編「ヨシモト」一九三六年二月号、吉本興業、八三ページ

(90)「仲のいゝ兄弟 小円馬君と森幸児君」(前掲「ヨシモト」一九三六年二月号)七八ページで「得意のジヤズ・アツクル」と紹介している。

(91) 同記事七八ページ

(92) 九里丸「漫談 牛若丸物語」、吉本興業編「ヨシモト」一九三七年新年号、吉本興業、一一三ページ

(93) 聴取者数については、各年の日本放送協会編『ラヂオ年鑑』(日本放送出版協会)を参照。

(94)「ヤンキー狂騒曲 桑港の歳晩街頭風景」「読売新聞」一九三六年一月一日付、十七面

(95)「ヤンキー自慢の〝豪華プロ〟世界コンサート開始」「東京朝日新聞」一九三六年九月二十一日付、七面
(96)アンソニー・ヘイルバット『ゴスペル・サウンド 改訂版』(中河伸俊/三木草子/山田裕康訳、ブルース・インターアクションズ、二〇〇〇年)二八ページによると、「一九三〇年代には、全参加者が黒人の全国バプティスト連盟で、連盟発行の『ゴスペルの真珠』というペイパーバックの賛美歌集が何万冊も売れた」とされている。
(97)塩谷達也『新版 ゴスペルの本』ヤマハミュージックメディア、二〇一〇年、四四ページ
(98)「〝一九三七年の放送〟で日本にお馴染みの流行児」「読売新聞」一九三七年二月七日付、十面
(99)同記事
(100)「三千弗のジャズ王 グッドマンが即興演奏」「読売新聞」一九三七年二月七日付朝刊、十面
(101)「読売新聞」一九三一年二月二十八日付十一面掲載の「家庭への悪影響からジャズ小唄の放送中止」によると、「その多くの歌詞は猥雑野卑なものが多」く、「AK(東京中央放送局)では家庭を中心とする放送には弊害がある」ため、「これ迄全国へ中継放送してゐた」ジャズ小唄の放送を中止し、「逆に各地方局より郷土が誇る純粋の俚謡を中継放送することに決定した」とある。
(102)前掲『ラヂオ年鑑 昭和7年』二五三ページ
(103)「独唱付きのジャズ」「読売新聞」一九三五年三月三十一日付、十五面
(104)同記事
(105)例えば、一九二六年三月二十八日のラジオ放送ではJOCK(名古屋)で中京ジャスバンドの演奏が名古屋だけで放送されていて(「今日の放送番組」「読売新聞」一九二六年三月二十八日付、九面)、同様に三一年七月九日の放送では、JOFK(広島)からBBジャズバンド伴奏、井上起久子独唱で「流行小うた」が放送されているが、これも広島だけの放送である(「けふの放送番組」「東京朝日新聞」一九三一年七月九日付、九面)。
(106)「けふの番組」「読売新聞」一九三二年八月二十四日付、十面。同日のJOHK(仙台)では加田愛咲による音楽講座『ジャズ音楽の話』を放送していて、これは仙台―秋田間だけである。
(107)「おひるはジャズ」「東京朝日新聞」一九三五年一月十二日付、七面
(108)「国産と舶来の賑やかなジャズ競演 後七時半より独唱つきで」「東京朝日新聞」一九三四年四月二十二日付、十四

面

(109)「女ばかりのジャズ・バンド ジエリー・リース・マドキャップス」「読売新聞」一九三五年五月三十日付、十五面

(110) 放送された番組をいくつか挙げると次のとおりである。

「けふの番組」(「読売新聞」一九二九年三月三十日付、五面)。JOAK放送、独唱は天野喜久代、伴奏はJOAKジャズバンド。

「ジャズ小うた」(「東京朝日新聞」一九三一年十二月三十一日付、五面)。JOAK放送、二村定の独唱、日響アンサンブルによる伴奏。

「主題歌の独唱と朗らかなジャズ」(「読売新聞」一九三二年三月八日付、十面)。JOAK放送、この放送では淡谷のり子の独唱、コロナ・オーケストラが伴奏している。

「夏を征服して踊らうかそれとも聴いて楽しむか」(「読売新聞」一九三二年八月七日付、十面)。JOAK放送、独唱・中野忠晴、伴奏はコロムビア・レコーディング・オーケストラ。

「今日のお昼の聴き物」(「東京朝日新聞」一九三三年四月十日付、八面)。JOAK放送、東海林太郎の独唱、日東ジャズ・バンドによる伴奏。

「流行歌とジャズ」(「東京朝日新聞」一九三三年七月八日付、十四面)。JOAK放送、藤山一郎の独唱、伴奏は日本ビクター管弦楽団。

「久し振りに聞く舶来のジャズ曲 リキー宮川君の初放送」(「東京朝日新聞」一九三四年七月二十一日付、八面)。JOAK放送、リキー・宮川の独唱、伴奏はキクチ・アンド・ヒズ・ユニオン・オーケストラ。

「ジャズソングと流行うた」(「東京朝日新聞」一九三五年九月八日付、五面)。JOAK放送、ミッキー松山・湯山光三郎の独唱、タイヘイ・サロン・オーケストラの伴奏。

「お昼はジャズ」(「東京朝日新聞」一九三五年十二月三十日付、十面)。JOAK放送、ディック・ミネの独唱。伴奏はコロナ・オーケストラ。

(111)「ラヂオ大衆演芸」、前掲『ラヂオ年鑑 昭和7年』所収、三〇六ページ

(112)「松竹少女歌劇の人気者二人が歌う」「東京朝日新聞」一九三四年一月二十二日付、七面。この番組では熱海芳枝と

江戸川蘭子がレビューの主題歌を歌っている。

(113)「三味線ジャズ 新組歌『水十題』」「読売新聞」一九三四年一月六日付、十面

(114)「民謡座座談会」、吉本興業編「ヨシモト」一九三六年九月号、吉本興業、六五ページ。お龍は吉花菱の座員、笑福亭鶴蔵は民謡座の座員。

第7章　戦時下のジャズ——スイングの隆盛

一九三七年以降から戦時色が強まり、音楽界にも影響を及ぼした。盧溝橋事件をきっかけとして始まった日中戦争では、事変特別物品税がレコードなどに課され[1]、輸入映画も統制されはじめる。一時はラジオでも「舞踏音楽（ジャズ）放送の中絶[2]」となって、流行歌も影を潜める。

その際、内閣情報部は「国民の国体観念を高潮し[3]」士気の高揚を目的とする国民歌謡、つまり、国家主導で製作した流行歌である「愛国行進曲」を作り、レコード会社六社から異なるバージョンを発売している。この曲は「百万といふ空前の売行を見せ[4]」、影を潜めていた流行歌はこれに便乗し、軍歌調や愛国調のものへと変わっていく。

また、この時期は自粛を意識して、ジャズやスイングという言葉の代わりに軽音楽という言葉も盛んに使用されはじめる。現代でもこの言葉は残っているが、主に軽音楽サークルなどに代表されるように、ロックやポップスを意味することが多い。では、八十年前の軽音楽はどのような音楽として考えられていたのか。

堀内敬三は、教育雑誌「学校音楽」一九四〇年三月号に発表した論文で、軽音楽について次の五つの定義を挙げている。一つめが「スヰング（ジャズ系）の音楽、ハワイ風アルゼンチン風ハンガリー風等の民族的様式に依る現代の舞踏用音楽など」、二つめが「流行歌、映画主題歌、喜歌劇やレビュウの中の歌、そのほか通俗的な娯楽を目的とする歌謡」、三つめが「円舞曲及び其他の通俗的な舞踏音楽、行進曲、描写曲や接続曲など」、四つめが「通俗を目的とする独唱曲（ピアノ伴奏付）、又は合唱曲（混声、男性、女性など、無伴奏またはピアノ伴奏）。簡易なピアノ曲や室内楽曲」、そして五つめが「声楽曲、独奏曲、管弦楽曲等の演奏会用として作られたもののうち形式が小さく簡易であつて通俗的に愛好されてゐるもの」[5]となっている。

かなり広範囲ではあるが、これらのどれかに当てはまれば軽音楽として分類が可能だった。軽音楽という言葉自体はこれ以前からも使用されていて、一九三五年四月の木曜にラジオで放送された『木曜コンサート』という番組について、新聞では「明朗な軽音楽を放送する」[6]と紹介している。

この番組は、「各ダンスホールのジャズをはじめ新響〔新交響楽団：引用者注〕やコロナ・オーケストラ等」[7]が出演し、ジャズ、管弦楽、吹奏楽を演奏する番組[8]になっていて、このようなジャンルを超えた軽快な音楽をかける番組を紹介するのに軽音楽は都合がいい便利な言葉だったのだろう。その言葉が「昭和十二年頃からラヂオやレコードの曲目に頻繁に上るやうになり、急激に普及した」[9]という事実は、やはり同時期の時代背景によるところが大きいといえる。

堀内が前掲の「学校音楽」誌上で、「ラヂオで軽音楽として放送してゐるものにはアメリカのスヰング音楽が極めて多い」[10]と指摘しているように、その頃の軽音楽といえばほとんどの場合ジャズを指していた[11]。

一九四一年五月二十二日付「読売新聞」朝刊の投書欄には、「この頃軽音楽と称してジヤズ調の音楽が朝からでもやたらに放送される、濁つた音、頽廃的な煽情的表現、狂躁的なリズム、あんな音楽のどこがよいのか、全国聴取者の多くがあゝいふものを好むとはどうしても思へないのに、放送局は何を好んでかゝるものを放送するのか」[12]というような、軽音楽放送への批判を富山市に住む読者が寄せている。

ちなみに、一九四一年といえば八月にアメリカが日本への石油輸出を全面禁止することを発表し、十二月には太平洋戦争が始まる。その背景からジャズもまた締め出されていくのだが、日米開戦の年でも軽音楽という名称でジャズは放送されていたのである。はたして識者たちはこれをどうやって追放していくのか、それについてはのちに述べるが、これらの点からも軽音楽のジャンルもジャズであると意識しながら話を進めていく必要性がありそうだ。

本章では、日中戦争が勃発した一九三七年から四五年の敗戦までを排斥期とし、映画やレコード、アトラクションという映画の添え物にも焦点を当て、日中戦争と太平洋戦争、二つの戦争下の娯楽文化のなかでジャズがどれほど浸透していたのか見ていきたい。

そして、ジャズは締め出せたのか、また、なぜ締め出さなくてはならなかったのかについても考察し、戦時のジャズはどのような音楽として認識されていたのかを検討していく。

1　一九三〇年代の映画とジャズ

日本の映画事情

アメリカの初の有声映画（パート・トーキー）は、一九二七年にワーナーで製作されたアル・ジョルソンが主演の『ジャズ・シンガー』という作品である。パート・トーキーではあるが、初の有声映画にジャズを題材にしている点をみてもジャズの流行ぶりと映画との相性のよさがうかがえる。日本では三〇年八月二十一日から新宿と浅草の松竹館で封切られている（ただし、アメリカ・トーキー映画の日本初公開は一九二九年五月である）[13]。

前述したように、日本初の本格的なトーキー作品（オール・トーキー）の登場は一九三一年だが、設備はまだ追いついておらず、当初は都会の映画館だけ上映可能であり、限定的なものだった。

一九三五年十二月の内務省警保局調査によると、「全国の映画常設館総計千五百八十六館のうち、発声映写設備を有してゐるものは千二百七館、全体の七六・一％であつて（略）発声映画設備のある常設館を有せざる道府県は絶無となり」、翌三六年に発声映写機設備は「九割前後[14]」になる。その結果、「日本映画に於ける有声映画製作が、一大躍進を示すに至つた」無声四十六本に対し、有声映画は四百六十四本（オールトーキーは三百五十五本、サウンド版が二十九本である）となっている。[15]

映画がトーキーになったことで音楽との結束はさらに強くなり、音楽を用いた映画、いわゆる音楽映画が製作された。「殊にアメリカ音楽映画に至つては最上のシンポである事は申すまでもない[16]」とされるように、アメリカからはさまざまな音楽映画が届き、日本の音楽界だけではなくエンターテインメントの世界にも大きな影響を与える。

レビュー映画の隆盛とスイングジャズ

レビューについては第6章で取り上げたが、レビューの舞台を映画のなかに組み込んだレビュー映画も存在した。レビュー映画とは「音楽と歌と踊りを以て構成された[17]」映画で、サイレント時代にも『モン・パリ』（監督：ジョエ・フランシス、一九二七年公開、二九年二月封切り）や『ダンセ・パリ』（監督：ジョエ・フランシス、一九二九年公開、二九年七月封切り）などのレビュー映画は存在したが、音がなかったから絢爛な衣裳や踊りなどの視覚でしか魅力が伝わらなかった。[18]

しかし、トーキーの出現によって、映画の歌や音楽が実際に聞こえて映画の魅力が百パーセント発揮されるようになる。『ブロードウェイ・メロディー』（監督：ハリー・ボーモント、一九二九年公開、三〇年一月封切り）、『パラマウント・オン・パレイド』（監督：ドロシー・アーズナーほか、一九三〇年公開、三〇年九月封切り）、『ゴールド・ディガース』（監督：マービン・ルロイ、一九三三年公開、三三年十二月封切り）、『フットライト・パレード』（監督：ロイド・ベーコン、一九三三年公開、三四年四月封切り）、『ワンダー・バー』（監督：ロイド・ベーコン、一九三四年公開、三四年九月封切り）、『踊るブロードウェイ』（監督：ロイ・デル・ルース、一九三五年公開、三六年三月封切り）といったレビュー映画は、アメリカだけでなく日本でも人気を博した。[19]

図100　広告「キング オブ ジャズ」「キネマ旬報」1931年1月31日号、キネマ旬報社。右側の男性がポール・ホワイトマン。後ろのバスドラムにはホワイトマンの似顔絵が描かれている

そうした映画の音楽は「凡てがジャズ音楽[20]」とされていて、レビューの映画にもジャズは不可欠だった。例えば、一九三〇年にユニバーサルが製作したトーキー映画『キング・オブ・ジャズ』（監督：ジョン・マレイ・アンダーソン）（図100）は、当時「米国ジャズ・ミュジック界の大立物[21]」だったポール・ホワイトマンとそのバンドの演奏を全面に打ち出したレビュー映画である。

日本では一九三一年一月に封切られ、その内容はバンドのメンバー紹介にはじまり、ボードビル俳優の歌唱や舞踊団のダンスを中心とした演出、とりわけジョージ・ガーシュイン作曲の「ラプソディー・イン・ブルー」を使用した場面は「呼び物[22]」になっていて、レビューをそのまま映画にした構成である（図101）。豪華絢爛な舞台と衣装、そしてレビューのダンスとジャズが、当時としてはまだ珍しい総天然色とトーキーで映し出され、その点で同映画は内容や構成、技術面で先端的な映画だった。

また、日本では俳優の駒井哲や山岡アイリスが司会をする日本版が封切られていて、興行的な収入を見込んで製作されたと考えれば、それだけポール・ホワイトマンの知名度が高かったといえる。なお、批評欄では「あらゆる都市の大常設館のトリとして恥かしからぬ作品[23]」として高い評価を受けている。

このように、一九三〇年代は数多くの音楽映画が作られ、ジャズに関連した作品も枚挙にいとまがない。それらの映画には、現代でもよく知られているようなミュージシャンも登場している。いくつか紹介すると、三三年一月に封切られたパラマウント映画の『ラヂオは笑ふ』（監督：フランク・タトル、一九三二年公開）は「アメリカ

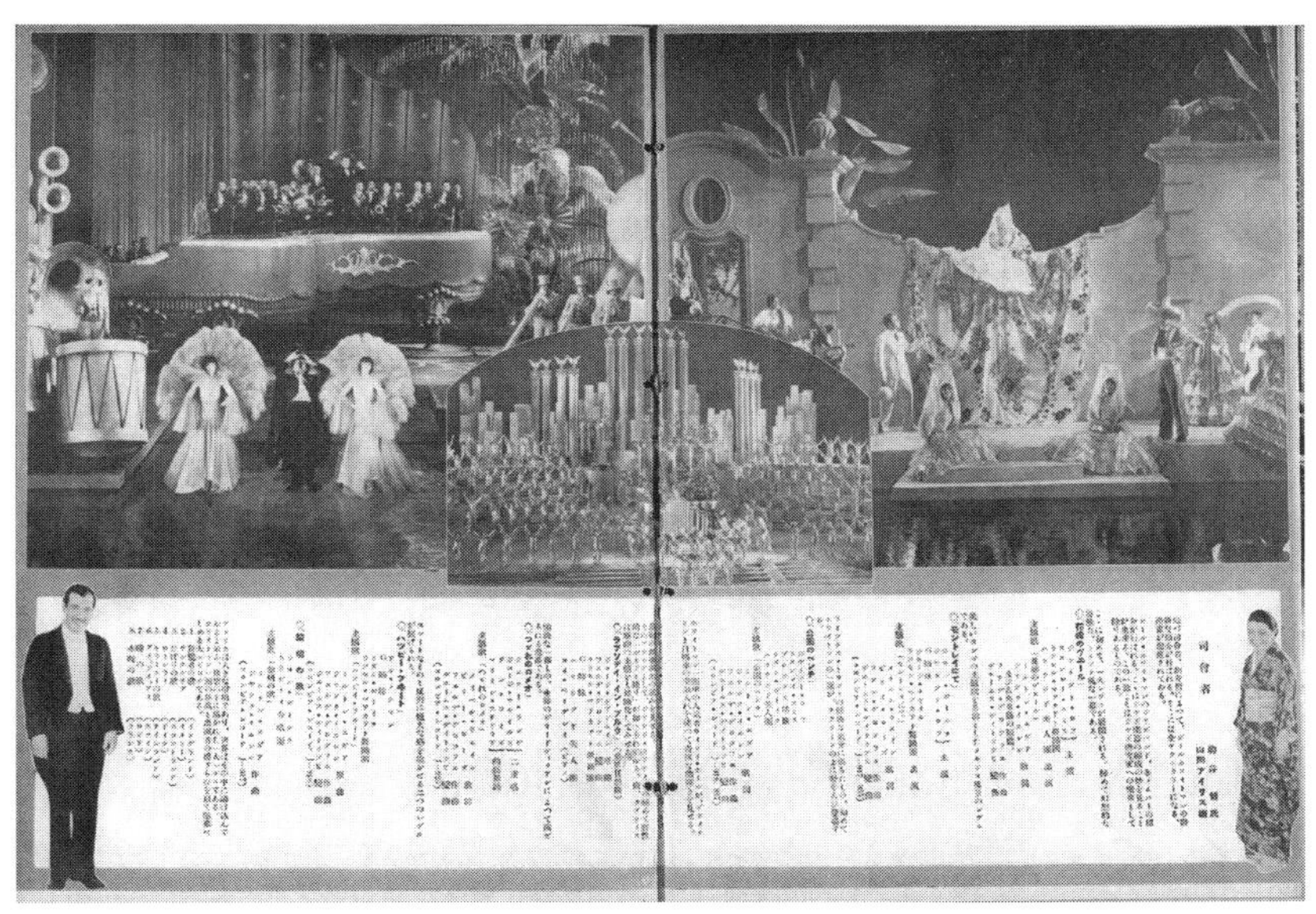

図101　広告 映画場面「キング オブ ジャズ」、同誌。映画の場面と下段には演目が記載されている。両端の男女は日本版で司会を務めている駒井哲と山岡アイリス。写真だけでも豪華であることが伝わり、かつ大きなピアノの上に楽団がいるというような、凝った演出がされていることもわかる

のラヂオ芸人として大変有名な連中を集めて、その得意の出し物を演らせ、それを巧くストーリーに嵌め込んだもの」[24]で、ビング・クロスビーをはじめ、ケイト・スミス、キャブ・キャロウェイ、ミルス・ブラザーズ、ボスウエル・シスターズなどが出演している。映画では、「セント・レヂス・ホテルのヴィンセント・ロペス指揮のオーケストラ」の「ジヤズを聞かせるドラムが大活躍」したり、「キャッブ・キャロウェイとハーレム・マニアックの奏するハーレム・ハーモニーが聴けるなど」[25]、当然、劇中にはジャズがふんだんに盛り込まれた内容となっている。この映画は「一九三六年の大放送」（監督：ノーマン・タウログ、一九三五年公開、三六年二月封切り）「一九三七年の大放送」（前出）「百万弗大放送」（監督：ミッチェル・ライゼン、一九三八年公開、三九年六月封切り）とシリーズ化し、「大放送もの」[26]と呼ばれ人気を得た。

　ほかにも、一九三四年九月に封切られたパラマウント映画の『絢爛たる殺人』（監督：

図102　広告「『絢爛たる殺人』」「キネマ週報」1934年8月10日号、キネマ週報社

ミッチェル・ライゼン、一九三四年公開）は「レヴュー劇場内に起つた殺人事件」という「レヴューと探偵劇(27)」を組み合わせた作品で、この映画の「レビュー場面ではデューク・エリントンのオーケストラが出て、ハット・ジャズを聞かせ(28)」ている。

「キネマ旬報」に掲載された興行評価では、「これならどんな土地、どんな種類の人間に見せたつてつまらながる筈はなからう(29)」と高く評価されていて、音楽評論家の服部龍太郎は映画雑誌「音楽と映画」一九三八年六月号で、「デューク・エリントンを熱愛してゐる連中は、嘗ての映画『絢爛たる殺人』が上映されたとき、エリントン・バンドが実演する部分を見たさに押しかけたものである(30)」（図102）と回想している。一九三四年にはデューク・エリントンの映像が映画を通して紹介されていて、「押しかけ」る人間が出現するほどの人気があった。

翌一九三五年六月十日付の「帝国大学新聞」に設けられた「六月レコードを語る」という欄では「スウイング音楽」というサブタイトルで同月に発売されたスイングジャズのレコードを紹介しているが、そこではボスウェル・シスターズやミルス・ブラザースなどのレコードが挙げられていて、前者は『薔薇色遊覧船』（監督：ベンジャミン・ストロフ、一九三四年公開、三五年十月封切り）、後者は『二千万人の恋人』（監督：レイ・エンライト、一九三四年公開、三五年一月封切り）という映画中で聴かれたもののようである。どちらも「娯楽的に申し分無いスウイング・ミューズイク」と評されていて、「今日のスウイング音楽を観察しやうとするならエリントンとカサ・ロマ・オーケストラを聴かなくてはならない(31)」とも付言している。学生新聞だから読者はおおむね学生と考えられるので、スイングという言葉が学生だけでなく一般的なものだったかどうか、考慮の余地はあるが、それでも

図103　広告「『バーレスクの王』」「キネマ旬報」1936年7月21日号、キネマ旬報社。広告には「売出しジヤズ、ピアニストのフアツ・ワラー等の出演は充分に皆様をお楽しませ致します」とある

学生間にスイングという音楽が入ってきたことが確認できる。

　アメリカ製作の映画だけではなく『ジャズは踊る』（監督：ジャック・レイモンド、一九三二年公開、三四年十一月封切り）という映画は、「英国のジャズ・ミュジックを代表してゐるジャック・ペインが、その一族郎党のバンドを引連れて登場し、得意の数曲を演奏、かつ唄(32)」うような、イギリスのジャズを体験できる映画もあった。

　また、残念ながら日本では未公開だが『バーレスクの王』（監督：シドニー・ランフィールド、一九三六年公開）では、ジャズピアニストのファッツ・ウォーラーが出演していて(33)、人気演奏者が出演するような作品もあった。

　翌一九三七年一月二十七日に封切りされた『黄金の雨』（監督：ノーマン・Z・マクロード、一九三六年公開）では、ビング・クロスビーが主演するほかに、「米国の代表的スイングバンド、ルイス・アームストロングとそのバンド」も特別出演するといった豪華な内容で(34)、二人の主題歌とジャズ演奏が聴くことができる（図104）。

図104　広告「『黄金の雨』」「キネマ週報」1937年1月29日号、キネマ週報社。左ページのマンドリンを持つ白人男性がビング・クロスビィ。右ページのトランペットをもつ黒人男性がルイ・アームストロング

ルイ・アームストロングは同年十二月封切りの『画家とモデル』（監督：ラオール・ウォルシュ、一九三七年公開）にも出演し（図105）、劇中でトランペットの演奏をしている[35]。ファッツ・ウォーラーしかりルイ・アームストロングしかり、映画では多彩な演奏テクニックを披露していたにちがいない。彼らの多彩な演奏テクニックを一聴しようと映画館に通うファンも多かったことだろう。

なお、同日に封切られた『二人のメロディ』（監督：ルイス・キング、一九三七年公開）は『画家とモデル』に添えられた映画で「スタア・ネームの無いのが欠点[36]」と批評されてはいるが、映画の広告には「スイングとホットのジャヅ合戦[37]」とあるように、ジャズ満載の内容であることがわかる（図106）。

一九三七年九月、日中戦争の拡大化に伴って「為替管理の建前から外国映画の輸入制限[38]」が始まったことで、映画興行側は輸入ずみのストック、もしくはこれまでのフィルムを再上映する対応を余儀なくされたが、翌年にはわずかな

がら外国映画の輸入が解禁される。

音楽評論家の野川香文が「キネマ旬報」一九三九年一月二十一日号に寄稿した「スヰング鑑賞の重点は」によると、輸入された『踊る騎士』（後述）や『天晴れ着陸』（監督：ロイ・デル・ルース、一九三八年公開、三八年十一月封切り）は「新鮮なスヰングの魅惑に浸る事が出来た」[39]としているように、限られた輸入フィルムのなかにもスイング映画が存在した。一九三九年には『スヰングの女王』（監督：デビッド・バトラー、一九三七年公開、三九年一月封切り）、『踊るジャズ』（監督：レナード・ヒギンス、一九三九年四月封切り）（図107）、『ハリウッド・ホテル』（監督：バズビー・バークレー、一九三八年公開、三九年四月封切り）（図108）といった映画も封切りされている。

図105　広告「『画家とモデル』」「キネマ旬報」1937年12月11日号、キネマ旬報社

図106　広告「『二人のメロディ』」「キネマ旬報」1937年9月1日号、キネマ旬報社

図107　広告「『踊るジヤズ』」「キネマ旬報」1939年1月1日号、キネマ旬報社

図108　広告「『ハリウッドホテル』」「東京朝日新聞」1939年5月7日付夕刊（6日発行）、3面

アステアとロヂャースによるレビュー映画

一九三〇年代のダンス映画としてふれておくべきは、なんと言ってもフレッド・アステアやアステアとジンジャー・ロジャースのコンビによる作品だろう（図109）。

「キネマ旬報」に掲載された「映画館景況調査」では、「人気旭日昇天のアステア・ロヂャース作品」[40]「アステアとロジースは絶大な人気があり、レヴューや音楽映画を愛好する当市民はこの映画を非常に愛好していた[41]」と評していて、高い人気があった様子がうかがえる。

このコンビは数多くの作品を残しているが、特筆すべきはやはりダンスのシーンで、一九三四年に封切りされた『空中レビウ時代』（監督：ソーントン・フリーランド、一九三三年公開）は、「新ダンスとしてのカリオカ」や

「新しい狙ひたる空中アトラクション」「そして人気物のフレッド・アステーアが大いに活躍する」作品内容で（図110）、「リオのキャバレエにおけるカリオカの踊り」が「観どころ[42]」だった。この場面でアステアとロジャースが踊る「カリ

図109　グラフセクション「アステア、ロジャース再び組む」「キネマ旬報」1939年1月1日号、キネマ旬報社。左がフレッド・アステア、右がジンジャー・ロジャース

図110　広告「『空中レビウ時代』」「キネマ週報」1934年4月13日号、キネマ週報社

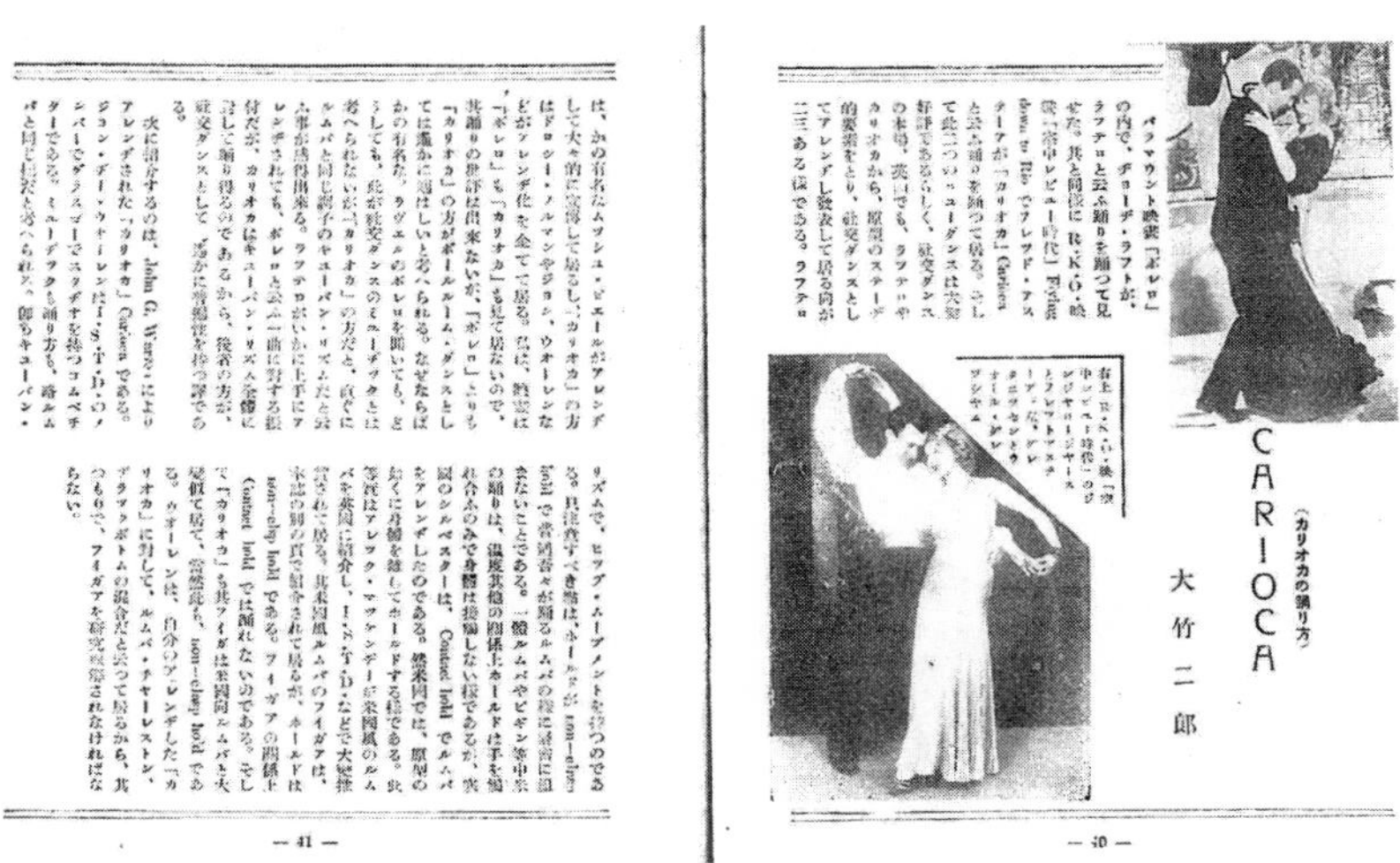

図111　大竹二郎「CARIOKA」、前掲「THE MODERN DANCE」1935年1月号、40―41ページ

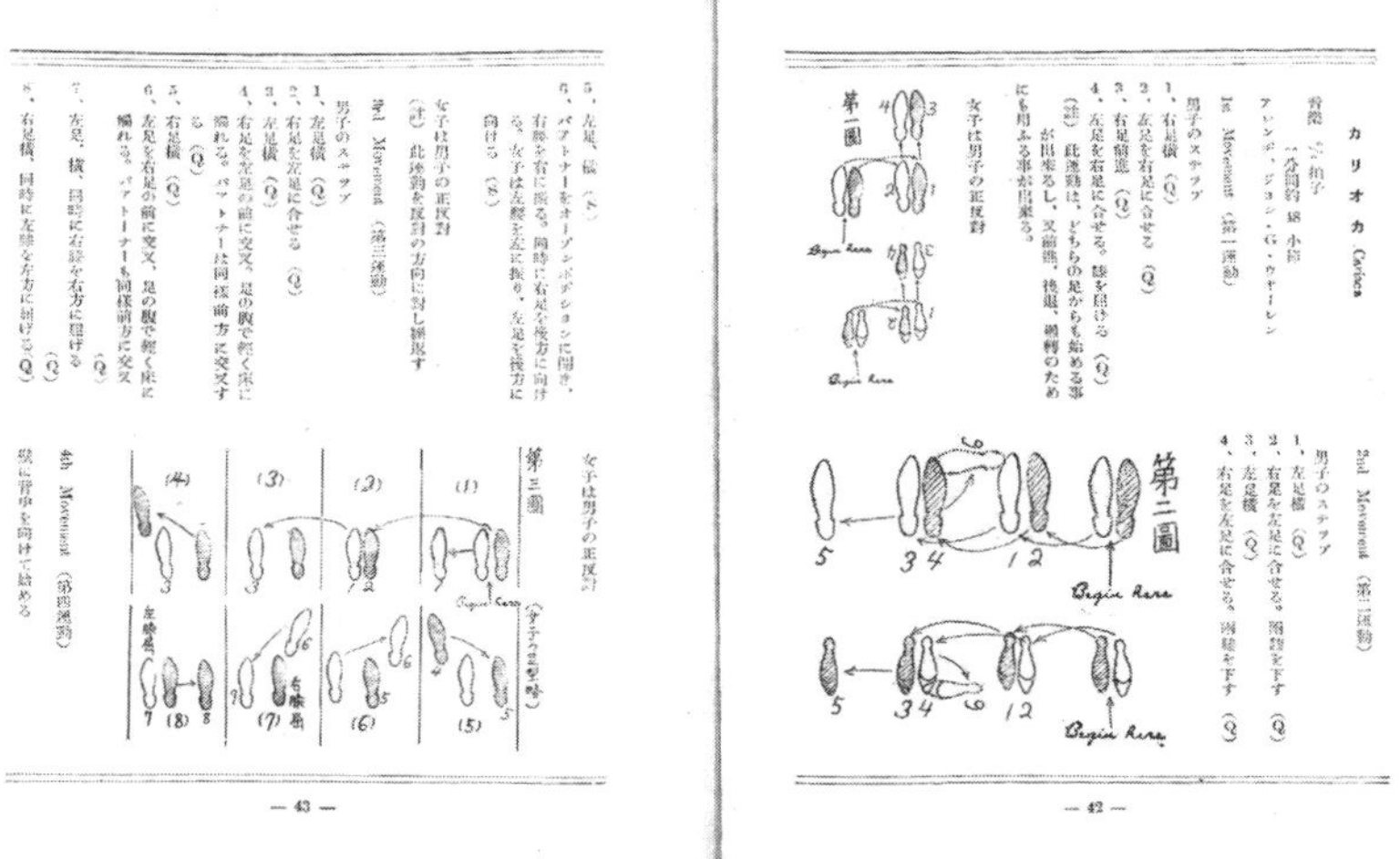

図112　同記事42―43ページ。カリオカのステップが紹介されている

図113　広告「タップダンスの踊り方」「読売新聞」1936年4月20日付、1面

オカステップ」は、当時のダンス雑誌でもステップが紹介されていて(43)（図111・112）、ファンはステップを覚えてダンスホールで踊っていたことが想像できる。

両コンビの映画は、『コンチネンタル』（監督：マーク・サンドリッチ、一九三四年公開、三五年四月封切り）、『トップ・ハット』（監督：マーク・サンドリッチ、一九三五年公開、三六年一月封切り）、『艦隊を追って』（監督：マーク・サンドリッチ／ヒューバート・オズボーン、一九三六年公開、三六年七月封切り）、『有頂天時代』（監督：ジョージ・スティーブンス、一九三六年公開、三六年十二月封切り）、『踊らん哉』（監督：マーク・サンドリッチ、一九三七年公開、三七年十月封切り）、『踊る騎士』（監督：ジョージ・スティーブンス、一九三七年公開、三八年十一月封切り）、『気儘時代』（監督：マーク・サンドリッチ、一九三八年公開、三九年九月封切り）など毎年、封切られている。

言わずもがな、映画に登場する二人のタップダンスは魅力的で、音が出るトーキーだからこそリズミカルなタップの魅力や面白さが十分に発揮されたといえるだろう。同時期のダンス映画やレビューではタップダンスは欠かせないダンスで、踊り方の教則本や雑誌記事、タップを教える舞踊研究所もあった(44)（図113・114・115）。

また、これら映画の主題歌や挿入歌は、当然レコード化もされ(45)（図116）、楽曲はレビューやラジオにも取り上げられている。例えば、一九三六年十二月中の新宿第一劇場でおこなわれたエノケン一座の公演では、『トップ・ハット』や『艦隊を追って』の曲が劇中で披露されていたり(46)（図117）、前述のラジオ放送「木曜コンサート」では、トーキー中継という映画会社の試写室から映画の音楽を中継する番組があった。さらに、楽器演奏者向けのヒット曲集でも映画の楽曲が取り上げられていて(47)（図118・図119）、相当な人気を博していたといえる。

映画の主題歌などをレコード化、ラジオ放送やレビューの演目に使うといったよう

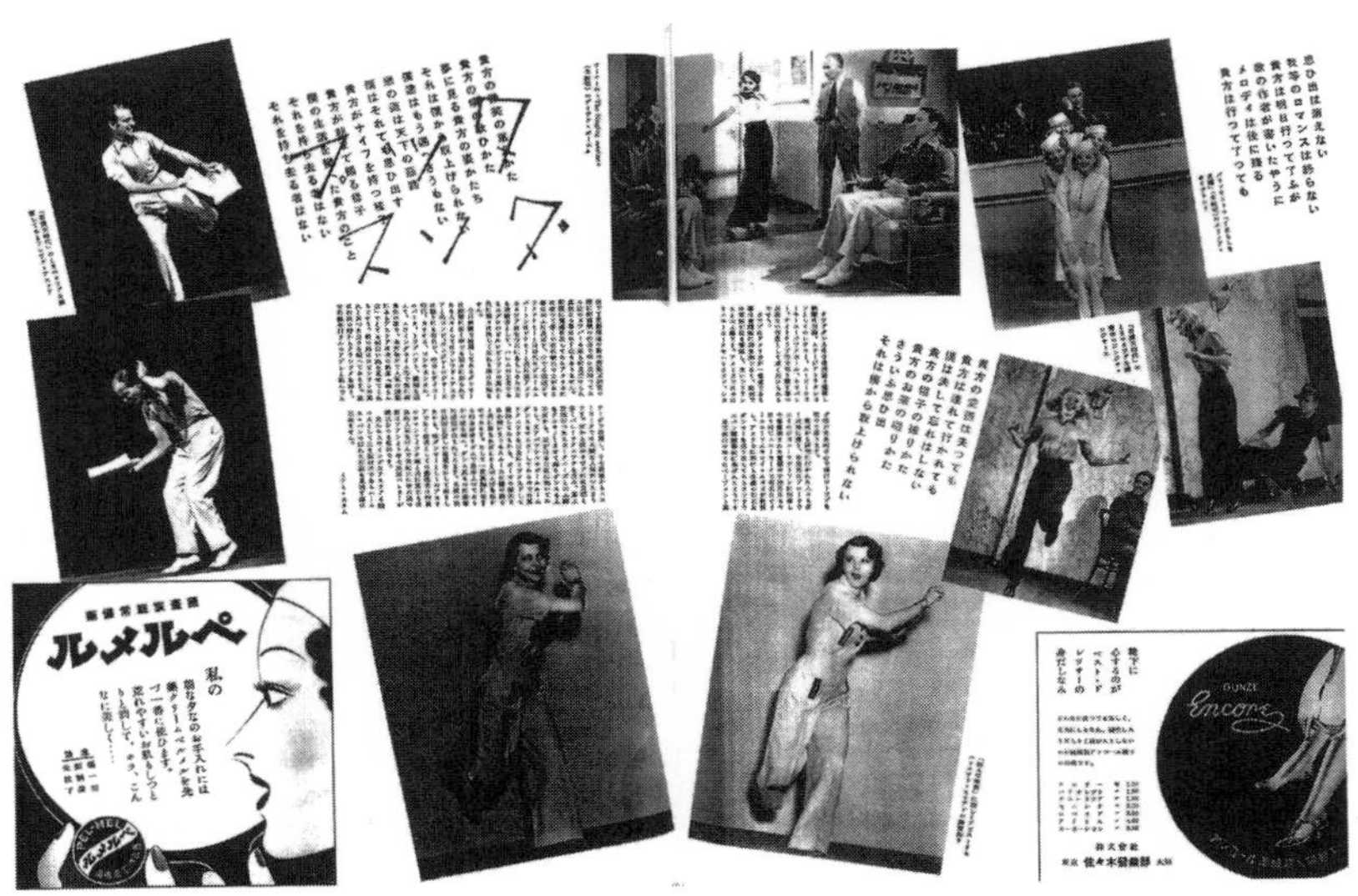

図114　「タップダンス」「スタイル」1937年11月号、スタイル社。フレッド・アステア、ジンジャー・ロジャースに加えて、ハリエット・ヒリヤードの写真も掲載されている

図115　広告「体育舞踊研究会」「スタイル」1938年11月号、スタイル社、39ページ。科目中にタップダンスが見られる

な現在でいうメディアミックス的な手法によって音楽が普及していた様子も、その人気ぶりからうかがえるのである。

邦画（トーキー）とジャズ

もちろん、邦画でも外国映画と同様の現象がおきていた。日本では一九三三年にトーキー専門のP・C・

L映画製作所が誕生し、「日本でも初めてのレヴュー式トーキー」[48]映画『音楽喜劇 ほろよひ人生』（監督：木村荘十二、一九三三年八月封切り）を製作している。この作品は、地下鉄駅のビールの売り子とアイスクリーム売りのボーイと音楽学校の学生の三角関係と宝石盗難事件を絡めた内容で、徳川夢声や大辻司郎、古川緑波も部分的に出演している。[49] 映画雑誌「キネマ週報」の批評によれば、「音楽は非常にいゝ」とされた作品である。[50]

図116　広告「『艦隊を追って』」「東京朝日新聞」1936年6月30日付夕刊（29日発行）、5面。下部分の右端に同映画の主題歌レコードが掲載されていて、フレッド・アステアの「縁に合せて踊らうよ思ひのままに」「ただ貴女だけを。海を見た！」「バンマ〔ド〕マスターになりたい」がコロムビアラッキーレコードから発売されている

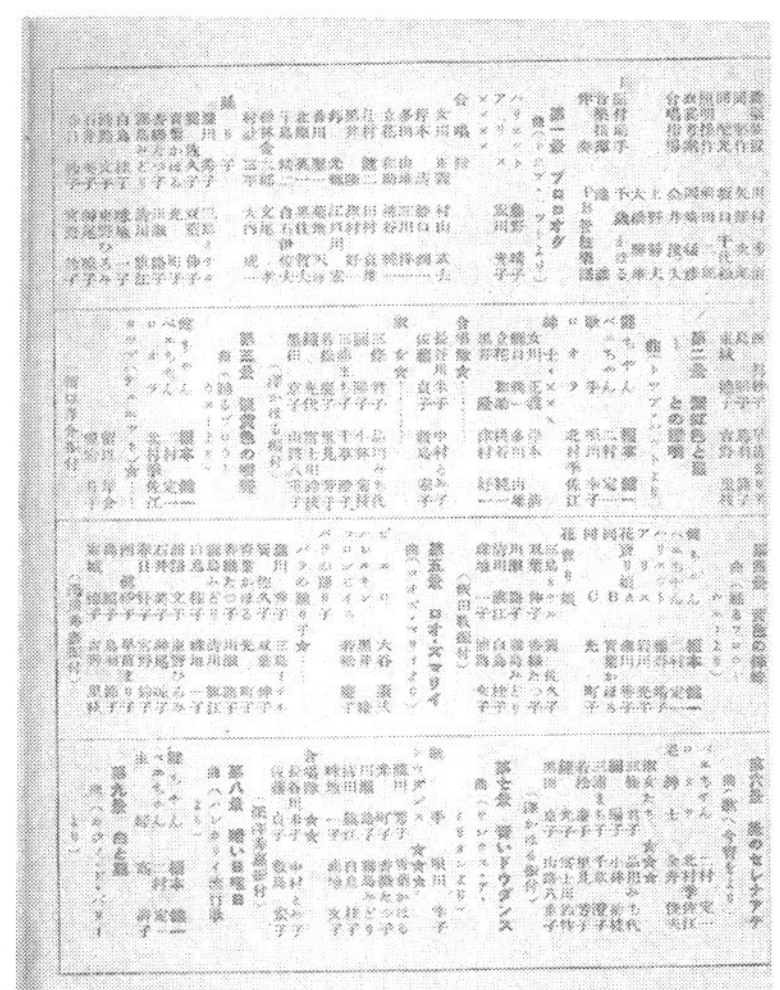

図117　エノケン一座公演1936年12月興行新宿第一劇場番組パンフレット。第1景と第2景で『トップハット』の曲が使用されている。また、『踊るブロードウェイ』や『サンクス・ア・ミリオン』などの曲も見られる

初期のP・C・Lで音楽を担当したのは紙恭輔という人物で、紙はクラシックにジャズの手法を取り入れたシンフォニックジャズを映画で使っている。ほかにも、一九三四年三月に封切られたP・C・L製作の『踊り子日記』（監督：矢倉茂雄）は、「レヴユウ劇場を背景に描いた甘い恋愛劇[51]」で、レビューの場面ではベティ稲田が出演し、淡谷のり子の独唱も聴ける内容になっている（図120）。

　P・C・L映画製作所創立と同じ年には京都の太秦にもJ・Oスタジオが設立され、J・Oでもまた、『キング万歳』（監督：水島正雄、一九三四年二月封切り）という映画を製作している。その内

図118　東京音楽書院編輯部編『アコディオン奏法附 ジャズ名曲集』東京音楽書院、1937年、表紙

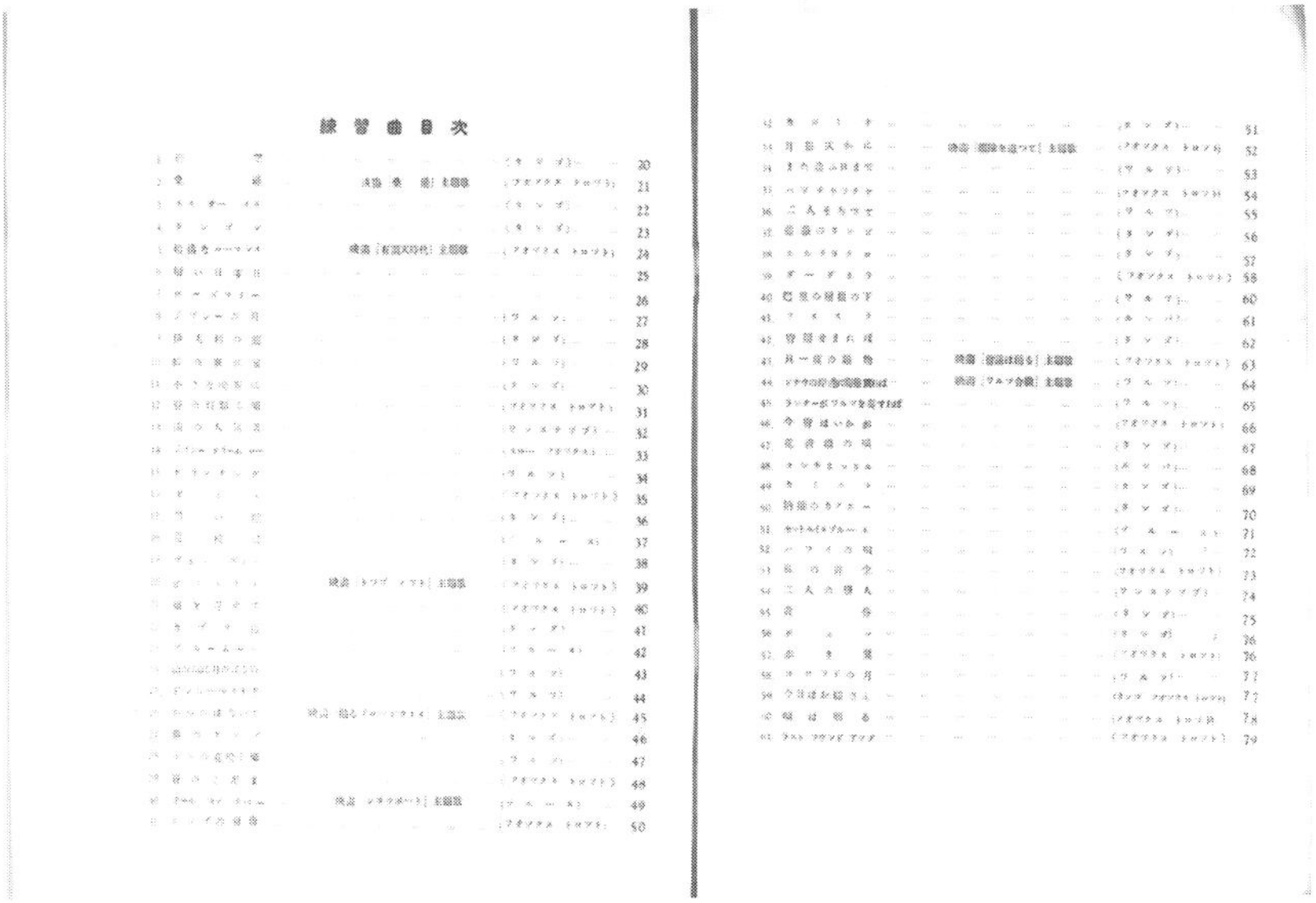

図119 「練習曲目次」、同書所収。5に『有頂天時代』、20に『トップハット』、33に『艦隊を追って』の主題歌の楽譜が掲載されている

容は「大阪の万歳芸人永田キングを主演にした笑劇[52]」で、こちらも、劇中にレビューの場面が存在することが確認できる（図121）。

図121　広告「『爆笑王キング万歳』」「キネマ週報」1934年1月19日号、キネマ週報社

図120　広告「『踊り子日記』」「キネマ週報」1934年2月16日号、キネマ週報社、190ページ。上左部分にレビューの踊り子と思われる女性陣が写っていて、劇中にレビューのシーンがあることが想像できる。また、同映画には特別出演として淡谷のり子やベティ稲田などの流行歌歌手が出演している

また、同年のP・C・Lではエノケンと流行歌歌手・二村定一の初主演映画『エノケンの青春酔虎伝』（監督：山本嘉次郎、一九三四年五月封切り）も製作している。エノケン一座同様に、エノケンが主演する映画でもジャズソングが「欠かせない[53]」要素で、『エノケンの法界坊』（監督：斎藤寅次郎、一九三八年六月封切り）や『エノケンの頑張り戦術』（監督：中川信夫、一九三九年九月封切り）でもジャズソングが歌われている。

ほかにも一九三七年四月に封切られた日活映画の『ジャズ忠臣蔵』（監督：伊賀山正徳）は田舎めぐりの東京のレビュー団の話で、作品にはディック・ミネなどテイチクの専属歌手が特別出演し、ディック・ミネ扮する川崎がジャズソング「ダイナ」を歌う場面があった[54]（図122）。このように、日本にもレビュー映画が存在し、流行歌歌手

図122　広告「『ジャズ忠臣蔵』」「東京朝日新聞」1937年4月10日付夕刊（9日発行）、6面

が出演して劇中で流行歌を歌っていた。

ちなみに、一九三九年の邦画界は、「ミュージカルが時代劇の中で歓迎されつつ(55)」あった時期でもあって、日活製作の『鴛鴦歌合戦』（監督：マキノ正博、一九三九年十二月封切り）のように時代劇のなかにジャズが盛り込まれた映画作品もある(56)。

これまで取り上げた音楽映画では、流行歌手やジャズバンドがメインの要素として映画を構成していた。一方で、映画音楽としてジャズが取り入れられているケースもある。一九三八年一月に封切られた東宝映画『鉄腕都市』（監督：渡辺邦男）では、服部良一が音楽監督を担当している。服部はこの映画で「外国映画の如く、ジャズのフイギユアを取り入れたら作品にずつとモダニズムを持たせることができる」とし、「ドライブのシーンやデパートのシーン、或は又簡単な心理描写などに(57)」意図的にジャズを取り入れている。このように、いわゆるサウンドトラックとしてジャズを用いる試みもされるようになっている。

2　戦時下のレコード事情

冒頭で述べたように、戦争の影響はレコードや蓄音器にまで及んでいて、日中戦争が始まった年には物品特別税法が施行され、レコードは二〇パーセントの課税品になった(58)。値上げによる売り上げの激減を見越したレコード会社は、従来の定価の一〇パーセントを負担することで対応したが、小売業者にとってはダメージが大きく(59)、

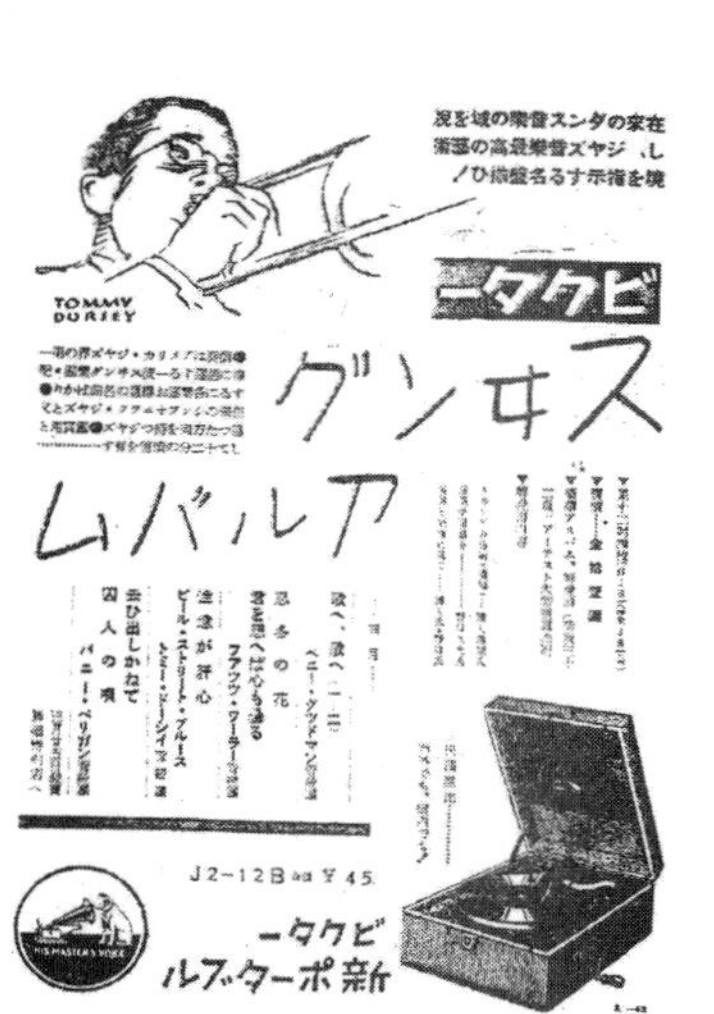

図123　広告「『スヰングアルバム』」「映画と音楽」1938年4月号、映画と音楽社

図124　広告「『グッドマン選集』」「映画と音楽」1939年3月号、映画と音楽社

そのような状況を切り抜けるために、レコード会社は「顧客を集中的に獲得する」予約販売やダンスレコードの「二十分間シリーズ」など「シリーズもの」のアルバム（レコード三枚を一組にしたもの）を企画し、[60]その結果、「アルバムばやり」といった現象が生まれた。[61]

一九三七年以降、日本は長い戦争の時代へと向かっていったのだから、軽佻浮薄なジャズはその背景に伴って衰退してしまったのでないかという印象を受けるかもしれない。確かに日中戦争が始まった当初、売り出されるジャズレコードの新譜は従来と比べ「約半減」してしまった。[62]しかし、三八年頃からは軍需景気で好況となったから、それに比例してレコードの売れ行きも伸びていった。特にダンスレコードの売れ行きは好調[63]で、三八年四月には『スヰングアルバム』が発売された[64]（図123）。このアルバムは「ジミー・ドーシー　ファッツ・ワーラー　バニー・ベリガン　ベニー・グッドマン」といった「あらゆる角度から見て今日のスウイング音楽を代表する四つの楽壇を一冊に収めた[65]」内容となっている。

ほかにも、「スヰング王」ベニー・グッドマンの『グッドマン選集』（図124）やアメリカのジャズ雑誌

スヰング・ミユージックの研究（一）

野川香文

序

スヰング・ミユージックは云ふまでもなく現代の社交舞踏音樂の一つであつて、云ふところのジャズがそれである。このスヰング・ミユージックの現狀はどうであるか、本稿は先づそれからペンを起して行く。

最初にこのスヰング・ミユージックの語名であるが「スヰング」と云ふ言葉についての說明は又の機會にするとして、アメリカではジャズと云はないで、スヰング・ミユージックと云つてゐる。ジャズと云つたのはこの音樂が發見された頃の事で（その時代については後述する）近頃は特にスヰング・ミユージックを嫌ふ人達がジャズと呼んで居る樣である。從つてジャズと云へば稍輕蔑した云ひ方の樣にとられてゐる。それはジャズはニグロの音樂であると云ふ舊觀念が然らしめたもので、音樂關係者でも保守的な派はスヰング・ミユージックを極度に嫌つてゐる樣である。すべて自由平等のアメリカでも音樂の世界だけは依然として舊時代の觀念があつて、音樂家及び愛好家層は新舊の二つに別れて、クラシックの派はスヰングの派に對して嘲罵をさへ浴せてゐる。例へば今年のお正月ベニー・グッドマン管絃團が主催となつて、紐育のカーネギー・ホールでスヰング・コンサートを開いたが（クラシックのコンサート・ホールにおいては之が最初のスヰング・コンサートだつた）新聞の批評家連の中にもわざ／＼反感をもつてスヰング・ミユージックをけなしつけ、好樂家の中には音樂の聖殿をけがすもの、と云つて頑いた感想を書いたりする有樣である。

しかし、これはクラシック音樂の關係者がスヰング・ミユージックに對して持つ感情で、一般にはこの音樂をもつてアメリカの國民的音樂であると云ふ見方をする傾向が、最近次第に濃くなつて來てゐる。スヰング・ミユージックと書かないで、アメリカン・ミユージックと書いてゐる文章は隨所に見られるのである。そして彼等はこのアメリカン・ミユージックを大いに誇つてゐる。デモクラシーのアメリカが生んだ音樂は矢張デモクラテイックな音樂であつた。これはひとりアメリカのみでなく歐洲の全土をそして舊い東洋をも席捲しつゝある。デモクラシーの音樂は遂に世界を風靡してゐると、とんでもないところでデモクラシーの勝利を謳歌してさへゐる位である。事實十八世紀にも舞踏音樂はあつたがそれは一部貴族階級の所有であつて一般人のものでは無かつた。ところが、スヰング・ミユージックは上は大統領をはじめ下は其日暮しの勞働者に到るまで、あらゆる階級に愛好されてゐる。音樂史の何處を開いて見ても全世界の人々に愛好された音樂のあつた時代は見當らない樣である。從つてスヰング・ミユージックは音樂史上に大きな記錄を殘しつゝある譯である。

現在アメリカには數十萬人のスヰング・ミユージシアンが居り、舞踏用の樂團の數もわれ／＼の知つてゐる範圍でも四五百はある位だから、その數は押して知るべしである。之等の樂團はボールルームに、レストランにナイト・クラブに、バーに、ホテルに劇場に寄席にショオにそれ／＼出演して居り、之等は殆んどその場から放送されるのである。以上は舞踏用樂團であるが、この他に有名な歌手を中心に廣告放送をする樂團もあり放送局專屬のものがどれだけあるか知れないし、映畫のスタヂオ、劇場の專屬樂團もあるであらう。そしてそれ等も勿論放送に出演する。アメリカでは文字通り二十四時間の間ひつきりなしにスヰング・ミユージックは放送されて居る譯で、アメリカ人の生活とスヰング・ミユージックは切り離す事の出來ないものになつてゐる。エンターテインメンツと云へば必ずスヰング・ミユージックがつき物である。これが無ければ彼等は本當に樂しさうではない。それ程彼等はこの音樂を愛好する。日本へ來るアメリカ人は必ずダンスホールに遊びに出かける。（チャプリンやダグラスは勿論の事、學者でも何でもさうだつた）。そこでスヰング・ミユージックを樂しんでゐる。と、トタンにタンゴバンドが演奏をはじめると、大低彼等は珍らしさう

2

3

図125　野川香文「ス井ング・ミユージツクの研究（1）」「月刊楽譜」1938年8月号、月刊楽譜発行所、2―3ページ

「メトロノーム」誌が「一九三九年度のスヰング界人気投票を行つて、その上位入選者のみを」収録した『オール・スタア・バンド・アルバム』[66]、さらにはジャズピアニスト、テディ・ウィルソンの伴奏でエラ・フィッツジェラルドやビリー・ホリディが歌唱する『テデイ・ウィルスン・アルバム』も発売されている[67]。

こうしたレコードを紹介するファッション誌でも、必然的にジャズバンドや音楽に関する記事が散見され、当然音楽雑誌でもジャズに関する論稿が目立つようになる。例えば、音楽評論家の野川香文は「月刊楽譜」で一九三八年八月から十回にわたって「スヰング・ミユージックの研究」[68]としてジャズの歴史について連載し（図125）、また、作曲家の服部良一も「音楽世界」に「ジャズ編曲法講座」[69]を掲載している（図126）。騒々しくて猥雑低級という扱いだったジャズは、研究の対象へと変化したのである。

131　ジヤズ編曲法

ジヤズ編曲法講座

（第6回）

服　部　良　一

ジ ヤ ズ 作 曲 法

作曲學とか作曲論とか云ふ事は、仲々一概に說明する事の不可能なものである。何故ならば、即ちあらゆる音樂的な課程を卒へた後でなければ之を論じる事は出來ない。例へば樂典、和聲學、對位法、樂式論、ソルフエーヂ、樂器論、先づこれだけの事はどうしても知つて居なければならない。と云つて古代から現代に至る間の作曲家の悉くが之を學び、且つ會得して作曲をして居るかと云ふと、それは必ずしもそうではない。中には何も理論めいた事を習はないで、有名な作曲家になつた人もある。要するに、それが藝術家としての面白い所である。

併し、たとへそれを習つて居なくとも、其の人は其の作曲を作り上げるのに必要なだけの音樂的才能を先天的に持ち合して居たからなのだ。結局、藝術家と云ふ者は、恵まれたる才能を持ち合はせて居る人が、努力して初めて成り得るものである。もし前記の理論を充分に勉强しないでは作曲をする事が出來ないとすれば、この講座を書く必要もなければ、又讀者も之を讀んでも無駄な譯である。殊にジヤズ作曲論ともなれば尙更である。併し、恐らくは讀者が或る程度の讀譜法と記譜法を御存じで、且つ普通の樂典がお解りになつてジヤズのレコードに關心を持つて居られるとすれば、この講座によつて、或る程度の作曲をする事が出來よう。筆者は之の講座を努めて平易に、しかもジヤズに對して白紙の人々にも解る樣に、簡單な例を示して、出來得る限り詳細に說明するつもりである。

一、ジヤズ作曲法の形式

普通ジヤズは、フオツクス・トロツトも、ブルースも、ワルツも、ルンバも全部之れを三十二小節にて書く事が最も良い。其の三十二節のジヤズ曲の作り方に、筆者は二つの方

ジヤズ編曲法　130

法をお知らせする。恐らく之れはジヤズ曲の總てを二分する程の、代表的な作曲の形式である。

三十二小節を四樂節に分けて八小節づつとする、八小節のフレーズ（樂節）を先づ最初現はれた第一樂節を(A)とする。次の第二フレーズは(A)の反復部で、其の次の形の異つた第三フレーズを(B)とする。最後の第四フレーズが再び(A)の反復となる。

も一つの形式は、第一樂節が(A)第二フレーズが(B)第三フレーズが(A)第四フレーズが(B)となる形式である。

そうするとここに、(A)+(A)+(B)+(A)と云ふ書き方と、(A)+(B)+(A)+(B)と云ふ書き方の二つに分たれる。この作り方は普通のリード物にもよくある形式だが、殊にジヤズ曲は好んでこの方法を用ゐて作曲される。勿論、(A)+(A)と云つても、之れは終止形に多少の變化があつたり、する事は致し方がない事である。今、こゝに二つの形式によつて作られた有名なジヤズ曲の例を揭げよう。先づ(A)(A)(B)(A)を第一形式、(A)(B)(A)(B)を第二形式とする。

例　第一形式（其ノ一）

アラビアの唄

Fox-Trot

Ⓐ　Ⓐ　Ⓑ　Ⓐ

上のジヤズ・ソングは一世を風靡した有名なアラビアの唄（Sing a Song of Araby）で、日本でジヤズ・ソングの最初のヒツトものである。

曲は普通のフオツクス・トロツトであるが、最初の八小節は(A)、次に(B)の反復があつてから、第三番目の八小節は(B)となり、再び(A)が現はれてくる。故に作曲者は最初の八小節を(A)として作曲し、(B)を(A)の對照的フレーズとして書けば後は之れを前述の樣に組り合はせばそれでよいのである。何も大した努力は要らない。(B)も例の樣に、別に殊更初步の中は轉調を必要としない。

図126　服部良一「ジャズ編曲法講座（第6回）」「音楽世界」1939年9月号、音楽世界社、130—131ページ

一方、日本の流行歌に目を向けると、一九三七年から四〇年にかけて『愛染かつら』（前・後篇、監督：野村浩将、松竹大船、一九三八年九月封切り、完結篇は三九年十一月封切り）、『支那の夜』（前・後篇、監督：伏水修、東宝東京、一九四〇年六月封切り）などの映画が大ヒットし、映画主題歌が流行している。[70] 他方では「別れのブルース」[71]「上海ブルース」[72]「熱海ブルース」[73]といったブルースものも流行していて、「別れのブルース」を作曲した服部は前述の「ジャズ編曲法講座」では、ブルースの作曲の仕方についても詳述している。

ちなみに、当時の音楽雑誌はダンスレコードの欄を設けていて、新譜をチェックすることができた。そこにはジャズ以外にもアルゼンチンのタンゴ、ハワイ音楽のハワイアン、キューバのルンバなどの音楽も紹介している。本書ではジャズをメインに扱っているが、戦前にはジャズだけではなくさまざまなジャンルの音楽があり、ジャズバンド同様にタンゴバンドやハワイアンバンドなども存在した。特にタンゴは、「社交ダンス中の女王」[74]だった。当時のダンスホールでは「夜間は、

ジャズとタンゴの二組を通例」としていて[75]、ホールによってはジャズバンド用のステージとタンゴバンド用のステージがあった[76]（図127）。

音楽評論家の唐端勝は「月刊楽譜」一九四〇年二月号で、マレーク・ウェーバー管弦楽団の『ウェーバー・アルバム（タンゴ篇）』を紹介するのに、「このタンゴといふものが、よくもこれだけ日本人に普及したものである」とし、また、その普及についても「映画の影響、それからレコード、ラヂオの影響[77]」だろうと考察している。唐端の指摘するようにこれらのメディアが音楽を知るうえで重要な要素だったことがわかり、ここでは言及されていないが、映画やラジオと連動していたレビューも大きな役割を果たしていたと考えられる[78]。

タンゴは厳密に言うと、コンチネンタル・タンゴとアルゼンチン・タンゴがあって、コンチネンタル・タンゴは「バンドネオンの代りにアコーディオンを使ふのが普通[79]」とされ、アルゼンチン・タンゴでは「バンドネオン二ヴァイオリン二ピアノ、セロ、ベース[80]」が基本の編成となっている。注目すべきは「バンドネオン」で、これはアルゼンチン・タンゴでは「必須の楽器」で、「アルゼンチン・タンゴバンドの最大の特徴[81]」とされた。ジャズ楽器同様に、タンゴを象徴する楽器もあったのだ（図128）。

アルゼンチン・タンゴの歴史は「大衆の間に広く浸潤して僅か五十年」で「スウィング・ミュージックと比べて稍同じ年月」だが、「その発達はスウィング・ミュージックに遥かに及ばない[82]」とされていて、タンゴにも一定の需要はもちろんあったものの、ファンの多さはジャズに軍配が上がっていたようである。これは戦後、さまざまな音楽があるなかでも、ジャズが大きく盛り上がる理由の一つと考えられ、戦前の日本の音楽状況は戦後にも引き継がれているといえるだろう。

なお、ラジオ放送では『ジャズ』という番組名であってもタンゴが放送されることもあった（例えば一九三四年八月三十一日、ＪＯＡＫでは午後〇時五分からテイト・ニュー・アンサンブルが出演している）。これは、タンゴではアコーディオンが「小規模のジャズ・オーケストラに於て、ピアノの代り[83]」に用いられたり、通常のタンゴバンドの編成にサックスなどのジャズ楽器が入る編成もあった[84]からで、そうした場合はジャズとして放送されていたものと推測できる。

ハワイアンもまた、ウクレレ、ハワイアン・ギター（スティール・ギターとも呼ぶ）といった楽器がバンドの通常編成で使用されることが前提になっていて[85]（図129）、ルンバの場合もマラカス、クラベス、ボンゴ、コンガ、マリンブラといったリズム楽器やギロ、フラウタ、ガットギターなどがルンバを演奏する際には必要とされた。[86]どれも独特な特色をもつ楽器であり、こうした楽器を使うことがその音楽の表象になっていたことは想像にかた

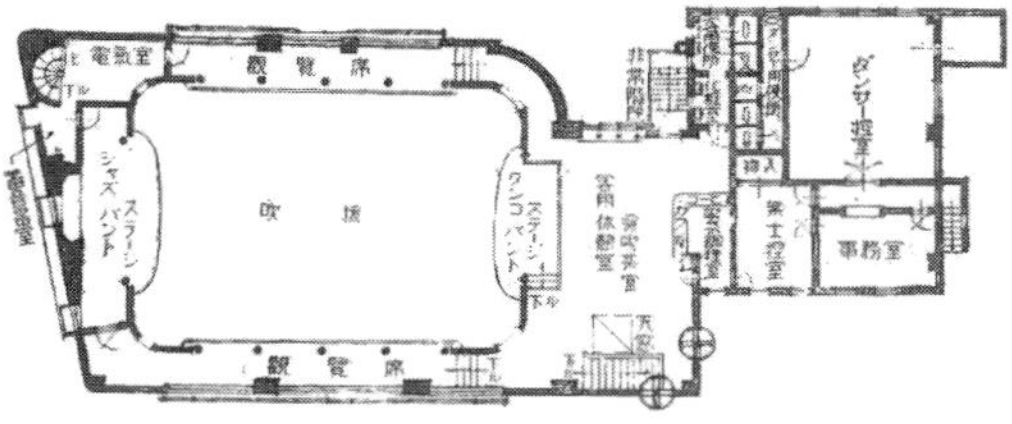

図127　小野薫『ダンスホール』（〔高等建築学〕、常磐書房、1934年）53ページの新橋舞踏場2階の平面図

図128　「テスカタンゴオルケスタ」「ダンスと音楽」1937年4月号、ダンス音楽社、口絵。京都東山ダンスホールのテスカタンゴオルケスタ。前列の3人が持っているのがバンドネオン

図129　「モアナ・グリー・クラブ（紹介）」、前掲「ジャズタイムス」1933年11月号、22ページ。灰田晴彦（いちばん左）、灰田勝彦（左から3番目）が在籍したバンド、モアナ・グリー・クラブ。晴彦がもっているのがハワイアンギター（弾奏の際、写真のようにギターを寝かせ、左手でスチールバーを把持して演奏する）。勝彦が持っているのがウクレレ

くない。

「月刊楽譜」一九三九年十二月号での『ルンバ・アルバム』の紹介では、「ルムバと言へば「南京豆売り」を知らないものもないといふ有様。今の青年男女は長唄の一くさりは知らなくとも、西洋音曲の一つ位は口吟めるものである。（略）ルムバとは、などと最早とり立てゝ改まらなくとも誰でもが御存知なのである。尤も之れは都会青年を中心としての話であるが声を大きくしなくとも購買者の方がいろ〳〵通なのである。映画で、レコードで、ラジオで[87]」とあるように、ルンバもタンゴ同様にさまざまなメディアを通して特に都会の若者層が中心になって聴いていることがわかる。[88]

日本でも「泪のタンゴ[89]」や「ルムバ上海[90]」「ルンバ東京[91]」といった流行歌が生み出されているが、作曲家たちは海外の最新の流行音楽を巧みに取り入れ、発信していた様子がうかがえる。

このほかに、一九三〇年代後半には、ブラジルのサンバ、ソンなどのラテンミュージック、[92]ウォッシュボードを使うジャグミュージック[93]なども流入していて、映画やラジオ、レコード、レビューを通して華やかな音楽文化が展開されはじめていたのである。しかし、日中戦争の長期化に伴う物資の不足や戦争景気に対する引き締めから、贅沢品を規制する七・七禁令（奢侈品等製造販売制限規則）が四〇年七月に施行され、ダンスホールもまた同年十月をもって閉鎖することになる[94]（図130）。

レコード界も、健全な音楽を国民に与えるべく、音楽家や評論家識者によるジャズ追放の声がいっそう強くなっていく。[95]

しかし、ここで留意すべきはあくまで自粛だった点である。[96] 時局柄、確かに自粛の風潮は漂ってはいたが、禁止ではなかったので、日米開戦後でもスイングのレコードは細々と売られていた。

例えば、音楽雑誌「音楽公論」一九四二年一月号では、ビクターからグレン・ミラー管弦楽団の「ミネトンカの湖畔にて」を紹介している。その批評欄では、「サーロウ・リユウランス作曲の此の曲を徹底的にスヰング・イムプロビゼイションを土台としかもそれが、A・B両面と云ふ厖大な寸を埋めつくさねばならないと云ふ処に此の吹込の難点があり、失敗と見做すべき根拠がある」と作品に苦言を呈してはいるものの「鑑賞すべき最高のスヰングとしては相当以上の水準を抜いている」[97]と評価している。

加えて、評者は、「しかして未だに残存するスヰングの芸術性を無視した無理解きわまる攻撃を尻目に、敢然とその発売を行ふその態度に愛好者はその優劣を問はず等しく敬服の念を抱かねばならない」[98]とジャズレコードの販売を称賛してさえもいる。すでに開戦から一カ月たっていたが、自粛の風潮にくみせず販売されるものもあった。

また、インプロビゼーションという部分にも注目したい。音楽評論家である野口久光は「スタイル」一九三九年五月号掲載の「レコード評 四月

図130 「踊り場から〝国策研究所〟に急回転」「東京朝日新聞」1941年4月10日付、7面。ダンスホールが国策研究所として使用されている様子

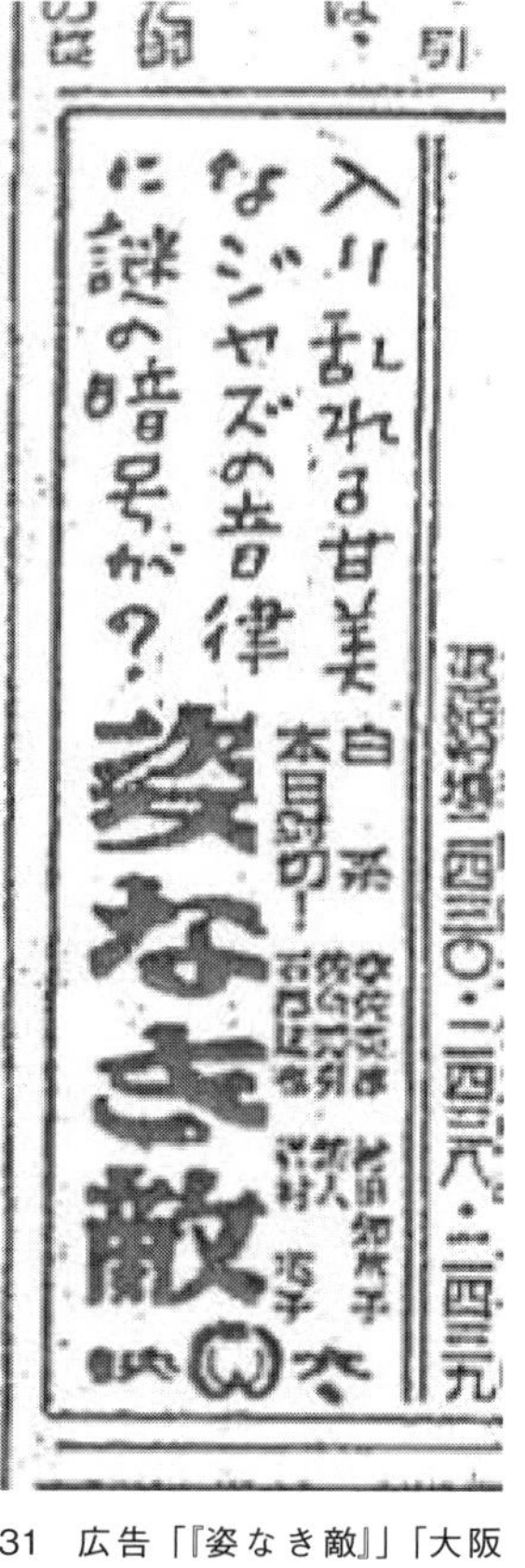

図131　広告「『姿なき敵』」「大阪朝日新聞」1945年1月25日付、2面

のスヰングレコードから」で、「ホット・ジャズ（即ち今日のスヰング）は、即興演奏を重要視しなければならぬといふ運動が起つて来たのです」[99]と言及しているように、この頃から脚光を浴びはじめたのは現代のジャズの特色ともいえる即興演奏だった。そう考えると、同時期はインプロビゼーションを主体とするビバップの黎明期[100]ともいえるが、残念ながら戦争によって進化へのテンポは崩れてしまう。

レコード同様に映画でもアメリカ的な色合いを反映した作品を製作していて、一九四二年十一月に封切りされた『歌ふ狸御殿』（監督：木村恵吾、一九四二年製作）は「レコード歌手を山のやうに出演させ（略）歌と踊を盛りこんだレヴユウ式の映画」[101]となっている。翌四三年一月封切りの『青空交響楽』（監督：千葉泰樹）もまた、「ヴアイオリンやトラムペットやトロムボーン」のほかに「太鼓や樽」を加えた楽隊が登場する内容になっていて、「鼻持ちならぬヤンキー映画臭」「アメリカ映画を想起させる」[102]という批評からも、劇中でジャズ風の音楽が流れていたと推測できる。[103]

ちなみに、同じく大映映画で一九四五年一月に封切りされた『姿なき敵』（監督：エドワード・ルドウィグ、一九五三年製作）という作品はプロパガンダ放送をおこなっていたラジオ・トウキョウを題材とした作品で、「大阪朝日新聞」の広告には「入り乱れる甘美なジャズの音律に謎の暗号が？」[104]とある（図131）。時期を考えると、許可されなかった映画のはずなのに、作品中にジャズがかかっていてもおかしくはないような設定になっている。ある意味では、うまく逃れた作品といえるだろう。

3　アトラクションでのジャズ

アトラクションとは何か

図132　「場面とスナップ アトラクション時代」「映画旬報」1941年6月21日号、映画出版社。写真は渡邊はま子と東宝楽団

アトラクションは、もともと「映画と映画の間にヴォードビル、舞踊、音楽劇等のエンタテイメントを余興的に(105)」入れたもので、簡単に言うと、映画館での幕間のショーである。実演や添え物と呼ばれていたが、一九三〇年代からアトラクションの名が一般的になり、映画を凌駕するほどの人気が出てくるようになった。戦時下では次々と人気娯楽が統制されていくなかで発展し、ジャズを演奏する軽音楽団にとって重要な活路だった（図132）。

ここでは、アトラクションの歴史を概観してその重要性をふまえながら、アトラクションを通して戦時下の音楽状況を見ていくことにしよう。なお、前述したように実演、添え物、アトラクションなどさまざまな呼び名があるが、本節では便宜上、アトラクションと統一する。

映画館のアトラクションのはじまりは一九二〇年代（大正末期）のようである。二五年六月二十五日から五日間、松竹が歌舞伎座で

図133　「グラフセクシヨン 日活のジヤズバンド」「音楽春秋」1928年3月号、日本教育音楽協会。日活ジャズバンドの写真。バイオリン、バンジョー、ドラムなどの楽器が見られる

二本の映画の封切り興行に際して、映画と映画の間に松竹のスター俳優による舞台劇を二幕入れたという新聞記事があり[106]、「折柄の不景気には思ひつきかも知れぬと会社も乗気になり、成功したらこれから春秋二回位やらせてもいいといふ[107]」と報じていて、この段階ではアトラクションがまだ模索中であることが読み取れる[108]。

一九二五年十二月二十六日付の「都新聞」では、同月三十一日の赤坂帝国館で「映画約十五巻の外フオーリイス（演劇団）を組織し新舞踊流行唄、ジヤヅミユジツクスダンス、楽器劇、ハイスピード・コメデイ等を織交ぜ革新興行をなすと[109]」とあり、映画のほか、演劇団がダンスやジャズ演奏をしていて、早い段階からアトラクションに加えられていたことがわかる。ジャズ演奏は映画館のプログラムの一つとしても扱われるようになり（それについては第4章を参照されたい）、一九三〇年には映画会社で俳優によるジャズバンドも結成されている。

例えば、日活では神田俊二や谷幹一らが日活ジャズ・バンドを組織していて、バンドの「利用は、既に今日そのトップを切るもの[110]」とされて人気があった（図133）。ほかにも松竹蒲田には蒲田ジャズバンドもあった[111]。「キネマ週報」一九三〇年十月三日号によれば「今夏日活のジヤズバンド及び入江たか子、濱口富士子、相良愛子、瀧花久子、小杉勇等を舞台に立たせ、大入満員の盛況を示し、初日五千円を突破した[112]」としていて、アトラクションによる集客力の高さを物語っている。

また、それまでアトラクションといえば俳優による挨拶や舞台劇が主だったが[113]、一九二九年上半期の「代表的

映画劇場に於けるステージ・アットラクション」では「各種の舞踊や唄を上演して時の流行に投じ」ることが「最も著しい運動[114]」となっていて、アトラクションではレビュー公演や歌手の主題歌歌唱が増加していく。この時期は小唄映画やレビュー映画の台頭の時期とも重なり、そうした要因からアトラクションに音楽的な要素が強くなりはじめたといえる。

「実演やレヴユーで客を釣るとは映画館本来の使命目的を忘れたもの」という懸念はあったが、現実は厳しく、「レヴューと実演は何といつても今の浅草映画館のドル箱[115]」となってしまう。その結果、「「あの役者は実演も出来ない。」といふ事」になり、「俳優業一本のみでは声がかからず、「剣舞がやれます。」「踊りが踊れます。」「ダンスが出来ます。」「歌が唄へます。」「楽器が弾けます。」等々その陰芸の方にばかり[116]」力を注ぐ俳優も出てきてしまうことになった。

このような状況を生み出した理由として、昭和恐慌による不景気があり、集客のために映画興行でアトラクションの重要度は高いものとなっていく、とりわけ集客力が弱い映画をカバーするためアトラクションは不可欠だった。一九三四年四月号の映画雑誌「映画第一線[117]」によると、「ある映画館の如きは、添物的なアトラクシヨンをより大きく広告して、上映映画を軽視する」傾向も現れ、「映画館が寄席化する傾向が顕著になつて[118]」くる。ついに、「オマケの品物が、真物よりも重要視[119]」されるような現象も起こってしまうのである。後述するように、アトラクションは映画法施行の背景から、それ以降に盛んになったと思われがちだが、以前から、映画館の興行では欠かせないものになっていた。

進化するアトラクション——吉本ショー

前述のように、一九三五年には吉本興業がマーカスショーからヒントを得て、アトラクションの進化系ともいうべき、「吉本ショウ」を展開する。新聞の広告に「映画と漫才とレヴユー[120]」とあるように、一つの興行で映画、漫才、レビューすべてを味わえるものとなっていて、その点で画期的なショーだった。

図134　広告「吉本シヨウ」「読売新聞」1935年11月30日付、4面

雑誌「ヨシモト」で紹介する東京吉本ショーの出演者は、「歌手に、町田金嶺、川田義雄、中居鈴與、耶々山良一、ミス花月、ダンシングチームは、西條、棚木、櫻、賀川のタップチームを主体に三十数名、是に（略）漫才陣やオオタケフオーリーの加演に、新帰朝タップダンサー中川三郎等々」[121]となっていて、歌、ダンス、タップ、漫才、レビューとバラエティーに富んだ内容だとわかる。

出演者の一人である中川三郎はブロードウェーでタップを修得していて、吉本ショーの目玉でもあった。一九三九年の京都宝塚劇場では、「全日本のベストプレーヤーを網羅したスヰングオーケストラとタンゴバンドを」伴奏に「中川三郎ハタアズ楽団」公演もおこなっている。[122]

また、歌手の川田義雄とオオタケフオーリーのメンバーだった益田喜頓は一九三七年に「あきれたぼういず」を結成し、人気を博す。あきれたぼういずの出現以後、「何々ボーイズ、何々ブラザースといふやうに同じやうにギターとかアコーデイオンを抱へた四人位で結んだ一団が、あそこの映画館にも、ここの劇場にも、雨後の筍といふも愚かなり、といふ工合にヒヨコヒヨコヒヨコと生れた」[123]とされていて、その後、ザツオン・ボーイズやミルク・ブラザースといったグループが登場するが、あきれたぼういずはその先鞭をつけた革命的なグループだった。

ショーのキャッチコピーには「笑ひとスリルとジヤズの超特急」[124]ともあるように（図134）、当然ショーでもジャズは欠かせない要素の一つとなっていて、一九三七年三月十一日には「スヰングパレード」と銘打った公演も上演している。ちなみに、吉本興業は翌一九三六年に、映画会社P・C・Lと提携して漫才芸人出演の映画を手がけ、漫才映画の台頭にも寄与している。[125]

アトラクションの時代

日中戦争が始まると、映画の生フィルム輸入を統制して外国映画の輸入も禁止することになり、当然ながら、外国映画専門館は苦境に立たされる。この「品不足」による「弱力をカヴァーせんため」[126]、興行側はアトラクションを意識する必要性に迫られた。外国映画の輸入禁止はアトラクション流行を促すきっかけになったのである（図135）。さらに、拍車をかけるように、一九四〇年に発布された映画法では、これまで全国的に一興行四時間以内だったのを三時間制へと改正[127]し、同年七月一日にはさらに上映時間は二時間半へと短縮された[128]。

こうした状況は当然興行の内容にも影響した。「音楽世界」一九四一年八月号の「迷論毒説」では、「指定上映の文化映画とニュース映画を必ず上映するとなると、あとは劇映画一本か、短篇を添へてせいぜい二本、その劇映画が大当り間違ひなしの協力作品なら心配ないが、ちよつとばかり弱い時には、どうしてもアトラクションといふオマケを附けて補強工作をやらないと太刀打ちができない[129]」として、映画館ではアトラクションが隆盛するようになった。

「アトラクションと言っても今日上演されてゐるものは悉くがバンドと歌手、いいところでそれに安っぽい踊が景品として添へられている[130]」というように、この時期のアトラクションの内容はバンドや歌手が中心で、これには流行歌レコード制作の自粛やダンスホールの閉鎖による楽士の失業などが要因として挙げられるだろう[131]。なかには専属の楽団をもつ歌手も現れ、アトラクションの隆盛は、日本の音楽文化にも変化をもたらしたといえる[132]。

図135　広告「吉本演芸配給」「映画旬報」1941年夏季特別号、映画出版社。写真は川田義雄とミルクブラザース

一方、地方でも「最も大きな音楽運動？の流れは、映画館のアトラクションに代表されるべきもの[133]」として地方の流行歌・ジャズ普及にアトラクションが重要な役割を果たしていて、「長時間見たり聞いたりせねば承知出来ない算盤高い地方陣に対する興行主は、中央に於ける以上にアトラクションの必要を感じてゐるに相違ない[134]」としているように、興行面でも重要性は高かったことがわかる[135]。

音楽評論家の吉本明光が「中央公論」一九四一年十一月号の「アトラクション論」で一九四一年の映画館事情について「現在でも既にアトラクション無しでは客が呼べない映画興行である。映画統制後、月六本のプリント三十本ではアトラクションを現在の何倍かに強化しなくては興行が成立たない[136]」と言及しているように、娯楽のトップだった映画も四一年には単独興行が成立せず、アトラクションに頼らざるをえなかったのである。

一九四一年十二月に太平洋戦争が始まると、新体制の名のもと「従来の自由な映画企業を根本から革新する[137]」ために映画配給社が誕生する。

配給社の映画配給方針では「映画館の収入のうち五割[138]」程度を配給会社に回すことが決定した。また、配給社の規定に従い、文化映画かニュース映画を一本入れて興行しなくてはならなくなった。そのため、小さな映画館でのアトラクション上演は「時間的にも経済的にも困難[139]」という理由から、一九四二年四月一日から定員二千人以下の映画館でのアトラクションは禁止となった[140]。

当然、「従来の如き利潤を挙げ得ぬ常設館が続出し」てしまい、常設館は「実演の演芸場に転向する[141]」ことになった。なかでも「舞台設備を充分持たぬ常設館が実演に転向」する場合、「漫才、浪花節は別として、先づ軽音楽軽演劇が最も早手廻しの掛け物[142]」となっていた。確かに音楽は演奏する場所さえあれば興行として成立するので、演芸場が再建する際の有力候補として挙がるのも無理はない。こうした理由も手伝って、四二年は「軽音楽の激しい流行[143]」になる。その人気ぶりはすさまじいもので、軽音楽団は「高価な料金で引張り凧になつて居り、又いくら高く払つても引合」い、「軽音楽団や歌謡手を利用しない月はないと云つてよい」とされるほど需要があり、同時期の興行の収入面でも欠かせないものだった[144]。

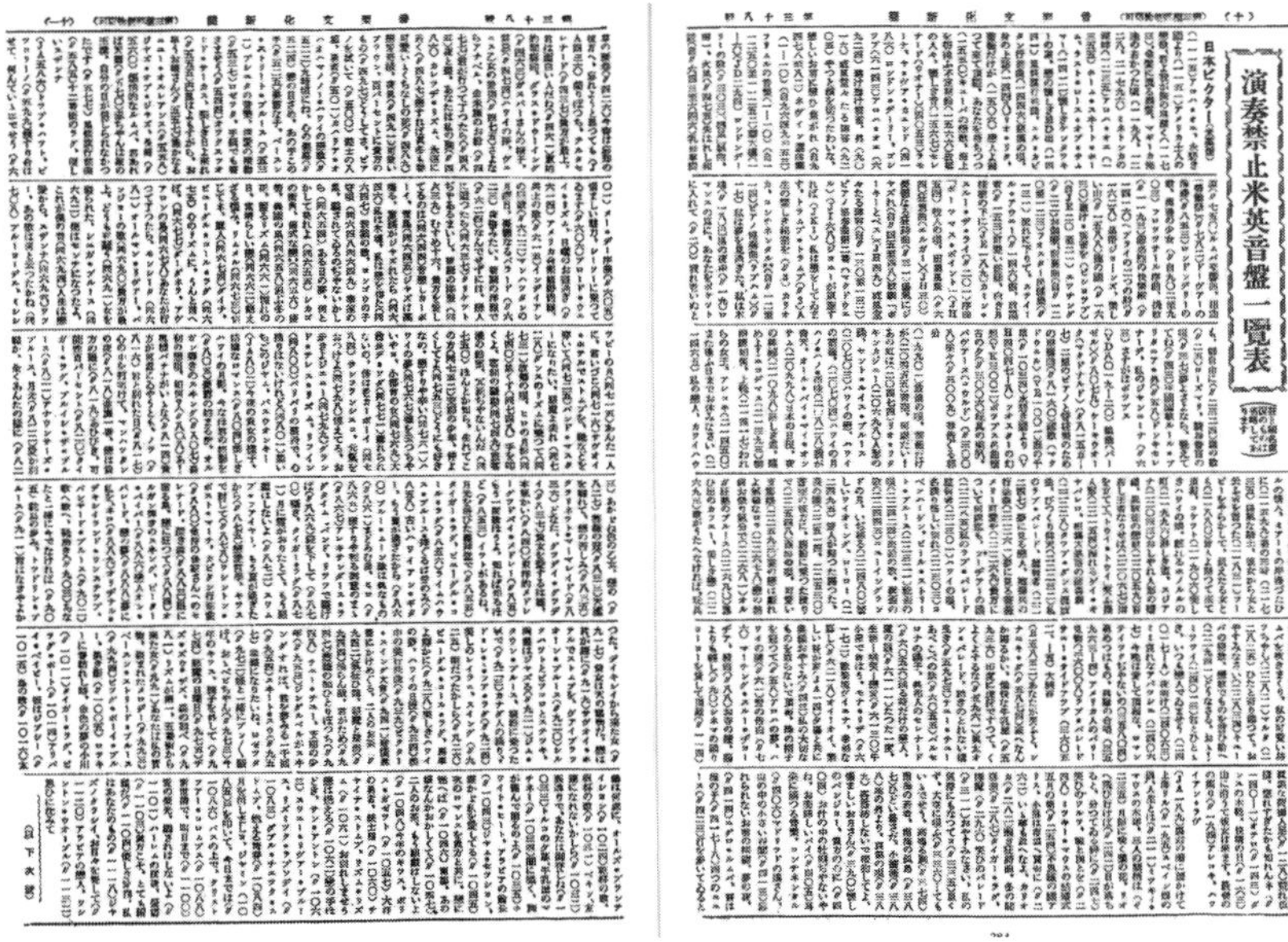

図136　「演奏禁止米英音盤一覧表」「音楽文化新聞」1942年1月20日付、10―11面

皮肉なことに、映画配給会社の登場はアトラクションを粛正するどころか、かえって拍車がかかる事態になり、戦時中には大きな問題の種になってしまった。

4　ジャズを締め出すことはできたか

アメリカとイギリスの音楽の演奏と販売は「開戦後約一年間は僅かに楽界の自粛と、当局の指導の程度に放任され[145]」ていた。しかし、「喫茶店やカフェー、或は商店、又は個人にして時局を弁へぬ者も尠からず見享けられる[146]」という事情から、一九四三年一月にはついに情報局と内務省が米英音盤演奏禁止レコードの取り締まりに乗り出し、米英音楽作品蓄音機レコード一覧表が作成される[147]（図136）。これによって喫茶店やカフェ、商店で一覧表にあるレコードの演奏と販売が禁止になる。

ちなみに、取り締まる側はジャズをどのような音楽として把握していたのか。警察職員を対象に発行していた「自警[148]」という雑誌では、ジャズの取り締まりに関する論文を掲載していて、どのように取り締まるのか、その方法を書いている。

筆者の薬袋右文は「音楽と警察」で、ジャズに現れる「最も頻繁な特徴」について次のように言及する。[149]

まず、楽器の編成では、ジャズ音楽に「サキソホーンと、打楽器の一群」を不可欠なものとし、そのほかに「ピアノ、アコーデオン、スチールギター、ハワイアンギター、ウクレ、、バンヂヨウ等」[150]を挙げている。「ピアノ、アコーデオン」などはあるが、やはり対象にはジャズ楽器が存在する。次に、ジャズに必要な作曲や編曲の要素については「附加六度音」と「切分法（シンコペーション）」を挙げていて、特にシンコペーションは「如何なる名曲と雖も、此の手法によつて編曲されると、忽ちジヤズ化され」[151]るとしている。リズム一つでジャズになるという点は、第5章で提示した合理的な側面と重なるといえるだろう。

また、伴奏の低音に「踊り立つ様なスヰングベース」が「盛んに用ひられる」[152]とも言及していて、スイングジャズの特徴が低音にあることがわかる。そして、演奏法の特徴については、「スウヰング」と「ブレーキ」を挙げている。薬袋によると「スウヰング」とは「演奏者が演奏しながら、浮き立つ様にリズムに合はせて踊る様に体を動か」し、身ぶりを「如何にも愉快げにやる」パフォーマンスのことで、「ブレーキ」は「演奏者が即興的に全然譜面にない音を演奏する」というわゆるアドリブであり、「これらの手法も用ひられる事がある」[153]と指摘している。

しかし、これほど詳細に記してはいるものの、「ジャズを内容的に見て説明することは仲々難かし」く、「聞いた感じの雰囲気を見てジャズなりや否やを区別するより外によい方法はない」[154]と述べ、つまるところ、実際の取り締まりは個人によって判断が分かれていたうえ、音楽的な知識を兼ね備えていなければ難しかったといえる。

前述のように一九四三年から取り締まりは本格化するが、しかし、米英音楽作品蓄音機レコード一覧表は「曲目のみを指定しないで、発売会社名及レコード番号を指定して」いたため、「同じ曲目で編曲だけ替」わった別の会社から発売されていたものには対応しておらず、「稍不徹底」[155]だった。

なお、「レコード文化」一九四三年二月号によれば、「大東亜戦までに我国で発売された敵国米英のレコード、特にジャズの（略）レコードのプレスされた数に到つては数十万枚、或は数百万枚にのぼるかもしれない」としていて、そもそも取り締まり自体に無理があったと言わざるをえない[156]。

そのうえ、薬袋によると「米英の曲でなくともその頃ジャズ的手法を以て」作られた「所謂流行歌なるものゝ中」には、「禁止レコードと同様の運命を辿るべきものが沢山ある」と言及しながらも、「併し流行歌は一時的の生命しかなく、大部分忘れられてゐるから禁止の実益は少い[157]」としている。つまり、日本人が作曲したジャズソングについては禁止の対象にはなっていなかった[158]。したがって、「当局の断固たる決意」で取り締まりを実施したものの、内容としては中途半端で終わったといえる。

戦局の悪化に伴って一九四四年には決戦非常措置要綱が閣議決定され、大劇場が閉鎖になる。健全な軽音楽の作曲や演奏をする組織として軽音楽委員会も設置され、同年五月、ついにジャズ楽器の使用も禁止されてしまう[159]。しかし、同年十月三日に日蓄で開催された軽音楽団審査では、松本新楽団について、「編成、選曲はやや良好だがピアノ演奏のジャズ的傾向とフリユートの吹奏に難点がある[160]」と指摘していて、たとえジャズ楽器を使用禁止にしても、前述の薬袋の指摘のように、シンコペーションさえあれば「ジャズ化」はできてしまうため、ジャズ的なニュアンスを取り除くことは困難だった様子がうかがえる。

審査にあたった警視庁興行係主事の寺沢は「最近各楽団が萎縮してゐる結果、何等の特色もないことを指摘」し、「個性を十分発揮するように」と「各軽音楽団に対してその旨通告する[161]」としている。萎縮するのも当然な状況を作り、個性を出せばジャズではないかと文句をつけられ、個性を出さなければ、それはそれで不満をいわれる。理不尽このうえない話である。

なお、十月二十六日には、警視庁と日本芸能社で、軽音楽団と歌手の配給に関して次のような事項も取り決められている。

（一）都内の興行場における軽音楽団、歌手の出演は配給証明がなければ認めぬ、（二）出演届出と検閲申請は爾今芸能社で一元的に行ふ、㈢出演届出と検閲申請は開演十五日前までに芸能社が行ふ、従つて各興行者へ書類を提出するやう通達す

統制はさらに厳しくなり、「軽音楽団と歌手の満州興行は爾今、日本芸能社の認可がなければ巡業が出来ないことに同社と満芸との間に協定[162]」を成立させたから、満州への逃避経路も遮断している。しかし、裏を返せば、統制を強化しなくてはならないほど演奏されていたのではないか。

統制が強化される一方で、一九四四年七・八月頃にサイパンが陥落し、十一月以降から本土空襲が始まる。戦局が苛烈化する背景から、国民の緊張感を解くために国は興行入場料など規制の緩和を始める[163]。士気を下げないように、本当の戦果を国民にほとんど知らせていなかった状況[164]から考えると、厳しい統制から緩和という転換には戸惑う人々も多かっただろう。このように、戦局に左右された複雑な社会が展開されていた。

一九四五年にもなると空襲も増加し、状況はますます厳しくなっていく。そのなかで一九四五年五月三日付朝刊の「読売新聞」では、空襲後の東京の様子について、「東京の焼け残つた劇場、映画館、寄席などフタをあければ客は満員、出し物が堅い物から軟かい物に復古しつゝある。たとへばレヴューがもり返し、説教ぬきの喜劇がいきをふき返し、いろ物に人気を呼ばんとしている[165]」と伝えている。

五月は敗戦の三カ月前だが、記事は空襲後の状況下のなかで人々が娯楽を求める姿を克明に映し出している。そして、そこで享受されていたのは「堅い」内容ではなく、やはり、わかりやすい「自由」なものだったのである。

ジャズ排斥の理由

日中戦争以降、ジャズは軽佻浮薄な音楽として時局にそぐわないと識者から敵視されじゃまもの扱いされてきたわけだが、ここで注意したいのは、少なくとも一九四一年の前半まではアメリカを対戦国としては意識してい

ない（ジャズを敵性音楽とは考えていない）点である。[166]よく混同されることが多いが、日中戦争時の「追放」と日米戦争時の「追放」とでは意味合いが異なる。前述のように、対アメリカ戦間期にジャズは本格的に締め出されるが、その理由として、軽佻浮薄な音楽として考えられていたことや、敵国であるアメリカの音楽だからという点が思い浮かぶ。しかし、政府は『蛍の光』等含めた米英楽曲の徹底的な閉め出しよりも、流行歌やジャズの閉め出し[167]」に力を注いでいて、とりわけジャズが積極的な締め出しの対象になっていた。

なぜ、ジャズが目の敵にされたか。その答えを探す一つの手がかりとして、寺沢高信が一九四二年一月一日付の「音楽文化新聞」「国民文化の建設」で「ジャズとかスヰングは思想的にも感情的にも我国の基調精神と根本的に一致しない[168]」と言及していることに注目したい。寺沢は、ジャズが受け入れられない理由として「感情的」な側面と「思想的」な側面を挙げているが、それを読み解くために、ジャズの特色であるシンコペーションに着目する。

以下、シンコペーションがどのようなリズムとして捉えられていたかを見ながら、まず「感情的」な側面について考察してみることにしよう。

戦前に活躍したアコーディオン奏者・松原千加士が『ピアノアッコーデオン独習』で「すべてシンコペーションをうまく弾きこなすことが近代ジヤズ音楽を征服する一要素であると云つても疑をいれません[169]」と解説しているように、シンコペーションは「ジヤズ音楽の真生命[170]」だった。シンコペーションとは通常、「強弱・強弱というふうに規則正しく刻んでゆく」リズムが「逆になつたり、乱れたりすること[171]」をいい、正常なリズムに対する「ズレ」が特色である。[172]

しかし、音楽評論家の大田黒元雄がシンコペーションについて「うたふ曲或ひは踊る曲として新しい魅力にどれほど富んでゐたにしても、それは行進曲或ひは軍歌として甚だ不適当[173]」と指摘しているように、この不規則性は戦時には不向きなものだった。というのも、行進曲や軍歌などは基本的には規則正しいリズムで曲ができていて、この規則正しいリズムに乗るから団結力が生まれて士気を鼓舞する。

それに対して、シンコペーションは規則正しさを逸脱する（ズレる）リズム、つまり士気を下げるリズムだったといえる。したがって、戦時では国民の士気を維持するために感情的にそぐわないと捉えられていたのである。

次に、思想的な側面だが、戦前のハーモニカ界を牽引したハーモニカ奏者・宮田東峰が、音楽雑誌「国民の音楽」に掲載した「米英的音楽の性質」で、「ジャズ音楽は阿片的毒素の内に咲いた自由主義の花[174]」としてジャズを排撃しているように、ジャズは自由主義の表象と見られていた。アメリカは自由主義国家であり、当時でも自由の国として知られた[175]。音楽評論家・堀内敬三が「ジヤズバンド一斑」で、シンコペーションを「自由な奔放なリズム[176]」と紹介しているように、シンコペーションもまた自由なリズムとして捉えられていた[177]。こうした特色からジャズは自由というイメージを想起させた。

自由というイメージから、ジャズはアメリカ、そして、その思想でもある自由主義の表象としても考えられていたといえる。加えて、宮田は同論文で、「敵国の国民性から生れ出たジャズ音楽」がもつ「米英の阿片的自由主義精神を憎[178]」めと言及している点にも注目したい。

ここでいう自由主義的な精神とは国家に対する意識のない「自分勝手の自由な振舞い[179]」を指す。「国家あっての国民[180]」であるのに、個人を尊重という精神は、戦時下で「有毒有害[181]」と考えられた。そのなかでジャズの特色である奔放さは、「自分勝手の自由な振舞い」であり、個人を尊重する精神と重ねられたのだった[182]。

そもそも近代戦は「思想戦に始まつて思想戦に終ることを、その一特質と」していたから、「武力戦におけると同様、思想戦においても米英を徹底的に打倒[183]」する必要があった。武力だけではなく思想も戦いの対象とされたから、アメリカの思想、つまり自由主義思想も除外しなければならないし、当然、自由主義を象徴するようなジャズはもってのほかであり、排斥の対象にならざるをえなかったのである。

5　ジャズから見える大衆思想

こうした自由主義の思想はいつ頃から大衆に芽生えていたのか、自由主義の象徴だったジャズを通して検討したい。

婦人雑誌「主婦之友」の編集者である石川武美は、一九三〇年の日本の現状について同誌の「編集日誌」に次のように記している。

三月十日（月）奉天会戦の廿五周年記念日で市は賑った。（略）国運を賭して戦ったあのときの国民的緊張は今の日本には無いかも知れぬ。（略）一家の衰亡が家人の慢心から始まるやうに一国の衰運も亦同じことだ。わが身ひとつの利欲のほか家も国も忘れてしまつてゐる人はないだらうか。ジャズの国になりつゝある日本のために大きい不安がある。互に覚醒せねばならぬ。(184)

ここで「ジャズの国」とは何かは具体的には述べていないが、文脈に沿って考えれば、自分勝手で国家を尊重しない人間が集まる国、つまり、「自由主義的な国家」とも解釈できる。前出の五所平之助監督作品『マダムと女房』も、田園調布に越して来た主人公が、隣人のジャズに耐えきれず怒鳴り込むが、かえってジャズのとりこになって帰ってくる内容であり、近所迷惑な隣人のジャズを「自分勝手の自由な振舞い(185)」と考えれば、自由主義的精神の概念と一致し、この映画は自由主義の片鱗を見せた作品だったといえる。石川は「ジャズの国になりつゝ」と述べていることから、一九三〇年はまだ萌芽の段階であり、その後にこうした精神が浸透していく様子は本書が明らかにしたとおりである。

近代日本でジャズが定着し浸透していくのは、自由主義的な精神が一般社会に定着して浸透していく流れと同様といえる。つまり、ジャズが定着した一九三一年の日本社会には、合理化の流行と自由主義的精神の萌芽が存在したことになる。これらはそれぞれ独立したものと捉えられがちだが、「合理性と自由は相補的な関係[186]」であることを考えれば、合理性の追求は自由の獲得へとつながる。

それをふまえると、モダンの追求は自由主義的な精神の萌芽につながったと考えられ、この時期の合理化の流行と自由主義的な精神は表裏一体の関係性をもつ。そして、どちらにも当てはまるジャズはその象徴としてふさわしいものといえるのである。

注

(1)「邦楽レコード記録」、大日本音楽協会編『音楽年鑑 昭和13年度』所収、共益商社、一九三八年、三〇ページ。一九三七年八月十八日から一〇パーセントの値上げ実施がされている(「けふから騰るレコードの値段 会社と客で一割ずつ負担」「東京朝日新聞」一九三七年八月十九日付夕刊〔十八日発行〕、四面)。

(2)「洋楽放送の一年」、同書所収、一一一ページ

(3)堀内敬三『音楽五十年史』鱒書房、一九四二年、四三三ページ

(4)同書四三四ページ

(5)堀内敬三「軽音楽」「学校音楽」一九四〇年三月号、共益商社書店、二ページ

(6)「木曜コンサート 毎週朗らかな軽音楽を演奏」「読売新聞」一九三五年四月三日付、十三面

(7)同記事

(8)一九三五年四月十一日の放送ではレオニック・ジャズバンドが出演、同年五月二日には大阪ラヂオオーケストラによる管弦楽、同年六月二十七日には大阪市音楽隊による吹奏楽が演奏されていることが新聞のラジオ欄から確認できる。ちなみに一回目の放送は紙恭輔指揮のPCL管弦楽団とベティ稲田の独唱だった。

（9）前掲「軽音楽」二ページ
（10）同論文九ページ
（11）音楽評論家・野口久光も同様に軽音楽について「クラシックの物でもシムフオニイ・オーケストラに対してサロン・オーケストラの物などから軽音楽と称して来たが、今日では、むしろ身がまへしないでも聴ける、寛いで聴ける、娯楽を目的とした音楽すべてを軽音楽と称してゐる（略）日本でも近頃は、ジヤズやタンゴ、ルムバなどのダンス・ミユジツクも軽音楽の言葉で呼ぶことが少なくない」としていて、軽音楽にも変遷があり、そのためダンスミュージックは軽音楽に入れられたことがわかる（「「軽音楽」雑感」「映画と音楽」一九三九年九月号、映画と音楽社、三一ページ）。
（12）「読者眼 軽音楽を廃せ」「読売新聞」一九四一年五月二十二日付、一面
（13）「読売新聞」の演芸欄では、同映画を「ワーナー画社をして今日あらしめる程儲けさせたものでこの一作によってトーキーはつきりと興行になる事を知らしめるといわれた歴史的作品」と紹介している（「今週の映画八月廿一日―廿七日」「読売新聞」一九三〇年八月二十一日付、八面）。全発声はシンギン・フールという映画だが、こちらもアル・ジョルソンが主演したジャズ映画である。
（14）文部省社会教育局編『興行映画調査7』（「民衆娯楽調査資料」第十一輯）、文部省、一九三八年、三一ページ
（15）同書三二ページ
（16）谷口又士「音楽映画に就て」「映画と音楽」一九三九年四月号、映画と音楽社、四〇ページ
（17）岩野仙「ジャズ音楽の使用について」「キネマ旬報」一九三二年十月十一日号、キネマ旬報社、四四ページ
（18）中本茂「カレッヂシネマ レヴユウ映画の発生」「キネマ週報」一九三四年二月二十三日号、キネマ週報社、四一ページ
（19）「この春の洋画界はレヴユウ映画で賑はつたが、今秋も依然としてこの種映画が繁盛する」としている（「秋の洋画界はレヴユウ時代」「読売新聞」一九三〇年六月八日付、十面）。
（20）前掲「ジャズ音楽の使用について」四四ページ
（21）「各社近着外国映画紹介」「キネマ旬報」一九三一年一月一日号、キネマ旬報社、五五ページ

(22)「試写室より」同誌七四ページ
(23)「主要外国映画批評」「キネマ旬報」一九三一年二月一日号、キネマ旬報社、五〇ページ。なお、「キネマ週報」の批評欄では同映画に対し「全十一巻、見終つて、もう終りかと思はせられたほど面白かつた」としている（「キネマ週報」一九三一年一月一日号、キネマ週報社、三九ページ）。
(24)「主要外国映画批評」「キネマ旬報」一九三三年二月十一日号、キネマ旬報社、四二ページ
(25)「各社試写室より」「キネマ旬報」一九三三年一月一日号、キネマ旬報社、八一ページ
(26)「話題のアメリカ映画」「キネマ旬報」一九三八年十月一日号、キネマ旬報社、四四ページ。同ページでは「パラマウントの名物の一つ」ともされている。
(27)「主要外国映画批評」「キネマ旬報」一九三四年十月一日号、キネマ旬報社、四三ページ
(28)「外国映画紹介」「キネマ旬報」一九三四年九月一日号、キネマ旬報社、一四七ページ
(29)前掲「主要外国映画批評」、前掲「キネマ旬報」一九三四年十月一日号、六五ページ
(30)服部龍太郎「流行歌茶話」「音楽と映画」一九三八年四月号、映画と音楽社、四六ページ
(31)「六月レコードを語る スウイング音楽」「帝国大学新聞」一九三五年六月十日付、八面
(32)「各社試写室より」「キネマ旬報」一九三四年九月二十一日号、キネマ旬報社、七八ページ
(33)広告『バーレスクの王』」「キネマ旬報」一九三六年七月二十一日号、キネマ旬報社
(34)「封切近き傑作映画の中から」「キネマ週報」一九三七年一月二十九日号、キネマ週報社、一〇ページ
(35)「外国映画批評」「キネマ旬報」一九三八年一月十一号、キネマ旬報社、五〇ページ
(36)同記事五〇ページ
(37)広告『二人のメロディ』」「キネマ旬報」一九三七年九月一日号、キネマ旬報社
(38)「観られぬ外国映画」「読売新聞」一九三七年九月二十二日付、七面
(39)野川香文「スヰング鑑賞の重点は」「キネマ旬報」一九三九年一月二十一日号、キネマ旬報社、六九ページ
(40)「映画館景況調査」「キネマ旬報」一九三七年一月二十一日号、キネマ旬報社、三九ページ
(41)「映画館景況調査」「キネマ旬報」一九三七年十二月十一日号、キネマ旬報社、一一七ページ

(42)「主要外国映画批評」「キネマ旬報」一九三四年六月二十一日、キネマ旬報社、四四ページ
(43) 大竹二郎「CARIOKA」「THE MODERN DANCE」一九三五年一月号、日本舞踏教師協会、四〇―四七ページ
(44) 例えば、広告「タップダンスの踊り方」(「読売新聞」一九三六年四月二十日付、一面)、「タップダンス」(「スタイル」一九三七年十一月号、スタイル社)、広告「体育舞踊研究会」(「スタイル」一九三八年十一月号、スタイル社、三九ページ) などが挙げられる。
(45) 広告「艦隊を追って」「東京朝日新聞」一九三六年六月三十日付夕刊 (二十九日発行)、五面
(46) 一九三六年十二月五日に広益社から発行された『「プログラム」新宿第一劇場番組昭和十一年十二月興行』で演目が確認できる。ほかにも映画『踊るブロードウェイ』(監督:ロイ・デル・ルース、一九三五年公開、三六年二月封切り) や『サンクスミリオン』(監督:ロイ・デル・ルース、一九三五年公開、三六年六月封切り)、『ショウボート』(監督:ジェームス・ホエール、一九三六年公開、三六年十一月封切り) の楽曲を劇中で歌っている。
(47) 例えば、東京音楽書院編輯部編『ジャズ名曲集 アコディオン奏法附』(東京音楽書院、一九三七年、表紙) などがそれにあたり、目次には映画主題歌が取り上げられている。
(48)「興行価値さへあればいゝといふ『ほろよい人生』の制作者達」「キネマ週報」一九三三年八月十八日号、キネマ週報社、一三ページ
(49) 同記事一三ページ
(50)「新映画批評蘭」「キネマ週報」一九三三年七月二十八日号、キネマ週報社、一二ページ
(51)「主要日本映画批評」「キネマ旬報」一九三四年四月一日号、キネマ旬報社、一八二ページ
(52)「主要日本映画批評」「キネマ旬報」一九三四年三月一日号、キネマ旬報社、一四九ページ
(53) 根岸洋之企画構成、佐々木淳/丹治史彦編『唄えば天国――ニッポン歌謡映画デラックス 天の巻』メディアファクトリー、一九九九年、三五ページ
(54)「日本映画紹介」「キネマ旬報」一九三七年四月十一日号、キネマ旬報社、九九ページ
(55)「日本映画紹介」「キネマ旬報」一九四〇年一月十一日号、キネマ旬報社、六五ページ
(56) 広告「鴛鴦歌合戦」(「東京朝日新聞」一九三九年十二月十日付夕刊〔九日発行〕、二面) には「時代映画にジヤズ

が飛出す珍趣向」とある。なお、同映画には片岡千恵蔵、ディック・ミネ、服部富子が出演している。

(57) 服部良一「東宝映画〝鉄腕都市〟作曲感想」「映画と音楽」一九三八年四月号、映画と音楽社、九二ページ

(58) 前掲「けふから騰るレコードの値段 会社と客で一割ずつ負担 器械類もそれぞれ値上げ」。同紙によると「従来一円五十銭のレコードは一円六十五銭」となっている。

(59)「レコード五銭値上げ 小売商が堪りかねて近く当局へ諒解運動」「読売新聞」一九三九年六月三日付夕刊(二日発行)、二面。レコードだけでなく鋼材使用禁止(蓄音器のゼンマイに使用)や鉄線使用禁止(レコード針に使用)などの蓄音器を作る材料も不足している。

(60) 唐端勝「スクラップ レコード時評」「月刊楽譜」一九三九年二月号、月刊楽譜発行所、五四ページ。「国民新聞」同年一月二十二日・二十五日・二十六日の記事を転載したもの。

(61) 玉置眞吉「ダンス・レコード」「音楽世界」一九三九年七月号、音楽世界社、一二二ページ

(62)「事変に響いたジャズ 十一月のレコード新譜評」「東京朝日新聞」一九三七年十一月一日付、七面

(63) ダンスレコードは「好景気と、未だに横文字崇拝主義の為にか、それでも良く売れ」たとされ、「ハワイアン、アコーデオン、小アンサムブル、又スヰングでも、ベルギーの場違ひもの」でも売れたとしている(「洋盤春秋」「月刊楽譜」一九四〇年三月号、月刊楽譜発行所、一一七ページ)。

(64) 広告「スヰングアルバム」、前掲「映画と音楽」一九三八年四月号

(65) 玉置眞吉「ダンス・レコード――ベスト・テン」「月刊楽譜」一九三八年四月号、一一一ページ。なお、同誌一〇二―一〇五ページには井園美久による「スウィング・アルバム――新らしきアメリカ音楽」という論考もある。

(66)「オール・スタア・バンド・アルバム」「月刊楽譜」一九四〇年三月号、月刊楽譜発行所、九二ページ

(67)「ダンス・レコード」「音楽世界」一九三九年十月号、音楽世界社、一二六―一二七ページ

(68) 十回分の論文名は次のとおりである。「ス井ング・ミュージックの研究(一)」「月刊楽譜」一九三八年八月号、月刊楽譜発行所、二―五ページ、「ニグロ・スピリチュアル(一)――スヰング・ミュージックの研究(二)」「月刊楽譜」一九三八年九月号、月刊楽譜発行所、四四―四七ページ、「ミンストレル・ショオ時代――スヰング・ミュージックの研究(三)」「月刊楽譜」一九三八年十月号、月刊楽譜発行所、四〇―四四ページ、「ラグタイムの勃興――ス

ヰング・ミユージックの研究（四）」「月刊楽譜」一九三八年十一月号、月刊楽譜発行所、六二―六五ページ、「ブルースの誕生とジヤズの初期――スヰング・ミユージックの研究（五）」「月刊楽譜」一九三八年十二月号、月刊楽譜発行所、三四―三七、四五ページ、「ニユー・オルリーンズ時代――スヰング・ミユージックの研究（六）」「月刊楽譜」一九三九年一月号、月刊楽譜発行所、三六―四〇ページ、「ホット・ジヤズの発生――スヰング・ミユージックの研究（七）」「月刊楽譜」一九三九年二月号、月刊楽譜発行所、二一―二五ページ、「ラプソディ・イン・ブルー」前後――スヰング・ミユージックの研究（八）」「月刊楽譜」一九三九年三月号、月刊楽譜発行所、二八―三二ページ、「ニグロ・オーケストラ全盛時代――スヰング・ミユージックの研究（九）」「月刊楽譜」一九三九年四月号、月刊楽譜発行所、三〇―三四ページ、「白人スヰング楽園の勃興――スヰング・ミユージックの研究（終）」「月刊楽譜」一九三九年五月号、月刊楽譜発行所、三一―三五ページ

(69) 服部良一による「ジャズ編曲法講座」は「音楽世界」一九三八年秋季特別号（音楽世界社）から一九三九年十月号まで七回にわたり不定期に連載された。

(70) 「洋盤春秋」「月刊楽譜」一九四〇年五月号、月刊楽譜発行所、七九ページ

(71) コロムビアが一九三七年六月に発売。藤浦洸（作詞）、服部良一（作曲・編曲）、淡谷のり子（歌唱）

(72) テイチクが一九三八年に発売。村雄三（作詞）、大久保徳二郎（作曲）、杉原泰蔵（編曲）、ディック・ミネ（歌唱）

(73) ビクターが一九三九年に発売。佐伯孝夫（作詞）、塙六郎（作曲）、山田栄一（編曲）、由利あけみ（歌唱）

(74) 広告「図解たんご亜爾然丁風舞踊」「読売新聞」一九三三年七月六日付、一面

(75) 伊藤正文『ダンスホール建築』（「実用建築講座」第七巻）、東学社、一九三五年、一五ページ

(76) 小野薫『ダンスホール』（高等建築学）、常磐書房、一九三四年、五三ページ

(77) 唐端勝「ウェーバー・アルバム」「月刊楽譜」一九四〇年二月号、月刊楽譜発行所、八一―八二ページ。また、この記事で、唐端は「タンゴは最早日本人にとつても日用品の一つになつてしまひそうである。ラヂオでこの音楽を聞く人の数もなかなか馬鹿にならないだらうと思はれる」とも言及している。

(78) 例えば、「読売新聞」一九三三年十一月十八日付三面に掲載された広告では、松竹少女歌劇による「タンゴローザ」や「東京朝日新聞」一九三九年七月二十二日付夕刊（二十一日発行）三面の広告では、日劇ステージ・ショーで

「タンゴとは何ですか?」の上演を確認できる。
(79)唐端勝/野川香文/青木正『軽音楽とそのレコード』三省堂、一九三八年、二八七ページ
(80)同書二八六ページ
(81)同書二八六ページ
(82)同書二八四ページ
(83)平凡社編『大百科事典』第十二巻、平凡社、一九三三年、二二六ページ
(84)前掲『軽音楽とそのレコード』二九一―二九二ページでは、オルケスタ・ティピカ・フレセドというタンゴバンドについて、「ヴァイオリン・セクションに重きを置き、トランペット、サキソフォン、ハープ等の楽器を加へジャズ風なハーモニーを使ふ等、ティピカ・スタイルとは相当に変つたバンド」と紹介していて、ジャズ楽器のサックスが入っている。
(85)同書二六四ページ
(86)同書二七六ページ
(87)唐端勝「ルムバ・アルバム」「月刊楽譜」一九三九年十二月号、月刊楽譜発行所、一三五ページ
(88)例えば、ハワイアン音楽が流れる映画にビング・クロスビー主演の『ワイキキの結婚』(監督:フランク・タトル、一九三七年公開、三七年八月封切り)が挙げられ、ルンバが流れる映画には、一九三四年十月に封切られた『クカラチャ』(監督:ロイド・コリガン、一九三四年公開)などが挙げられる。
(89)コロムビアが一九三七年六月に発売。奥山靉(作詞)、服部良一(作曲・編曲)、松平晃(歌唱)
(90)コロムビアが一九四〇年一月に発売。長田恒雄(作詞)、仁木他喜雄(作曲・編曲)、淡谷のり子(歌唱)
(91)ビクターが一九三九年七月に発売。佐伯孝夫(作詞)、塙六郎(作曲)、由利あけみ(歌唱)
(92)玉置眞吉「舞踏曲新譜評」、前掲「月刊楽譜」一九四〇年五月号、八〇ページ。例えば、コロムビアから発売された「レクオナ・キュバン・ボーイズ」のアルバムでは「ガヒラ」というソンの楽曲が収録されている(同論文八〇ページ)。また、「中南米アルバム」では「ツクマン州の空の下」(マルタ・デ・ロス・リオス)、「我が家の思い出」(バンド・ダ・ルア)などのサンバの楽曲を収録していることがわかる(荷田麓「レコード 中南米音楽アルバム」「月刊

楽譜」一九四一年五月号、月刊楽譜発行所、七六ページ)。

(93) 玉置眞吉「ダンスレコード――ベストテン」(「月刊楽譜」一九三七年八月号、月刊楽譜発行所)一一四ページによると、コロムビアから発売された『アラビヤの酋長』(ウオシユボード セレネーダース)の紹介では「何しろ楽器らしいものは使はずに、口笛で旋律を吹いたり、リズムを洗濯板を搔き鳴らして」とあり、使用楽器からジャグバンドと推測できる。

(94)「享楽街にも七・七禁令の波 舞踏場は閉鎖か 待合バー等取締強化」「東京朝日新聞」一九四〇年七月三十日付夕刊(二十九日発行)、二面

(95)「電波もジャズ追放」「読売新聞」一九四〇年八月六日付、五面

(96) 戦時下の風紀取り締まりについて、内務省警保局は「慎重協議の結果 一、風俗営業に対し徒らに警察力を以て制圧する様な態度に出ないこと 二、学校並に教化団体等と協力し風紀粛正に努めること 三、営業者の自粛自戒を喚起すること 即ち風俗営業に対しては教化並自粛運動を主とし警察取締を従とすることを風紀警察の根本原則と」し、また、その理由についても、「風俗営業〔ダンスホール、バー、カフェ、料理屋、待合など:引用者注〕の如きは警察力を以て圧迫すればする程却つて潜行的になり弊害が多くなるので寧ろ営業者が風俗問題について互ひに自粛自戒する様に極力指導し一方学生のカフエー、バー等の出入問題についても学校並に教化団体等と協力して警察力によらず教化指導によつて学生のカフエー出入がなくなる様にしようといふので要するに威圧によらず指導によつて風俗営業の粛正を期さう」としている(「国民の見事な自戒に〝ホール〟閉鎖取止 風紀取締りに新方針」「東京朝日新聞」一九三八年六月三日付夕刊〔二日発行〕、二面)。

(97) 河野隆次「軽音楽月評」「音楽公論」一九四二年一月号、音楽評論社、一一四ページ

(98) 同論文一一四ページ

(99) 野口久光「レコード評 四月のスヰングレコードから」「スタイル」一九三九年五月号、スタイル社、三ページ

(100) 一九三八年三月には、「グッドマン管弦団のフル・メムバー」が「即興演奏を主とする形式に由つて」奏した「ジヤム・セッシヨン」が発売されている(玉置眞吉「ダンス・レコード――ベスト・テン」「月刊楽譜」一九三八年三月号、月刊楽譜発行所、一二八ページ)。

(101)「劇映画批評」「映画旬報」一九四二年十二月一日号、映画出版社、九三ページ

(102)「劇映画批評」「映画旬報」一九四三年二月二十一日号、映画出版社、二一ページ

(103)「読売新聞」に掲載された批評では、「組立は粗笨、情操は浮薄軽佻、もはや演出者等の「感覚」を疑ふのみ。(略)低調な音楽と赤い屋根の田園趣味の裏づけで描かれた愚作」と酷評している(「歎きの三作 大映と東宝に凡愚な作品」「読売新聞」一九四三年一月二十四日付、四面)。

(104)広告「姿なき敵」「大阪朝日新聞朝刊」一九四五年一月二十五日付、二面

(105)東京朝日新聞社アサヒグラフ編集局編『日本映画年鑑 昭和二年・昭和三年 第四年版』東京大阪朝日新聞社、一九二八年、一三七ページ

(106)「井上正夫が実演と映画を同時に上場する」「読売新聞」一九二五年六月十八日付、五面

(107)「歌舞伎座の舞台へ 蒲田スター連 永年の望みが実現されてアッと云はせる趣向」「東京朝日新聞」一九二五年五月十三日付、十一面

(108)前掲『日本映画年鑑 昭和二年・昭和三年 第四年版』一三七ページでは、一九二六年の邦楽座の出現に際し、アトラクションが「実行され始めた」としていて、これについて「此の新しい企てが果たして根本的に観客に合致したものか或ひは未だ、今の処物珍しさの程度で悦ばれて居るのに止まるものかは、もう少し時期を待つてからでなくては判然としない」としている。アトラクションが「新しい企て」とされていることからも、二五年から二六年にかけて起きた現象と考察できる。

(109)「赤坂帝国館」「都新聞」一九二五年十二月二十六日付、七面

(110)竹内俊一「御挨拶を一歩前へ進めよ 映画俳優にレビユウも損でない」「読売新聞」一九三一年八月二十二日付、十一面

(111)「銀幕を抜け初春の舞台へ 蒲田連SY系でレビュー実演」「読売新聞」一九三三年十二月二十一日付夕刊(二十日発行)、三面

(112)小島浩「映画時評 映画館の実演流行」「キネマ週報」一九三〇年十月三日号、キネマ週報社、一二ページ

(113)立花高四郎「第三者のたわ事[一]常設館添へもの論」「読売新聞」一九三一年七月三日付、十一面

(114) 国際映画通信社編『日本映画事業総覧　昭和五年版』国際映画通信社、一九三〇年、五六ページ
(115) 「浅草昨今（四）エロと実演」「東京朝日新聞」一九三〇年十一月九日付、十一面。なお、「実演を以て客を呼ぶ策は映画俳優も常設館もその本体を失ふ惧れがあり映画界を不振に導く」といった見解もみられる（「実演戦全廃か 映画館の芝居小屋化は考えものと協議中」「読売新聞」一九三〇年十月四日付、十面）。
(116) 前掲「御挨拶を一歩前へ進めよ 映画俳優にレビュウも損でない」
(117) 立花高四郎「探照燈下の映画界」「映画第一線」一九三四年四月号、ＳＴＳ事務所、六ページ
(118) 同論文五ページ
(119) 同論文六ページ。一九三六年のお盆時期の映画興行は「映画に依る興行戦ではなく、アトラクションに依るものであつたことは確かだ（略）明日の十円より、今日の一円を取ることになつてしまつた」とある。「アトラクション問題について――映画人は映画を死守せよ」「キネマ週報」一九三六年七月三十一日号、キネマ週報社、一一ページ
(120) 広告「吉本ショウ第三回公演」「読売新聞」一九三五年十二月十一日付夕刊（十日発行）、四面
(121) 野間玉三郎「東京・吉本ショウに就て」、前掲「ヨシモト」一九三六年九月号、六九ページ。また、同ページでは、野間が構成の私案について言及していて、「一景平均二分半として二十数景、つまり一時間を標準として、踊が二十分、歌が卅五分、それに寸劇やアクロバット等のスリルを二十五分に分割するのが、理想的」としていて、かなりバラエティーに富んだ内容となっている。
(122) 「中川三郎ハタアズ楽団公演を観て」「映画と音楽」一九三九年五月号、映画と音楽社、七三ページ
(123) 左本政治「浅草のアトラクション」「音楽世界」一九四一年八月号、音楽世界社、八二ページ
(124) 広告「吉本ショウ」「読売新聞」一九三五年十一月三十日付、四面
(125) 漫才芸人出演の映画が好成績を収めたことで吉本興業は日本映画製作所を設立し、専属の漫才師たちで短篇映画を製作する方針を示している（「専属の漫才群で吉本が短篇に本腰」「読売新聞」一九三八年十月九日付夕刊〔八日発行〕、二面）。
(126) 「昭和一三年度映画界総決算 業界」「キネマ旬報」一九三九年一月一日号、一一九ページ。座談会での水町青磁の発言。

(127) 大日本映画事業連合会『大日本映画事業連合会事業誌』大日本映画事業連合会、一九四二年、三七ページ

(128) 「上映は二時間半 映画の製作制限、興行時間決る」「読売新聞」一九四〇年九月十四日付、三面

(129) 伊藤寿二「迷論毒説」、前掲「音楽世界」一九四一年八月号、六九ページ

(130) 尾崎宏次「責任のありか――アトラクション近況」、同誌六六ページ

(131) 前掲「迷論毒説」七〇ページ

(132) 例えば淡谷のり子は「淡谷のり子とその楽団」を作っていて、また、淡谷は日本で歌手が自分の専属のオーケストラをもった先駆的な存在とされている（「秋に旗挙げする 淡谷のり子初試みの楽団」「読売新聞」一九三九年八月十六日付夕刊［十五日発行］、二面）

(133) 久保田公平「アトラクションと地方の音楽文化」、前掲「音楽世界」一九四一年八月号、七六―七七ページ

(134) 同論文七七ページ

(135) 音楽評論家である吉本明光も同様に「全然レコード吹込みをやらず専らアトラクションで地方巡業をしてゐる歌手もある」と言及している（吉本明光「アトラクション論」「中央公論」一九四一年十一月号、中央公論社、一五三ページ）。

(136) 同論文一五二―一五三ページ

(137) 「アトラクションの上演は出来ぬか」「音楽文化新聞」一九四二年二月十日付、七面

(138) 伊藤壽二「戦時下のアトラクション」「音楽文化新聞」一九四二年二月一日付、十二面

(139) 前掲「アトラクションの上演は出来ぬか」

(140) 市川彩／石巻良夫『映画新体制論』（国際映画通信社、一九四二年）一三八ページに掲載された「映画配給社 配給業務規程」の第五条によると、「本社ヨリ映画興行場に配給スル映画ハ原則トシテ劇映画、文化映画及時事映画各一本ヨリ構成シタル全番組単位トシ実演ヲ加ヘサルモノトス 但シ本社ニ於テ実演ヲ加フルノ必要アリト認ムル場合ハ之ヲ承認スルコトヲ得前項ノ場合に於テ文化映画若ハ時事映画が長尺物ナル場合又ハ文化映画若ハ時事映画ヲ主タル番組トスル場合ハ劇映画を省略スルコトヲ得」とされている。また、「東京では二千人以上を収容する日劇と国際劇場」は許可が下りている（日本演劇協会編『演劇年鑑 昭和18年版』東宝書店、一九四三年、九七ページ）。

(141) 前掲『演劇年鑑 昭和18年版』八九ページ
(142) 同書八九ページ
(143) 同書八九ページ。同書八八ページには、「いつたい本年度へ入つては、軽音楽の流行が頂点に達したともいふべき有様」ともある。
(144) 同書八八ページ。同時期の音楽雑誌「国民の音楽」でも「現在軽音楽団は依然旺んなもので、主な楽団は一ケ月の内二十日以上は休みなく各劇場に出演して働いてゐるではないか。しかも軽音楽の演奏会は多くの場合会場の前に聴衆が行列して定刻には客止めとなるといふ。その反対に、アトラクションを上演する映画劇場と、上演しない映画劇場とは収入の比例が甚だしく群集映画劇場は悲鳴を挙げて、アトラクション上演の緩和策さへ考究されてゐる」としている（秋葉肇「よい音楽は栄える」「国民の音楽」一九四二年十月号、国民音楽社、一二ページ）。
(145) 薬袋右文「軽音楽と警察取締」「自警」一九四四年五月号、警視庁自警会雑誌部、一七ページ
(146) 青木謙幸「米英・禁止レコードの回収」「レコード文化」一九四三年二月号、レコード文化社、一五ページ
(147)「演奏禁止米英音盤一覧表」「音楽文化新聞」一九四三年一月二十日付、十―十一面
(148) 一九一九年八月に創刊。発行した理由について、「警視庁には警察系統、消防系統其他技術方面に属する多数の職員が居るけれども、相互の親睦と向上を図る機関が無かった」ため、「多数の職員の親睦を図り、社会常識を拡め、高尚なる情操を養ひ、以て勤務能率を挙揚すると言ふ」目的から、としている（「本誌創刊当時と現在の状況」「自警」一九四〇年八月号、警視庁自警会雑誌部、一三八ページ）。
(149) 薬袋右文「音楽と警察」「自警」一九四三年五月号、警視庁自警会雑誌部、四三ページ。なお、薬袋は同誌一九四四年五月号にも「軽音楽と警察取締」という論稿を掲載している。
(150) 前掲「音楽と警察」四三―四四ページ
(151) 同論文四三―四四ページ
(152) 同論文四三―四四ページ
(153) 同論文四三―四四ページ
(154) 同論文四五ページ

(155) 前掲「軽音楽と警察取締」一八ページ

(156) 前掲「米英・禁止レコードの回収」一五ページ

(157) 前掲「軽音楽と警察取締」一八ページ

(158) そのため、ラジオの音楽放送では、しばしば「低俗な昔曲」が流れることもあり、放送に対して苦情の投書もあった(「鉄箒 低俗臭」「東京朝日新聞」一九四五年五月四日付、二面)。

(159) 軽音楽委員会によって「軽音楽団の楽器編成替」が検討され、「バンジョー、ウクレレ、スチールギター」、打楽器も「ボールルーム用舞踏音楽の演奏にのみ必要なもの」つまりドラムセットの使用が不可となり、サックスの使用も制限されている(「軽音楽団の楽器編成替決定」「日本音楽文化協会会報」一九四四年五月一日号、日本音楽文化協会、一ページ)。

(160) 「軽音楽団を審査講評」「同盟通信 映画・芸能」第三千二百一号、同盟通信社、一九四四年、一一六五ページ。この際の出席者に服部正、杉山長谷夫、増沢健美、大村能章、寺澤高信がいた。

(161) 同記事一一六五ページ

(162) 「軽音楽等の無証出演禁止」「同盟通信 映画・芸能」第三千二百二十三号、同盟通信社、一九四四年、一二五二ページ

(163) 「興行入場料は制限撤廃 明朗生活へ娯楽と慰安」「読売新聞」一九四五年二月二日付、二面

(164) 日本放送協会編『ラジオ年鑑 昭和22年版』(日本放送出版協会、一九四七年)五ページの「事業概観」によると「戦争中の放送が国民の士気昂揚のために果した役割は大きい。しかし、その反面、放送は伝へるべき事を伝へず、語るべき事を語らず、国民に何等の真相をも明かにし得ず、正しい見透しをもたらすことが出来なかつた。放送自体が全く目かくしをされて居り、従つて国民は全くの聾となつた」としていて、国家にとって都合がいい部分を放送していたことが読み取れる。

(165) 「陣影」「読売新聞」一九四五年五月三日付、一面

(166) 「日米国交の打開が出来たら、これに越したことはない」(「風塵録」「読売新聞」一九四一年二月十六日付、一面)、「日米交渉に期待を持つてゐる者が、まだ中央のインテリの間には相当にゐるやの気配がある」(「甘い夢想を熄め

よ」「読売新聞」一九四一年五月八日付夕刊（七日発行）、四面）など、世論は積極的に開戦を考えていたとは言いがたい。
(167) 金子龍司「太平洋戦争期の流行歌・「ジャズ」の取締り――音楽統制の限界」、「年報日本現代史」編集委員会編「年報・日本現代史」第二十号、現代史料出版、二〇一五年、二七八ページ
(168) 寺澤高信「国民文化の建設」「音楽文化新聞」一九四二年一月一日付、一面
(169) 松原千加士『ピアノアッコーデオン独習』シンフオニー楽譜出版社、一九三五年、二九ページ
(170) 久保田公平『ヴァイオリン独習』全日本音楽出版社、一九三六年、一九ページ
(171) 熊井戸立雄編『軽音楽の技法』上（「婦人画報音楽講座」第五巻）、婦人画報社、一九四八年、二〇ページ
(172) また、野川香文も同様にシンコペーションについて、リズムの「ずれたり戻つたりがくり返され、ずれ方がいろいろになるところに、ジャズ独特の面白味（スイング）がある」としている（「ジャズの聴き方」「婦人文庫」一九四九年五月号、鎌倉文庫、七〇ページ）。
(173) 大田黒元雄「戦争と音楽（三）」「東京朝日新聞」一九三八年二月十一日付、七面
(174) 宮田東峰「米英的音楽の性質」「国民の音楽」一九四三年三月号、国民音楽社、一二ページ
(175) 「アメリカ人は自由を主張し自由を礼賛す」とある（木村重治「アメリカニズムの解剖」「工業評論」一九三一年八月号、工業評論社、一〇ページ）。
(176) 前掲「ジヤズバンド一斑」八ページ
(177) 村上計二郎編著『次の精神文明』（「未来文明叢書」第三輯）、日本書院出版部、一九二八年）二七七ページでも、「その特色としたシンコペエションは遂に今日のジャズの淵源となつた」とある。
(178) 前掲「米英的音楽の性質」一二ページ
(179) 竹井十郎述『日本の憲法政治とは――自由主義は思想的反逆 民主々義は反国体思想』南方情勢社、一九三七年、五ページ
(180) 同書九六ページ
(181) 竹内芳衛『国家目的と文化の問題』白馬書房、一九四二年、一一三ページ

(182) 神奈川県乳児保護協会の副会長である黒川直胤が育児雑誌「乳児保護」に掲載した「其日其日の心理 ジヤズと誇張」でも「近代人の心理の何処かにジヤズがある。サクソオオンといひ、バンジヨオといひ、爆発するやうな大太鼓小太鼓の音は、正しく即興的でもあり、個性的でもあり、我儘でもあり革命的でもある」とし、「ジャズ」の音が「我儘」と捉えられていることが確認できる（黒川直胤「其日其日の心理 ジヤズと誇張」「乳児保護」一九二九年十一月号、乳児保護連盟横浜支部、一九ページ）。
(183) 宇田尚「国体の明徴へ 近代思想戦の課題（一）」「東京朝日新聞」一九四二年五月二十九日付、四面
(184) 石川武美「編集日誌」「主婦之友」一九三〇年五月号、主婦之友社、四〇二ページ
(185) 前掲『日本の憲法政治とは』五ページ
(186) アマルティア・セン『合理性と自由』上、若松良樹／須賀晃一／後藤玲子監訳、勁草書房、二〇一四年、五ページ

終章　戦後の展開と日本のジャズ受容

はじめに

第一次世界大戦以降に日本にやってきたなんだかよくわからない音楽は、船の楽士をはじめ、外国人演芸一座の巡業や外国人の楽団、あるいは映画のワンシーンに紛れ込んで流入してくる。それはジャズと呼ばれ、サックス、バンジョー、打楽器を中心としたそれまでのオーケストラでは見られない楽器で編成されていた。珍しくにぎやかな音色は、西洋の喜劇映画に出てくる面白い音（オノマトペ）を再現する楽器として用いられ、それをジャズと呼んでいた時期も存在した。こうした過程は「ジャズ」が音楽のジャンルの一つとして認知されたジャズとなっていくうえで、非常に重要な時期といえる。

しかし、この面白い音がする楽器こそが、その音楽をジャズかそうでないかを判断する重要な材料になったのである。近年では戦前日本のジャズ音源がCDとなって復刻されていて、それらを聴くと、現代のジャズとは異なり、違和感を覚えるかもしれない。しかし、そのジャズとはいえないような音楽こそが、戦前の日本のジャズなのである。音だけではなく、ドラムやバンジョーなどの楽器はジャズの特色であるリズムを強調し、それらはしばしばジャズの表象にもなった。本書に所収したジャズバンドの図版にもこれらが必ずある。[1]

日本でも早々にジャズバンドは組まれ、外国の最新の流行歌という側面から軍楽隊でも演奏することがあった。ダンスの音楽だったため、ダンスホールはもちろん、映画や小説でダンスホールを描く場面にも登場し、浅草オペラ、宝塚少女歌劇、奇術師・松旭斎天勝などのような日本のバラエティー一座でも演目のなかでジャズを披露している。それを取り上げる新聞や雑誌によってジャズのイメージが次第に浸透していくが、ダンスは男女が寄り添うことから醜態とされ、ステージで披露する演目も卑俗であり、それに付随する音楽と認識されたことから、識者は低級な音楽として扱うことになってしまう。

それでも需要の熱は高まり、大正末期に登場したラジオではジャズが流され、一九二八年にはジャズソングも登場する。一気に広がっていくジャズは、映画館の実演（アトラクション）での演奏や、落語などの寄席演芸でも用いられた。その背景には不景気という経済状況が存在し、こうした状況はジャズをさらに広めていく要因になったといえる。「ニットータイムス」一九二八年八月号の「義太夫慢語」のなかで、「浄瑠璃も亦時代を無視する事は出来きない。と云つて、何にも、三味線の手を、ジヤズリズムにしろと云ふのではない」[2]と記事にも表れているように、「ジヤズリズム」すなわちシンコペーションは、なんでもジャズにしてしまうような万能なリズムで、かつ、それを奏でるジャズ楽器も、人々がこれはジャズ音楽だと判断するのに重要な要素だった。こうしたリズムや独特な音を使って流行歌であるジャズソングを量産するという点は合理的（モダン）であり、当時の合理的な風潮とも重なった。しかし、このジャズの特色はのちに戦時には物議を呼ぶことになる。

一九二〇年代後半（昭和期）に入ると、人気の娯楽だった映画と流行歌のタイアップという巧みな宣伝手法も手伝って、幅広い層にジャズは認知され、その結果、「ジャズる」といった言葉をはじめとした表現も現れる。文章表現としてジャズを使うなどは音楽界だけでなく、美術、建築、デザインの評価や表現法の説明などにも利用が及びはじめる。また、こうした利用は、ジャズのイメージを社会で共有できているからこそ成立するものであり、つまりは、単なる流行音楽という側面だけでなく、文化として日本社会に根づいていることを示す。その後も、ダンスホールはもちろん、レビューやトーキー映画、カフェ、音楽喫茶にもジャズは欠かせない音楽になっていく。あらゆる文化に入り込むことができる柔軟性は、まさに「ジャズ万能」といえるだろう。一九三五年頃からはスイングジャズが台頭し、スイングはジャズと同義語として用いられた。ちなみに、この時期の芸術界の潮流は流線形、いわゆるストリームライン・モダンと呼ばれる様式が流行していた[3]（図137）。流線形とは、空気抵抗を減らしてより速いスピードを求めた形である。

ところで、この流線形とスイングにも共通部分があると筆者は考えている。当時のスイングの定義は「躍動感」と表されている。「躍動感」をどのように捉えるかだが、『マイペディア』（一九九五年）ではスイングを「推進力と解放感を同時に加えたリズム感覚[4]」と解釈していて、「躍動感」は、「推進力」と捉えることも可能だと考えられる。確かにスイングはそれまでと異なりテンポが速いジャズである。第7章でスイングジャズの特徴として「スヰングベース」を挙げたが、「踊り立つ様な」躍動感を出すにあたり、ベースが生み出す推進力は欠かせないものといえる。一九三五年に東京クリスタルレコードが発売した志村道夫が歌う「流線ジャズ」（服部良一作曲、藤原山彦作詞）という曲のサビの歌詞に「スピード　スピード　ハイスピード」とあるように、スピードのさらに上をいくという点では推進力は必要な要素といえる。スイングの意味を推進力とするならば、スイングは時代の世相の特徴を反映していて、音としてその風潮が現れたといえる。無駄なものを省き、スピードを求める流線形という文化的な潮流とも合致していたといえる

図137　「万事ＯＫ！　一九三五年は流線型の時代」「読売新聞」1935年1月15日付、9面

だろう。

それを裏づけるように、「月刊楽譜」一九四一年七月号の「軽音楽座談会」では、石塚寛による、ジャズの「需要者の数は圧倒的に多い」という発言を受けて、野川香文が「それだけ世の中が忙しくてみんな慰安を求めるやうになつて来たのですね」と答え、続けて堀内敬三が「手取り早いのですね」と返答するやりとりがある。(5)この見解からも、よりスピーディに、効率的に享楽が求められていたことがわかる。この座談会では、「全然素人が音楽のレコードを買つて来てかけるといふのは、ジャズが早分かりして、理屈なしに割合楽しめる」(6)という発言もあり、ジャズは「手つとり早くてわかりやすくて、忘れ易くて、後に残らない」(7)という時代の要求にかなった音楽だったことがわかる。(8)

一九三七年に日中戦争へと突き進む頃から、識者たちからは時局に沿わない軽佻浮薄な音楽として疎ましがられ、ジャズという言葉は次第に影を潜めていく。そのかわりにジャズの隠れ蓑になるような軽音楽という言葉が台頭し、それを盾にジャズは音楽映画やアトラクションで盛んに使われるようになる。

戦争を背景とした映画法の施行によって興行の取り締まりが強化されていくが、それでもアトラクションが流行していたという事実は娯楽の取り締まりが困難だったことを示している。

対日米戦間期では、ジャズは排斥され、社会的には確かに断絶されてしまう。しかし、音楽雑誌「音楽文化」一九四四年十一月号では当時の状況について次のような論考を掲載している。

日米開戦と共に我国の楽界を風靡してゐたジヤズは姿を消した如くである。それは一世を淫逸な陶酔に引きずり込んだダンス・ホールやレヴユーなどと共に忽然と我々の視界を去つたのである。しかしかくまで深く国民生活の中に喰ひ入つた不健全なる趣味が政府の命令一つで、さう簡単に消えてなくなるものではない。ダンス・ホールが跡を絶つた後も、可成長い間、裏町通りの喫茶店にはフランス人形の出来損ひのやうなサーヴイス・ガールと称す得体の知れぬ婦人を前に侍らせ、アクドいジヤズレコードに沈溺する学生帽を見かけるのに骨折らなかつた。然り、今日猶ジャズは厳として帝国の心臓に喰入つてゐるのだ！産業戦士は表向の慰問の外にジヤズや日本産のジヤズソングを最も多く欲すると云ふではないか。（略）私もレコード交換店の店頭にジヤズレコードを血眼になって探している背広と国民服を見かけた。[9]

論考は、一九四四年の段階でも街なかにしぶとくジャズ愛好者が生き残っている様子を伝えている。ほかにも同時期の雑誌にも同じような事例があることからも、[10]ジャズの完全な締め出しは到底できず、国家はその対策を模索するなかで敗戦を迎えたといえる。

1　ジャズは誰が聴いていたのか――若者の音楽ジャズ

では、戦前ではジャズはどの世代が主に聴いていたのか。各章でも記したが、総括的にあらためて提示しておく。

一九四〇年に刊行された小林澄兄による著書『国民教育と労作教育』で、当時の学生の娯楽について「映画館への足繁き出入は矢張り現代学生間の流行である。劇場よりも映画館へ行く者の数が多く、生粋のレヴューに惹き付けられる様子（略）古典的な渋い音楽に対してよりもジャズ的なものに対して現代学生の心がより多く動くことも疑ひない」[11]としているように、ジャズはやはり基本的には学生などの若い世代が享受していた。喫茶店やダンスホールに通う客層もまた主に若者であり、ジャズは若者が接する娯楽文化のなかに存在した音楽だった。加えて、一九三一年に出版された、静岡県の師範学校附属小学校の教諭である金森保次郎の著書『音楽の鑑賞教育』では、先頃、幼学年の一児童から、「先生！君恋しつてどう云ふことですか」きかれました。（略）「××さんあなたはその唄をどこで覚えました」ときいてみましたところ「うちの蓄音器にあるのです、僕まだたくさん知つてゐます」と答へるか答へないうちに、「ジヤズでおどつて……」とやり出しました。更に驚いた事には、之に和す幼い児童が五人も六人もあつたといふことであります。かうした児童の家庭を調査してみますと、皆相当の家庭でありながら、尚家族の方々があまり上品でない流行唄を平気で歌はせ、又レコードまで買つてい与へてゐたのであります。[12]

というように、児童もジャズソングに興味をもって口ずさんでいた。[13] 児童とジャズの親密性には違和感を覚えるかもしれないが、これを現代で例えるならば、ロックがそれに当てはまるのではないだろうか。

現在のテレビドラマの主題歌、アイドルの曲、いわゆるJ―POPやアニメやヒーロー物にもロック調の楽曲（細分化すればハードロック、パンクロック、ヘビィメタルなどさまざまではあるが）が多く、幼稚園児や小・中学生はそれらの楽曲を聴いて学校で話題にする。戦前のジャズもまた、それと似た位置づけだったといえるだろう。

教育雑誌「子供の教養」に掲載された「子供と音楽」の座談会では、一九三五年三月に大阪で開催された「第六回全国幼稚園関係者大会」で、「最近流行のジヤズ、並に俗謡の幼児生活に及ぼせる影響と之れが対策につき承りたし」という議題が「堺市保育会より提出」[14]され、同誌でも「ジヤズ的メロデーとでもいふものが、今日の我々の家庭にもかなり影響を及ぼしてをる」[15]という状況をふまえ、子どもとジャズ音楽についての議論を展開している。[16] そのなかで、作曲家の大中寅二は「ジヤズが子供にピンと来るわけはリズムだと思ひます」[17]と分析していて、ジャズの特色であるリズムに注目している。

さらに、同年七月に青森市の尋常小学校で開かれた雑誌「学校音楽」の座談会では、青森の小学校教員が「ジヤズとか民謡とかが流行つて来てゐますが東京の方ではどんな唄が流行つてゐます」[18]と質問し、これに対し東京の尋常小学校教員は、

「小学校の生徒は家へ帰るとやはりその時々の流行唄を唄つてゐるやうです。何しろ東京と云ふ処は地の中からも空からもみんな音楽が湧いてゐるやうなものでカフェー、デパートとかどこへ行つても音楽の聞えない処はありません。そのために学校で教へる唱歌は余り唄はないで流行唄を唄ふ。（略）一般民衆の方から云ひますと次ぎから次と新しいジヤズ的な唄を探して唄つてゐます。（略）学校では下らないジヤズなんかに子供が耳を傾けないやうにいろ〳〵苦心してゐるやうですけれど、何と云つても家へ帰るとどこからでも聞えますし、その方が覚え安くつて唄ひよいので子供等は覚えて唄ふやうになつて来ます[19]」

と回答し、これに対して青森の教員も「家へ帰つてはやつぱり唄つてゐるようですが、学校ではないやうです[20]」と同調している。ここでも児童が唱歌そっちのけでジャズを歌っていることが問題視されていて、それと同時に、地方でもジャズが享受されている様子がうかがえる。

ジャズはよく都市部の音楽として描かれることが多いが、それはあくまでイメージであって、ラジオや映画などに加えてカフェーも「田舎の少し大きな部落に」は「必ず見受けれられ[21]」たことから、これらが媒介して地方に在住していてもジャズにふれる機会はあったのだろう。

また、『ラヂオ年鑑 昭和7年』の番組の嗜好調査によれば、「老年から中年者は、講談、琵琶、浪花節、説教節、義太夫、俗曲、新内、清元、長唄、舞台劇、小唄、謡曲、常磐津、落語、大神楽、三曲などを好む、尤も除外側として、若い女性層がそれの或る部分に参加すべきは改めて云ふまでもない。青年から少年、少女、等の方は、ラヂオ劇、映画劇、映画物語、洋楽、独唱、ラヂオ風景、主題歌、流行小唄等であらう[22]」としていて中年・老年層と若い層では聴いている音楽が異なることがわかる。

邦楽雑誌『三味線楽』でも、「現代の若者で、本当に三味線楽（江戸音楽）が好きで堪らないといふ者はそう大勢は居ないといふことを知らなければいけない[23]」という指摘があるように、若者の三味線音楽に対する興味は

図138　広告「軽音楽学園」「読売新聞」1939年4月11日付、7面。「流行歌手・ボードビリアン養成」とあり、夜間部も存在する。なお、対象は18歳までとなっている

薄れていて、若者には「流行唄と西洋音楽」が好まれていた。[24]

さらに、『ラヂオ年鑑 昭和9年』に掲載された年齢別の音楽の嗜好調査も見てみると、和楽は「二十六歳乃至三十五歳に於て最も嗜好され、これについで三十六歳乃至四十五歳」で、「二十五歳以下の男は最低」[25]としている。そして「三十六歳以上」の洋楽の嗜好率が「年齢の増すにつれて著しく低下」し、「若いものほどこれを好んでいる」[26]という結果もふまえると、ジャズは主に二十代前半以下の世代（学生層ばかりか児童まで）に人気があった音楽といえるだろう。[27]

しかし、その一方で「たゞ軽佻浮薄なセンス」をもつとされたスイング音楽は「大方の識者間に顰蹙を買」うような音楽であり、その音楽が「如何ばかり現代青少年達の心の奥底まで喰ひ入つて」いることは教育者や識者にすれば「寒心すべき」とされ、[28]やはり心証が悪い音楽だった。

それでも、一九三九年四月十一日付の「読売新聞」には、「流行歌手・ボードビリアン」を養成・指導する軽音楽学園の広告[29]を掲載し（図138）、一九四〇年に創設された東京綜合専門学院では「軽音楽科」も特設している[30]（図139）。ちなみに、広告でのこの学科の特色では「近年軽音楽の流行はさながら黄金時代を来してゐるのに鑑み、一般音楽家としての教養に留意すると共に軽音楽の指導に力点ををいた軽音楽科を特設、時代の要望に応へ、夜間部の設備も設け、歌謡曲、タンゴ、ジャズ等の歌手養成に力を注ぎます」[31]と案内していて、「軽音楽科」の特設は「時代の要望」だった。

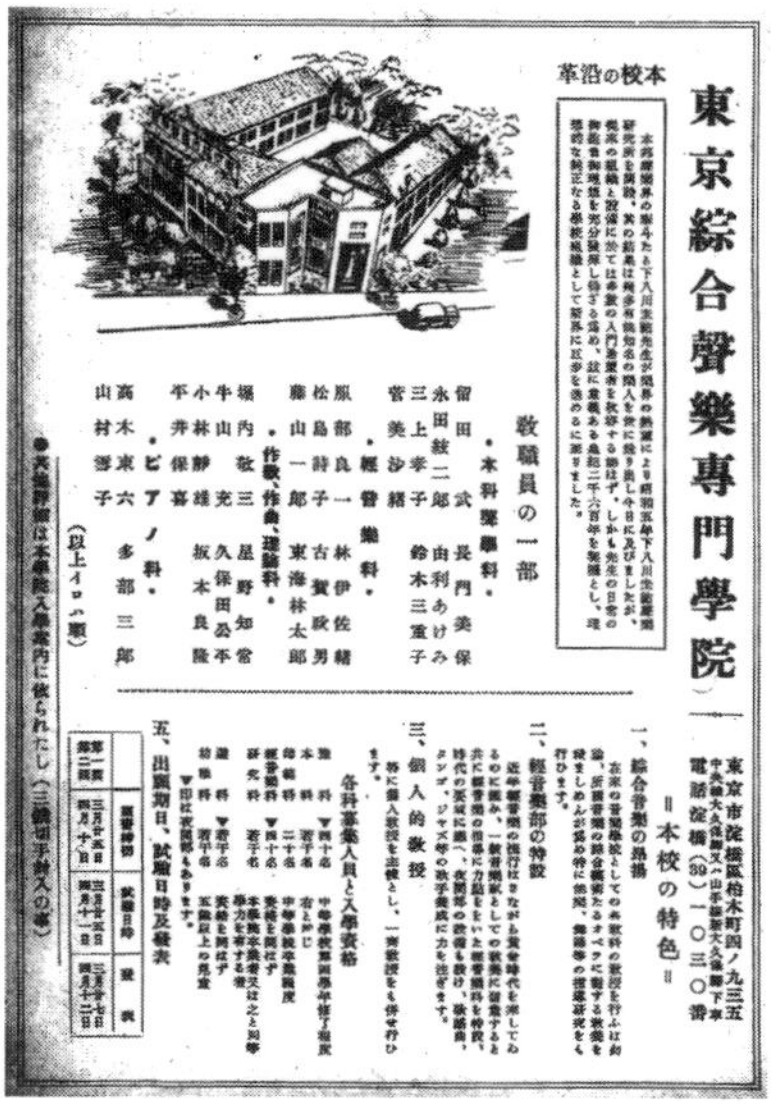

このように、ついには軽音楽を教授する学校も登場するようになる。つまり、こういう学校ができてしまうほど（ビジネスとしての成立が可能なまでに）ジャズは若い世代に浸透していたのである。

一九四二年十月に企画院第五部第一課長の右田鐵四郎が学生を対象にしておこなった講演では、右田が「大東亜戦争が始まる前、殆んど輸入映画の八・九割はアメリカのものであつて、我が国民がその影響を受けたことは恐しい程だと思ひます。東京の学生のスタイル身振り、特に女の人の茶の飲み方といふやうなことまで、殆んどアメリカの模倣であつたやうであります[32]」と言及していて、戦前の都会の若者の生活にはアメリカの文化が根づいていた様子がうかがえる。こうした状況は右田だけが感じていただけではなく、音楽評論家である門馬直衛も「今度の戦争の少し前までに巷に横行したジャズ・ボーイを見て寒気がする思ひをした識者は少なくないだらう[33]」と苦言を呈している様子をみても、同様の認識があったといえる。

事実、一九三九年のファッション雑誌「スタイル」では「アメリカの女優ジンジヤ・ロヂヤアス風のお化粧[34]」（図140）といった海外の人気映画俳優の化粧法などが紹介されていて、若者にとってアメリカの文化が憧憬の対象だったことは自明である。

太平洋戦争時に学徒勤労動員は三百四十万人を超え[35]、一九四三年十二月時の出陣学徒兵は五万人に及ぶという[36]。前述の状況をふまえれば、「昨日までジャズに浮かれてゐた青年が明日は戦線の勇士となり得る[37]」という可能性は十分にあった。それを考えると、若者に敵国の思想文化が浸透しきっていたからこそジャズを排斥する必要があったといえる。日米戦はある側面では、日本にどれだけアメリ

図139　広告「東京綜合声楽専門学院」「音楽新聞」1940年3月上旬号、東京音楽新聞社。軽音楽科には服部良一、林伊佐緒、古賀政男、藤山一郎、東海林太郎、松島詩子などの名前が見られる

ジンジヤ・ロヂヤアス風の
お化粧
あの口！ あの髪
壬生瑛子
眉
野口比奈
コレサヘアレバ
オボレナイ
コレサヘアレバ
日ニヤケナイ
34

唇
山本鈴子
目
早見初子
ゴヤ
スキントニツク
新人の御化粧品
ゴヤ クレンジング・クリーム
35

図140　「ジンジヤ・ロヂヤアス風のお化粧」「スタイル」1939年7月号、スタイル社、34―35ページ

カ文化が根づいていたかが明るみになった戦争でもあったともいえるだろう。

2　なぜ若者の間でジャズが流行したか

一九二〇年代から四〇年代（大正末から戦前の昭和）を通してすさまじい流行ぶりをみせたジャズだが、そもそも流入してきた当時は、変わった楽器が入った編成の変な音楽だったはずである。それなのになぜここまで若者間に流行したのだろうか。

その理由について考察する前に、明治期の音楽教育について知っておく必要がある。序章で示したように、日本に西洋音楽が流入して教育のなかに導入されるのは一八七二年のことだが、そもそもなぜ音楽は教育に導入されたのだろうか。音楽教師になるのであれば別として、楽しむだけであれば学ぶ必要性はないようにも思う。

西洋音楽を導入する目的について、「月刊楽譜」一九一二年第一巻第十三号で次のように述べている。

「欧州楽は唯に娯楽の意味にて存在するにあらず、

完全なる人格修養の一要素となり大にしては社会事物の醇化に多大の効果のあることが判る[38]」

ここで注目すべきは、西洋音楽は娯楽ではなく人格修養として多大な効果があるとしている点である。戦前の教育では、すばらしい道徳心を養って国家に貢献する人材を生み出すことが主眼であり、音楽による教育もまたその一環だった。

明治以降、「高尚な国家[39]」を目指すために西洋音楽を普及させようと、公園奏楽をはじめとする音楽会や唱歌の必修化など教育面にまで西洋音楽を取り入れていくことになる。

しかし、教育を受けているほうからすれば、西洋音楽は「聴いて居て苦痛を感ずる場合[40]」があり、「単に鑑賞の心地よさといふものを得る[41]」ものではなかった。何も考えずに音楽を楽しむという感覚は現代では至極当然ではあるが、当時は西洋音楽には正しく理解するための「聴き方」があってことごとくその心構えを求められた。その点について「月刊楽譜」一九一六年一月号では「芝居の見方と音楽の聴き方」で次のように示している。

芝居を見る時には第一に狂言に就いて研究し、役の性根を知つた後に見物すべきである。只面白いからとか、珍しいからと云ふ事丈けで観たのでは実際に劇の精神は分らぬのである。（略）音楽を聴く時でも之れと同様である。ベートーヴエンのソナタを聴く時には、ベートーヴエン其の人を研究し、其の性格を知り、其の作風を知つた後でなければ理解は出来ぬ。[42]

このように、戦前の日本で西洋音楽を鑑賞する場合は事前に作曲家や作品の予備知識を学ばなければならず、それらの情報を頭に入れたうえで、楽曲を理解して聴くことではじめて「聴いた」ということにされた。それが音楽を聴く際の大前提だった。[43]こうした煩わしい前提を要求されるので、「古典音楽は余り無味乾燥であるとか、むづかし過ぎる、何だか肩が凝るから嫌であると云ふ人達が沢山[44]」いたのである。

唱歌も同様であり、一九二四年に出版された『唱歌の歌ひ方と教へ方』の「第十五章　練習上の注意」では、

「練習はどこまでも真剣でなくてはならない、辛抱強くなくてはならない。それと同時に規則正しく(略)そして声で練習するといふよりも寧ろ頭脳で練習[45]」するものとされた。また内容についても、「文部省著作の尋常小学唱歌は一、児童の心理に適せない。二、歌詞困難に過ぎ了解に苦しむ。三、曲譜高尚にして鑑賞困難[46]」としているように、児童からすると退屈なものだったことは容易に想像できる。実際、「唱歌授業といへば先づ第一に基本練習、歌曲指導、復習(練習)といふやうに大体の型がきまつて[47]」いて、唱歌の授業について「いつも時間の始めに、面白くもない(やり方によつては面白くやれるが)発音練習、発声練習、音階練習をクドく〳〵とやるから、子供が唱歌をきらひになる[48]」といった指摘もある。基礎練習は戦前・戦後かかわらずいつの時代でも子どもには退屈なのである。

では、それに対してジャズはどのような音楽だったのか。声楽家である河原喜久恵は次のように述べている。

あれを無条件に聞いてゐますと本当にタラッタアと踊れないものでも踊りたくなりはしないでせうか。(略)無邪気に無関渉に聞いてゐられて聞き骨の折れない、それで音楽の分からない人でも『面白いなあ』と思へるのがジヤズじやないかしらんと思ふのですけれど[49]。

河原が言うようにジャズはダンスホールで踊るための音楽であり[50]、レビューや映画では「聞くばかりのものでなく目に見る[51]」音楽でもある。聴くための前提知識など必要はなく、楽しむために理屈などいらないのである。この楽しい気分を引き起こす要因はジャズのリズムにあり[52]、ジャズの特色であるシンコペーションというリズムは「普通の楽曲に於ても、屢々用ひられる手法であるが、ジヤヅ程、これを重要し、自由に駆使したものはな[53]」く、「在来の均整した楽曲の形式を惜しげなくうち破つてしまつた[54]」新感覚のリズムで、このリズムこそ若者が引き付けられる要因であった。

また、小松耕輔『音楽と民衆』(一九二七年、蘆田書店)では「今日の日本の音楽教育といふものは男子は小学校で終わつてしまふ。（略）それでも近ごろの青年は。よほど解かつて来た」[55]と言及していて、退屈だったにせよ、唱歌教育の普及によって外来音楽の理解が深まっていることが確認できる。加えて、「序章」でも提示したように、明治末期から大正期にかけて欧米の流行歌が普及していたことも大きな要因である。学校以外でこうした音楽にふれていたから外来の音楽を受け入れる耐性を形成したと指摘できる。耐性が備わった若い世代の人々にとってもジャズは非常に新鮮で、かつ刺激的に聞こえたのである。[56]そうした理由が若者の間でジャズが流行した要因といえる。

このように、戦前では「音楽」に対する考え方は現代とは異なっていて、音楽は「一つは娯楽のみを目的」とするものと「他は真面目に進んで聴かれるべきもの」[57]とに分けられ、「前者は唯だ耳に伝へられた丈けで充分で、解釈も何も不要だが、後者は充分に考えられるべきもの[58]」とされた。ジャズは間違いなく前者であり、娯楽性が高い音楽は解釈する価値もなく、国家が求める音楽としてふさわしくなかったのである。戦前の音楽雑誌を編集する西洋音楽愛好家や教育者たちは、西洋音楽こそが「進歩した、真の芸術的な音楽[59]」として、西洋音楽を「鑑賞」することで高尚な人格が形成されるという思想があった。そのため、音楽教育は非常に厳格であり、音楽を聴くためには忍耐が必要とされたのである。

しかし、それを必要としないジャズは、当時の人々にとって非常に魅力的で、とりわけジャズの特色であるリズムは自由かつ奔放なものと認識されていた。その結果、ジャズの自由さと奔放さは国民精神を乱すとされ、戦中期では、国家よりも個人を尊重する自由主義的な精神とも重ねられて排斥されてしまう。若干こじつけに近い部分もあるが、それほどまでにジャズのリズムはセンセーショナルだったといえるだろう。

ジャズはアメリカ、日本だけではなくフランス、ドイツ、ロシア、イギリス、中国など世界規模で流行していた音楽である。芸術や建築、商業などさまざまな文化にもその影響は見られることから、海外でも日本と同様な現象が起きていて[60]、大きな文化動向だった。その点では、戦前期の各国でもジャズの定着や利用に意義があったと考えるならば、ジャズは革命的な現象だったともいえるだろう。

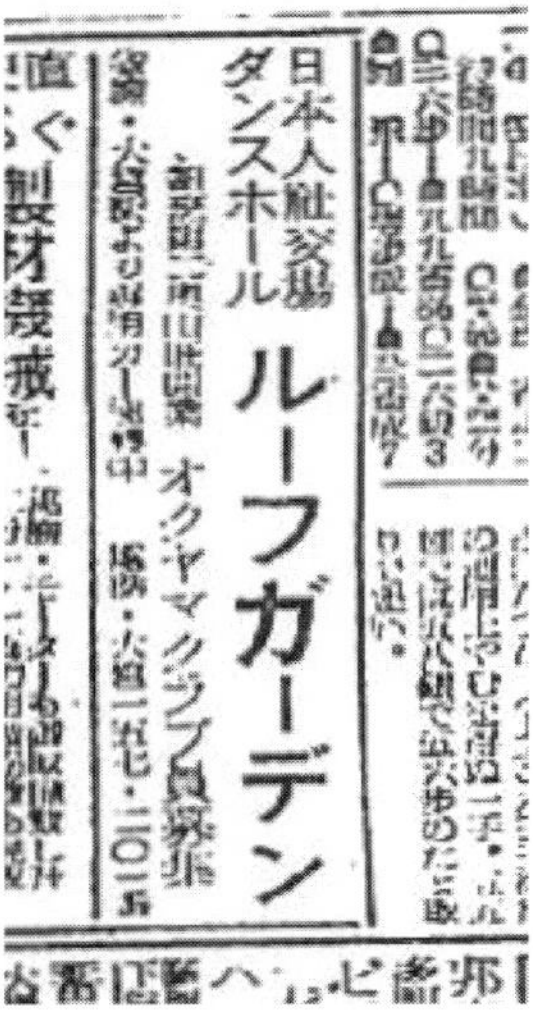

図141　広告「ルーフガーデン」「読売新聞」1946年5月7日付、2面。日本人社交場ダンスホールとある

3　戦後の展開——ジャズのその後

敗戦後、連合国の進駐によって進駐軍の慰安施設としてダンスホールやキャバレーが設立され、WVTRといった海外駐留のアメリカ軍人軍属向けのラジオ放送も国内のラジオから流れるようになる。

一九四七年八月号のダンス雑誌「ダンス」の「ジャズによせて」のなかで「電波で送られて来たアメリカン、ジャズや進駐軍のジャズバンドを初めて見聞きしたその瞬間、誰しもが驚かされたことは、その豪華な響き、豪華なメムバーであった[61]」としているように、アメリカから次から次へと流れ込んできたジャズは相当なインパクトだったことがわかる。このような状況が、占領期になってからジャズが広まったという誤ったイメージがついた一因といえるだろう。ちなみに、進駐軍のダンスホールだけでなく日本人専門のダンスホールというのもあった[62]（図141）。

敗戦後にジャズはまた隆盛していくが、その様子を一九四六年十二月発行の「歌劇」では、次のように記している。

> 永い間沈黙して居たジャズ音楽が、終戦と共に再び盛んになつて来ました。私は此れを当然の事と思ひます。或る一部の姑息な考へを持つた人たちから閉め出しを喰つて居たヂャズが、戦時中軍歌や国民歌謡のみに悩まされて居た我々の上に明るい希望をあたへて呉れる様なきがします[63]。

ここまでみてきたように戦前からジャズは流行していて、すぐに火がつくのは当然だった。この文章からは民意を得ない国家主導の音楽文化が存在したことが伝わり、ここからも戦前の「日本」の様子が垣間見える。戦前特有の社会のなかで、ジャズに楽しさや魅力を感じる感覚が形成されていたからこそ、再びジャズは戦後のポピュラーミュージックの世界に欠かせない音楽となった。そして、こうした状況が戦後、日本の民主主義体制が展開していくうえでも重要だったといえるだろう。

一九四七年には笠置シズ子が歌う「東京ブギウギ」も流行し[64]（図142）、ジャズは熱を取り戻す。『音楽年鑑　昭和二四年版』によると「特にジャズの勃興は学生界にも大きい影響を及ぼし殆ど総ての大学にジャズバンドが出来、単独若しくは合同で演奏会を開く[65]」までになり、一九五一年六月十七日付、「東京朝日新聞」朝刊では「東京だけで名前のあるバンドが六十、集合離散するバンドまで入れたら百を越え、楽員の数も千五百名[66]」とも伝えている。

図142　広告「蛔虫ブギ」、朝日会館編「Demos」1949年5月号、朝日新聞文化事業団、41ページ。明らかに東京ブギのパロディーといえるような商品も発売していて、流行ぶりがうかがえる

同年には全三十七楽団が出演したスヰングフェスティバルも日本劇場でおこなわれ[67]（図143）、また、一九五三年には大学対抗ジャズ合戦を題材にした『青春ジャズ娘』（監督：松林宗恵、新東宝）という映画も封切られているように、まさにジャズ全盛時代となっていく。

戦前はダンスを楽しむための音楽だったジャズだが、戦後は「ダンス用の音楽」のほかに、「観賞用の音楽」としても意識されるようになった[68]。戦前から音楽喫茶などは存在していたので、聴く専門のジャズファンも当然存在したといえる。しかし、あらためて「鑑賞用」として紹介されているのは、じっくりと「聴く」価値がある音楽として認識されはじめたからともいえるだろう。その一方で、「東京ブギウギ」のようにポップスに入り込むジャズも存在した。また、一九五一年二月にはＮＨＫテレビ、同年八月には日本テレビも開局し、六一年からハナ肇とクレイジー・キャッツやザ・ピーナッツが出演する『シャボン玉ホリデー』（日本テレビ系）が人気を博すが、ここではジャズが歌やコントなど番組を盛り上げる要素、いわばエンターテインメントとして用いられていて、ジャズはさまざまな道へと分かれていく。

他方、戦後はマンボ、カリプソ、チャチャなど異国情緒あふれるさまざまなリズムの音楽が日本に紹介されて爆発的に流行する。例えば、マンボの流行を伝える新聞記事では「最近十代、二十代の人たちにマンボ熱が盛ん」[69]としているように、こうした音楽を享受しているのはやはり若者だった。これらは、いわゆるニューリズムと呼ばれる音楽だが、こうしたリズムを受け入れることができた背景には、第7章でみた、戦前の音楽映画やレビュー、ラジオが大きく関係しているだろう。これらを通して、すでにさまざまなラテンのリズムが流入されていたと指摘できる。つまり、戦後に流行するニューリズムを受け入れる下地はすでにできていて、戦後の流行は戦前の音楽状況があったからこそといえる。

図143　広告「スヰング・フェスティバル」「読売新聞」1951年6月7日付夕刊、4面

こうしたさまざまなリズムやダンスが日本に紹介されるなか、ラテンのリズムとは異なる、強烈なリズムで踊るダンスが紹介される。それがロックンロールだった。ロックンロールは一九五五年にアメリカで公開された映画『暴力教室』（監督：リチャード・ブルックス、一九五五年八月封切り）のなかで踊っていたステップで、当時のダンス雑誌によると「「リズム・アンド・ブルース」の新リズムにより生れた踊り」[70]としている。つまり、この時点では音楽のジャンルとして確立しておらず、ダンスのステップの名前として用いられていた[71]（図144）。

翌一九五六年十一月にはクローバー・プロ映画製作の『Rock Around the Clock』という映画が封切られる。

英国風に品よく大衆向にアレンヂされた

ロックン・ロールの踊り方

（英、フィリス・ヘイラー女史による解説）

守田定彦

図144　守田定彦「ロックン・ロールの踊り方」「ダンスと音楽」1959年2月号、ダンスと音楽社、6―7ページ。左ページにはステップも載せられている

この映画の邦題は『ロック・アンド・ロール狂熱のジャズ』（監督：フレッド・F・シアーズ、一九五六年公開）であり[72]（図145）、「キネマ旬報」一九五六年十二月下旬号の「外国映画紹介」の解説によると、楽団マネージャーが主人公ビル・ヘイリーの「新スタイルの強烈なジャズに注目[73]」し「各地で演奏して大当たりをとり踊り子のリサと結ばれる」内容となっている。[74]ここでロックンロールは「新スタイルの強烈なジャズ」として紹介されている。

一九五七年一月十二日発行の「別冊明星」オール漫画号季刊第二号では、そのバンド編成について「R&Rリズムの器楽演奏の場合には大分ジャズに近くなりますが、やはり拍手に強烈なアクセントをつけ、独奏（主としてサキソフォン）を中心とする。ブロー（煽る）スタイルが性格です。したがってバンドは六、七人の小編成」とし、「鑑賞を目的とするより、ダンス向きのリズム音楽[75]」としていることから、楽器編成と音楽面の特性などジャズと共通する部分も多く、この時点ではジャズと認識されていた

図145　園田二郎「狂熱のジャズ Rock around the clock」「映画ストーリー」1957年新年号、雄鶏社、142―143ページ

のである。

加えて、戦前にタップダンサーとして人気を博した中川三郎はこのダンスステップを普及するにあたり、新聞で「ロック・アンド・ロールはいま向うで評判になっているプレスリーのようなセックス・シンガーのものとごっちゃにされては迷惑だ。これは生活そのもののあくまで真面目なダンスであり、そういう意味から早大の放送研究会、慶大の音楽部なども正しくとりあげている。またこのダンスは決してティーンエイジャーだけが独占するものでもなく、家族的なものにまで高めていくべきだ[76]」と述べている。ロックといえば、反骨、抵抗、反逆というイメージを連想させる音楽だが、中川はこの段階では、反抗の象徴としてロック・アンド・ロールを捉えているとは言いがたく、むしろその反対だったといえる。

また、ロックはエレキギターを用いた音楽という印象も強い。しかし、エレキギターが日本のティーンの間で流行し、いわゆるエレキブームが訪れるのは、その十年後の一九六五年のこ

図146　「エレキ・ブーム」「プレイファイブ」1965年9月号、連合通信社、10—11ページ。「ビジネス街にも〝エレキ愛好の会〟があちらこちらに誕生」し、「ブーム現象は頂点にたっしつつある」としている。左ページは楽器を演奏するビジネスマンの写真

とである（図146）。つまり、ロックを連想させる「反抗」やその表象である「エレキギター」のイメージはまだない段階だろう。事実、エレキ・ブームの際、エレキの音が騒音として社会問題化し、新聞にも取り上げられることになるが、その様子について当時の新聞では「エレキジャズ、モンキーダンスが爆発的に流行しているが、足利市では青少年の不良化防止のため、エレキジャズ追放にのりだした[77]」と報じている。注目すべきは「エレキジャズ」という部分であり、ここではロックとは紹介されておらず、あくまでエレキ楽器を用いたジャズ演奏と認識されている。もちろんこの言葉は淘汰されるが、こうした表現も日本でのロックの受容の歴史では重要な側面といえる。

一九六四年頃からビートルズが日本に紹介されはじめ、話題は熱を帯びて社会現象となっていくことは周知のとおりである（図147）。六六年の日本武道館での来日公演は一つの事件だったといえる。日本でもビートルズに影響された若者がバンドを組み、グループサウンズという

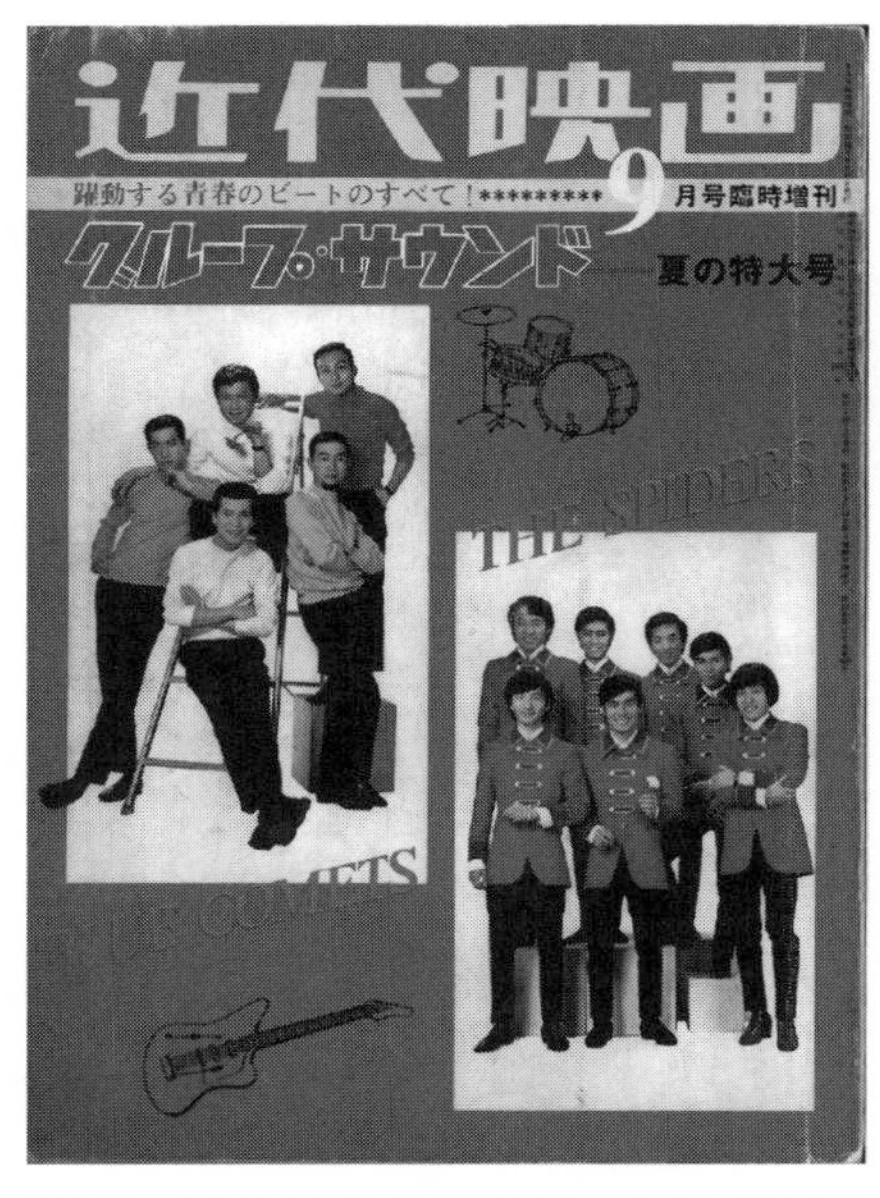

図148　「近代映画」1967年9月号臨時増刊グループサウンド夏の特大号、近代映画社、表紙。表紙はザ・スパイダース、ブルーコメッツ

図147　1965年封切りの映画『ポップ・ギア』（監督：フレデリック・グッド、1964年）映画パンフレット表紙。表紙はビートルズ

ムーブメントが起きる（図148）。

テレビでは『世界へとび出せ ニュー・エレキサウンド』（日本テレビ、一九六五年十月一日から放送）や『エレキ・トーナメントショー ゴー！ゴー！ゴー！』（東京12チャンネル、一九六五年八月八日から放送。初回タイトルだけ「テスト・トーナメント・ショー」「ゴー！ゴー！ゴー！」）などエレキギターを扱う番組が放送され、「週刊少年サンデー」（小学館）にはエレキギターの特集も組まれるほどで（図149）、その人気ぶりがうかがえる。

次第に演奏の技術面やパフォーマンスなどにも焦点が当てられるようになり、音楽雑誌や書籍がそれらを取り上げていく。そうした演奏者の存在がロック音楽の象徴となって、ロックのイメージも徐々に形成されていく。美術雑誌「美術手帖」一九七〇年一月号は、ロックの芸術性を考察したロックの特集号で、音楽評論家の植草甚一が「ジャズとロックとの対立」(78)としているように、ジャズとロックはそれぞれのジャンルとして確立されている。同時期に現代に

サンデーがえらんだ
エレキ野郎ベスト10

順位	エレキグループ	ヒット曲
1位	ビートルズ	「抱きしめたい」「ヘルプ」
2位	ベンチャーズ	「ダイヤモンド・ヘッド」「キャラバン」
3位	アストロノーツ	「太陽の彼方に」
4位	アニマルズ	「朝日のあたる家」
5位	スプートニクス	「霧のカレリア」
6位	ローリングストーンズ	「サティスファクション」
7位	デイブ・クラーク・ファイブ	「若さをつかもう」「グラッド・オール・オーバー」
8位	シャンティーズ	「パイプライン」
9位	ハーマンズハーミッツ	「ヘンリー8世君」
10位	寺内タケシとブルージーンズ	「涙のギター」「津軽じょんがら節」

サンデー愛読者のエレキグループ

みんなのアイドル!! 世界の三大エレキグループ

アストロノーツ

アストロノーツは宇宙人という意味だ。

このグループは、今から、7年まえ、コロラド州のコロラド大学にかよう、5人の音楽ずきな若者によって結成された。授業がおわると、練習。たまに、学校のパーティで演奏。やがて、地方放送局にも出演。

レコード会社の人の耳にその評判が伝わり、レコードも発売された。

1964年の夏に出た、太陽の彼方には、たいへんな売れいきだった。けれども、アメリカでは、とても、めの出なかったこのグループも、海外、とくに日本で、大人気をはくした。

ヒット曲→「太陽の彼方に」写真は左から、ストーム・パターソン、ジン・キャラガー、リッチ・フィールド、ボブ・デモン、デニス・リンザイ

ベンチャーズ

現在、ビートルズと、人気を二分するのが、ベンチャーズだ。

このベンチャーズも、ある日、偶然できた。1958年、シアトルの、ある建築現場で、ボブ・ボーグル、ドン・ウィルソンのふたりが、意気投合して、バンドをつくった。

ズ、メル・テーラーがくわわり、ベンチャーズが結成され、1960年、「ウォーク・ドント・ラン」のレコードが大ヒット。

人気は、いよいよ不動のものとなった。そして、世界各地を演奏旅行し、そのつど、大きく成長、ビートルズの好敵

ヒット曲→「ダイアモンド・ヘッド」「キャラバン」

ビートルズ

いま、世界一人気のあるイギリスのエレキバンド。

このビートルズ実は1955年、ジョン・レノンが、ポール・マッカートニーと、"クォータリーメン"というバンドをつくったのが最初。

やがて、1958年に、ジョージ・ハリスンがくわわり、"シルバー・ビートルズ"の名で、活躍。

1962年、ドラムに、リンゴ・スターがはいり、現在のビートルズができた。そして、1963年、「プリーズ・プリーズ・ミー」の大ヒットで、世界に、しられた。

その後も、ヒットをつづけ、一流グループになった。

ヒット曲→「抱きしめたい」「ヘルプ」写真は左から ポール・マッカートニー、リンゴ・スター、ジョージ・ハリスン、ジョン・レノン

図149 「みんなのアイドル!! 世界の三大エレキグループ」「週刊少年サンデー」1966年3月27日号、小学館、10―11ページ。読者の間ではビートルズ、ベンチャーズ、アストロノーツが人気であったことがわかる

イメージされるようなロック像ができあがったと考えるならば、ロックという音楽もまた「ロック」からロックになる過程があったといえる。ロックな発言であり、ロックなデザインはイメージの共有を証明し、それは戦前にあった「ジャズる」やジャズの浴衣と変わらない。文化は前の歴史を踏襲しながら進化していくのである。

一九七一年七月二日付朝刊の「読売新聞」で「世界のポピュラー音楽界の主流は今やロックである。ことに若い視聴者はロックに完全にしびれている」[79]と報じているように、ロックという若者の音楽が確立したことで、ロックはポップスには欠かせない音楽となり、ありとあらゆるジャンルに取り入れられていく。他方、ジャズは次第に渋い音楽、大人の音楽として認知されていく。しかし、もとをただせば同じ若者の音楽であり、自由を象徴とするジャズという下地から世間に抗って自由を手に入れる象徴としてロックという音楽が誕生したこ

とは必然的な成り行きだったといえるだろう。

日本に西洋音楽が導入された明治期、西洋音楽とは理解して「聴く」ものとして教えられていたところに突如として現れたジャズという音楽は、それまでの音楽の在り方と価値観を一変させた。教育の現場にはなかった強烈なリズムや音は、当時の若者にとってどれほど魅力的に聞こえたことだろうか。そのように聴こえさせた楽器の存在も重要であり、とりわけ、ドラムセットの登場は音楽文化に革命をもたらしたといえる。ドラムセットがなければ、現在のポピュラー音楽の世界は存在していないだろう。

ジャズがもつ新しくも面白い特色はその半面、合理的な側面をもち、ジャズは簡単に理屈抜きで楽しめるという消費文化の特色がダイレクトに表れた音楽だった。当時の合理的で消費的な社会の風潮とジャズのもつ特色とがうまく噛み合ったからこそ、ジャズはあらゆる文化に入り込むことができた。その一方で、こうした音楽が受容されたことは、聴いている人々の価値観に変化が生じたからという見方もできる。

短時間で効率的に享楽を手に入れるという感覚は、間違いなく現代の生活様式にも通じている。それをふまえると、戦前に合理的で消費的な文化が大衆（特に若者）に受け入れられたことは、同時に当時の人々にそのような文化を受容できるような感覚が形成されたことを物語っていて、結局、ジャズの受容は現代的な感覚の誕生ともいえる。

また、太平洋戦争時にジャズが自由主義の象徴として排斥されたことは、ジャズが単なる一過性の現象ではなかったことを示していて、大衆が支持する文化には、必ず当時の思想や社会の断片が投影されていることを証明している。普段は何も考えずに当たり前のように聴いているポップスも、耳障りな音として、かつては当たり前ではない時代があった。しかし、そのサウンドとリズムはやがて人々をとりこにし、ときには国家の為政者を悩ませながら、やがて当たり前の「音」になっていく。

現代のポップスをひもとくとき、必ずその源流にはジャズがある。たとえサウンドやリズムが進化したとしても、ジャズがもつセンセーショナルさは現代にも受け継がれ、かつて戦前の人たちがそうだったように、私たちもまた、その魅力に魅了され続けるのである。

注

(1)「都新聞」一九二六年十一月四日付八面に掲載された「ことばの栞」では、「ジャズ、バンド」を「米国の流行唄に、いろ〱な形容の楽器を加へて奏するもので、うき〱させる賑やかな音楽」と説明していて、ジャズにおける楽器の重要性が確認できる。
(2) 高木善治「義太夫漫語」「ニットータイムス」一九二八年八月号、日東タイムス社、二ページ
(3)「万事ＯＫ！一九三五年は流線型の時代」「読売新聞」一九三五年一月十五日付、九面
(4)『マイペディア――小百科事典』平凡社、一九九五年、七三八ページ
(5) 小川近五郎／野川香文／石塚寛／田邊秀雄／堀内敬三「軽音楽座談会」「月刊楽譜」一九四一年七月号、山野楽器店、一九ページ
(6) 同記事一九ページ。小川近五郎による発言。
(7) 杉山等「諷刺漫談 モダーン生活と音楽」「月刊楽譜」一九二八年十月号、山野楽器店、一四ページ
(8) レビューもまた「面倒臭い理屈やお芝居を抜いた、たゞ豪華絢爛たるもの」としていて、ジャズとの共通点が見いだせる（前掲『最新百科大辞典』四三五ページ）。
(9)「敵米は如何に音楽を毒したか 日本爆砕の機雷原 平井保喜」「音楽文化」一九四四年十一月号、日本音楽雑誌、一〇―一一ページ
(10) 例えば、戦時期の工場の慰安娯楽演芸を視察した大日本興行協会理事の高橋健二が雑誌「放送」の座談会で「或工場へ行つた時に演芸会をやつてゐて、舞台の両側には米英撃滅と書いてあるが遣つてゐることはジヤズであつた」と言及している（「決戦下の慰安と放送（座談会）」「放送」一九四四年六月号、日本放送出版協会、一二ページ）。発言中には、去年の夏とあるので一九四三年七・八月頃の体験と推察できる。同様に雑誌「日本演劇」の座談会でも出席

者の菊田一夫が「之は苦々しい例だが或軽演劇のショーの構成者が「何と言つても音楽はジヤズですね」と言つた。それは今年の話なんですよ」と発言している（高橋健二／中野好夫／遠藤慎吾／鈴木英輔／山田肇／戸板康二「座談会 今日の演劇を語る（二）」「日本演劇」一九四四年十月号、日本演劇社、三八ページ）。
(11) 小林澄兄『国民教育と労作教育』明治図書、一九四〇年、一九九―二〇〇ページ
(12) 前掲『音楽の鑑賞教育』八ページ
(13) こうした状況は一九二八年の段階からあったと考えられ、そのために、天皇即位の大礼番組での児童歌劇でジャズが放送されたと考察できる。
(14)「子供と音楽」の座談会（「子供の教養」一九三五年八月号、子供の教養社、五八ページ）。
(15) 同記事五八ページ
(16) 同記事五八ページ。また、同誌の五八―六〇ページが座談会に該当する。
(17) 前掲「子供と音楽」の座談会、六二ページ
(18)「第六回学校音楽座談会記録」「学校音楽」一九三五年十月号、共益商社書店、一七ページ
(19) 同記事一七ページ
(20) 同記事一七ページ
(21) 富士川長良「ユダヤ人の三S政策」「新生活」一九三九年八月号、新生活社、四七ページ
(22) 前掲『ラヂオ年鑑 昭和7年』一五三ページ
(23) 押鐘篤「異説歌詞評釋私論」「三味線楽」一九三五年三月号、三味線文化譜楽会、五五ページ。河竹春之助も同様に「三味線音楽が、現在、一般の人々に（殊に若い人々に）割合に親しまれていない」と発言をしている（河竹春之助「三味線音楽私見（二）」同誌五二ページ）。
(24) 前掲「三味線音楽私見（二）」五二ページ
(25) 日本放送協会編『ラヂオ年鑑 昭和9年』日本放送出版協会、一九三四年、四六ページ
(26) 同書四六ページ。なお同ページでは「三十六歳以上に於て」は、浪花節が「男女通じて第一に嗜好されてゐる」としていて、世代別に嗜好が異なることが確認できる。

(27) 音楽雑誌「大衆音楽」第一巻第一号（大衆音楽社、一九三三年）六八―六九ページに掲載された「放送の紅唇打診」は銀座のカフェ・サロン春に勤める女給の紅子・香代子の談話を記事にしたものだが、ラジオのプログラム編成について次のような会話がある。

紅子「第一邦楽が多すぎるよ、あたしなんか邦楽なんかどうでもいゝな。それにジヤズが少なすぎるよ。第一大衆の中にダンスが普及された今日さ、もつと第二放送でもいゝから、ジヤズをやるといゝと思ふな。家庭で晩御飯がすんだ頃からさ、放送がジヤズをやる。うちの人がみんなでダンスをする。これなんか家庭和楽のいゝ風景だと思ふわ。どうせ七十五銭もボつてゐるんだから、巴里やアメリカのいゝジヤズバンドを専属に雇つて毎日、朝のラヂオ体操みたいにやればいゝと思ふな。さうすりやア、誰のうちでもラヂオを設備してもいゝと思ふに違ひないわ。香代子「全くよ、この頃の若い方は、ラヂオをひくといふと、うちのぢいさん、ばアさん達の退屈しのぎのためにつていふ位ひだもの」

ここからも邦楽が高齢者の音楽だとわかると同時に、若者が希望する音楽を聴けていないという点は本書の第4章で提示した見解と合致している。

(28) 下須田保「円盤界トピック」「レコード」一九四〇年九月号、レコード発行所、一〇二―一〇三ページ

(29) 広告「軽音楽学園」「読売新聞」一九三九年四月十一日付、七面

(30) 広告「東京綜合声楽専門学院」「音楽新聞」一九四〇年三月上旬号、東京音楽新聞社

(31) 同記事

(32) 右田鐵四郎「大東亜戦争と時局認識」「新芸術」一九四二年二月号、日本大学芸術科、一九ページ。また、伊藤龍雄は雑誌「The Dance」一九三二年十一月号に寄稿した「服装常識」で「今の若い人達にパジヤマとベツドと、コーフイとトーストの生活が決して外国的なものではなくなつて来た事は疑ひもない事実であるが勿論これにはアメリカ映画が多少は影響したものとは考へられるのである」としている（伊藤龍雄「服装常識」「The Dance」一九三二年十一月号、ダンス社、二六ページ）。

(33) 門馬直衛「米・英音楽の正体」「レコード文化」一九四三年二月号、レコード文化社、二ページ

(34) 「ジンジヤ・ロヂヤアス風のお化粧」「スタイル」一九三九年七月号、スタイル社、三四―三五ページ。また、「東

京朝日新聞」に掲載されたフレッド・アステアとジンジャー・ロジャースが出演する映画『トップ・ハット』（監督：マーク・サンドリッチ、一九三五年）の批評では「娯楽映画の佳作。ダンスに趣味のある青年男女諸君には好適な十一巻」とあり、若者に人気の映画だったことがわかる（「新映画評 娯楽の佳作「トップ・ハット」」「東京朝日新聞」一九三五年十二月十三日付夕刊〔十二日発行〕、四面）。

(35) 文部省『学制百年史 記述編』帝国地方行政学会、一九七二年、五六六ページ

(36) 蜷川壽惠『学徒出陣――戦争と青春』（歴史文化ライブラリー）、吉川弘文館、一九九八年、六七ページ。また、三井礼子編『現代婦人運動史年表』（「日本現代史年表」、三一書房、一九六三年）一七一ページによると一九四二年の女子の勤労奉仕は中・女学生二百万人、大学・高専四十五万人としている。

(37) 藤木義輔「音楽圏外からの言葉」「レコード文化」一九四三年三月号、レコード文化社、一八ページ

(38) C．C．生「楽論本誌第一年を送る」「月刊楽譜」一九一二年第一巻第十三号、松本楽器。また、同稿では、「欧州楽の趣味を会得せんには耳より口に最も解し易き唱歌が先ず第一である。我邦の幼稚園でも小学校でも唱歌科のあるは人の老幼を問はず総ての人に向って唱歌が感情教育に対し万能であることを証明するもの」と唱歌授業の重要性についても説いている。

(39) 西島千尋『クラシック音楽は、なぜ〈鑑賞〉されるのか――近代日本と西洋芸術の受容』新曜社、二〇一〇年、四三ページ

(40) 小松耕輔『音楽と民衆』蘆田書店、一九二七年、一五一ページ

(41) 同書一五一ページ

(42) 清岡常磐「芝居の見方と音楽の聴き方」「月刊楽譜」一九一六年一月号、山野楽器店、二一ページ

(43) 前掲『音楽と民衆』一四八ページでは「何等の準備もなく、きゝさへすればわかるものと考へてゐるのは大変な間違い」としている。なお、「鑑賞」の変遷を追った研究は前掲『クラシック音楽は、なぜ〈鑑賞〉されるのか』に詳しい。

(44) 牛山充『音楽鑑賞の智識』（「音楽叢書」序編）、京文社、一九二四年、三ページ

(45) 福井直秋『唱歌の歌ひ方と教へ方』共益商社書店、一九二四年、二二五ページ

(46)熊本県第一師範学校附属小学校編纂『各科指導現象的学習法』教育実際社、一九三一年、三二五ページ
(47)「音楽春秋」「教育音楽」一九三五年九月号、日本教育音楽協会、九一ページ
(48)林幸光「音楽展望」「学校音楽」一九三七年七月号、共益商社書店、三三ページ
(49)河原喜久恵「ジャズに就いての私の考へ」、前掲「音楽世界」一九二九年十月号、三二ページ
(50)音楽評論家である鹽入亀輔は、自著『ジャズ音楽』で「踊る為めには、その為めの音楽が必要であることは云ふまでもない事である。そしてその音楽、即ちジャズ音楽」と述べている(鹽入亀輔『ジャズ音楽』敬文館、一九二九年、八六ページ)。
(51)「映画評 スケールで沢山だキング・オヴ・ヂャズ」「帝国大学新聞」一九三一年一月十二日付、三面
(52)元海軍楽長であり、松坂屋管弦楽団楽長の早川彌左衛門は、ジャズの流行について「現在までの日本音楽は宗教の関係上哀調を帯びた女性的で有つたので民謡にも童謡にも其の色の表れた曲が多くの人々より歓迎されて居る。将来青年には愉快で明い気分のするヤンキーリズム(ジヤズ音楽)の流行は当然でないでしやうか」と言及している(「楽界諸名士のジャズ感」、前掲「音楽世界」一九二九年十月号、五八ページ)。
(53)前掲「ジャヅ・ジャヅ・ジャヅ」一八九ページ
(54)同論文一八九ページ
(55)前掲『音楽と民衆』二六ページ
(56)日活管弦楽団楽長の田中豊明は「ジャズはリズムの面白さに引付けされ愉快な気持ちが自然と湧いて来ます」としている(前掲「楽界諸名士のジャズ感」六一ページ)。
(57)「外国雑誌から」「月刊楽譜」一九二八年一月号、山野楽器店、九四ページ
(58)同記事九四ページ
(59)前掲『音楽と民衆』二六ページ
(60)一九二七年にオランダの画家ピート・モンドリアンが「ジャズと新造形主義」という論文を執筆していて、アート雑誌「ART VIVIANT」第二十六号(西武美術館、一九八七年)一〇―一六ページでは、五十殿利治が翻訳して掲載している。

(61)「ジャズによせて」「ダンス」一九四七年八月号、舞踏研究会、二三ページ
(62)広告「ルーフガーデン」「読売新聞」一九四六年五月七日付、二面
(63)「宝塚スヰングブラザース編成に就いて」「歌劇」一九四六年十二月号、宝塚歌劇団出版部、四一ページ
(64)「最近一年間はブギとフラの全盛期であった」とある（音楽之友社／音楽新聞社共編『音楽年鑑 昭和二四年版』音楽之友社、一九四八年、一七ページ）。
(65)同書六ページ。また、同書五ページの「楽壇記録」によると、「昭和二十年九月―二十一年八月」間で軽音楽で七十一回の「音楽的催し（音楽会、歌劇、舞踊）」が開催された。これは、オーケストラの百四回に次いで多い開催数になっている。
(66)紙恭輔「ジャズ全盛時代」「東京朝日新聞」一九五一年六月十七日付、四面
(67)広告「スヰング・フェスティバル」「読売新聞」一九五一年六月七日付夕刊、四面
(68)野川香文『ジャズ――現代人の音楽』白眉社、一九四九年、一五―一六ページ
(69)「気流マンボの魅力」「読売新聞」一九五五年六月二十四日付、二面
(70)M・L・S生「新しいダンスの紹介 ロックン・ロール（上）」「Ballroom Dance」一九五九年一月号、日本舞踏競技連盟、一ページ
(71)守田定彦「ロックン・ロールの踊り方」「ダンスと音楽」一九五九年二月号、ダンスと音楽社、六―七ページ
(72)園田二郎「狂熱のジャズ Rock around the clock」「映画ストーリー」一九五七年新年号、雄鶏社、一四二―一四三ページ
(73)「外国映画紹介」「キネマ旬報」一九五六年十二月下旬号、キネマ旬報社、九七ページ
(74)同記事九七ページ
(75)「ドライな流行音楽と舞踊これがロックンロールだ」「別冊明星」オール漫画号季刊第二号、集英社、一九五七年、五〇ページ
(76)「ダンス ロック・アンド・ロール」「〔東京〕朝日新聞」一九五六年十二月十四日付夕刊（十三日発行）、六面、前掲「ドライな流行音楽と舞踊これがロックンロールだ」五一ページ。中川は雑誌でも同様に「健全なリズム感の教育

と、その上にたつ快適なリズム・ダンス」を普及する「意図のもとにR&Rを提唱し、日本の青少年にしっかり根を下したリズムの快適さを味っていただきたい」と発言している（前掲「ドライな流行音楽と舞踊これがロックンロールだ」五一ページ）。

(77)「気流 足利のエレキ追放見習おう」「読売新聞」一九六五年十月三十一日付、三面

(78) 植草甚一「ロックは考えさせないのに新しいものがある」、美術出版社編「美術手帖」一九七〇年十月号、美術出版社、七七ページ

(79)「豆鉄砲 ロック抜きでは語れない」「読売新聞」一九七一年七月二日付、二十三面

あとがき

本書は、二〇一五年に日本大学大学院文学研究科に提出した学位請求論文（博士論文）「近代日本における「ジャズ」の定着過程――「モダン」の象徴に至るまで」に大幅な加筆・修正を施し、新たに書き下ろし（第6章・第7章・終章）を加えたものである。

もともと幼少期から無類の音楽好きで、特に黒人音楽が好きだった。高校時代といえばＣＤの蓄集にいそしみ、楽器を爪弾くことにうつつを抜かす日々で、ＣＤの解説書や音楽雑誌を眺めているうちに音楽の歴史にも次第に興味をもった。史学科を選んだのも、音楽の歴史が好きという単純な理由である。浅はかこのうえない。音楽大学ではないので、当然ながら音楽の歴史を学ぶ機会はない。卒業論文くらいはと思い、音楽の歴史をテーマに取り組んだのがそもそもの研究の始まりだった。

研究することに次第に面白さを見いだし、当時のゼミの指導教員だった古川隆久先生にジャズ史の研究がしたいと申し出て大学院に進むことになる。歴史学でジャズを扱うという無謀な企てにもかかわらず、「やってみなさい」と受け入れてくださった古川先生の懐の深さと柔軟性には平伏するばかりで、出来が悪くも見放さずにご指導いただいた。古川ゼミがなければ間違いなくいまの自分はない。

めでたく進学したとはいえ、すんなり事が運ぶわけもでもない。研究に着手した当初は、先行研究と言える研究書らしき研究書もなかったため、研究法から手探りで始めて、戦前の新聞や雑誌に記載された「ジャズ」という言葉をひたすら追いかけ、新聞であれば一面一面、一言一句見逃さずに目を通した。気が遠くなる作業ではあったが、少しずつ変化する過程を体験することで不思議と面白みは倍増した。さまざまな史料をジャンル問わず片っ端から調査したりと、試行錯誤の連続だったが、そのおかげでジャズを研究として扱うことの重要性を見いだし、学術的に検討する価値を十分にもった分野だと感じるようになった。

大学院のゼミでは先輩方や同期から大きな刺激を受け、史学科の諸先生方からも研究を進めるうえでのヒントをいただいた。厚くお礼を申し上げたい。

博士前期・後期課程、その間のブランクも含め、九年と時間はかかったが、なんとか博士論文の執筆にこぎつけた。学位請求論文の審査の際は主査に古川先生、佐々木隆爾先生、副査には故・大塚英明先生があたってくださった。佐々木・大塚両先生とも前代未聞の研究内容に対して温かい言葉をかけてくださり、大変励みになった。

後期課程修了後、恩師から青弓社を紹介していただき、本書の執筆に至ったわけだが、スケジュールどおりに、と思うようには進まず、編集担当の矢野未知生さんには最後の最後までご迷惑をおかけした。それでも辛抱強く対応してくださったことは幾重にも深謝する次第である。

本書の内容に散漫な印象をもつ方もいるかもしれない。推敲が甘い箇所も散見されると思う。その点は今後よりいっそう精進を重ねるほかない。しかし、未熟な出来具合ながらも、自分らしい展開の内容にはなったと思う。なかでも奇抜なのは第5章の建築や絵画への利用だろうか。この箇所は画家ピート・モンドリアンの作品『ブロードウェイ・ブギウギ』がジャズのブギウギからインスピレーション受けて制作されたことを知り、絵画で利用されるならばと思い、美術・建築関係の史料をあたった。このように音楽関係以外の史料にも有益な情報が隠されている場合があり、従来とは異なるアプローチを示せた点では本書の刊行に一つの意味があったと思う。

戦前・昭和期におきた大きな出来事といえば、昭和恐慌、満州事変、五・一五事件、国際連盟の脱退、天皇機関説事件、二・二六事件、日中戦争、太平洋戦争などが挙げられる。これらを聞いて浮かべる当時の社会は、おそらく暗澹としたイメージだろう。

しかし、例えば二・二六事件があった一九三六年にはフレッド・アステアやジンジャー・ロジャースが主演の映画『トップハット』や『艦隊を追って』などが封切られている。そう考えると、少し先述のイメージが変わるのではないだろうか。もちろん、だからといって戦前は明るい時代だったと主張したいわけではない。重要なのはさまざまな視点から捉えたうえで判断しなければ、より「正確」なイメージは描けないということである。難しいことを言うつもりはない（そもそもそこまでの技量はないが）。ジャズの広まりを通して、戦前社会を見直す一助として本書が役立てば幸甚である。

最後になるが、本書の刊行の過程では国立国会図書館、早稲田大学演劇博物館図書室、日本近代音楽館を活用し、大学図書館では東京音楽大学付属図書館、国立音楽大学附属図書館に特にお世話になった。また、幾度となく仲介してくださった日本大学文理学部図書館のレファレンスの方々にも謝意を表したい。

そして、何も言わず自身の道を歩ませてくれた父と母、かつて台所で「私の青空」を口ずさみ、間接的な「英才教育」をしてくれた亡き祖母、敬愛なるたくさんの人々の支えに感謝して本書を締めくくることにしたい。

二〇二〇年八月

［著者略歴］
青木 学（あおき まなぶ）
1984年、埼玉県生まれ
2016年、日本大学大学院文学研究科日本史専攻博士後期課程修了。博士（文学）
現在、日本大学文理学部史学科助手
専攻は日本史、文化史、音楽史
論文に「学生新聞にみるジャズの認知について」（「研究紀要」第87号）、「大正期における「ジャズ」事情――なぜ低級と呼ばれたか」（「史叢」第91号）など

近代日本のジャズセンセーション

発行――2020年8月27日　第1刷
定価――3000円＋税
著者――青木 学
発行者――矢野恵二
発行所――株式会社青弓社
〒162-0801 東京都新宿区山吹町337
電話 03-3268-0381（代）
http://www.seikyusha.co.jp
印刷所――三松堂
製本所――三松堂

ISBN978-4-7872-7433-5　C0073